LIDERANÇA HEROICA

LIDERANÇA HEROICA

AS MELHORES PRÁTICAS DE UMA COMPANHIA QUE HÁ MAIS DE 450 ANOS VEM MUDANDO O MUNDO

EDIÇÕES DE
Janeiro

Este livro foi revisado segundo o Acordo Ortográfico da Língua Portuguesa de 1990, em vigor no Brasil desde 2009.

Créditos da edição brasileira

Editor
José Luiz Alquéres

Coordenadora de produção
Cristiane de Andrade Reis

Assistente editorial
Aline Castilho

Tradução
Ricky Goodwin

Revisão
Vania Santiago
Irene Serra
Clarice Bernardo

Capa
Marcelo Martinez | Laboratório Secreto

L955L

Lowney, Chris
Liderança heroica / Chris Lowney; tradução Ricky Goodwin. - 1. ed. -
Rio de Janeiro: Edições de Janeiro, 2015.
320 p. : il.
Tradução de: Heroic leadership
ISBN 978-85-67854-26-7
1. Liderança. 2. Jesuítas - História. I. Título.
14-16071 CDD 658.4 CDU 658.012.2

EDIÇÕES DE JANEIRO
Rua da Glória 344, sala 103, Glória
20241-180 | Rio de Janeiro, RJ
+55 (21) 3796-6708
contato@edicoesdejaneiro.com.br
www.edicoesdejaneiro.com.br

SUMÁRIO

APRESENTAÇÃO

Um livro singular

Nas duas últimas décadas, o tema que mais ganhou importância na literatura de administração foi liderança. É uma excelente notícia, pois remete a questão da gestão ao desempenho empresarial e ao fator humano. O assunto foi bastante negligenciado no passado, quando predominaram "estudos de tempos e movimentos", "administração por objetivos", "planejamento estratégico", entre outras abordagens ditas científicas.

Os estudos sobre liderança não ficaram, todavia, restritos ao campo da administração empresarial e se espalharam por amplas áreas dos estudos sociais e políticos. Vimos o século XX ser moldado pela atuação de grandes lideranças, do bem ou do mal, como Clemenceau, Woodrow Wilson, Hitler, Stalin, Roosevelt, Churchill, Mao, Kennedy, João Paulo II e Nelson Mandela. A emulação de boas práticas e o repúdio às impróprias no tocante à liderança está, assim, intrinsecamente ligada à história das vidas de tais líderes.

Apesar disso, tanto as escolas de Ciências Sociais como, principalmente, as de Administração – estas mais focadas na organização de pessoas em função de um propósito comum mais limitado – continuam a estudar a liderança como se fosse mais uma de muitas técnicas, em vez de uma vivência.

Talvez isso explique o insucesso dos prognósticos de livros de grandes autoridades em administração, como *Feitas para Durar - práticas bem-sucedidas de empresas visionárias* (*Built to Last*), de Jim Collins, e outros que celebravam companhias que passados poucos anos perderam a expressão ou mesmo desapareceram.

O livro *Liderança heroica*, de Chris Lowney, que ora oferecemos ao público brasileiro, apresenta abordagem inovadora ao analisar, com base em estudo histórico minucioso, o conceito de liderança que tem marcado a Companhia de Jesus. Trata-se de um livro para pessoas de qualquer crença, agnósticos e ateus.

Inicialmente destacamos que os valores originais dos jesuítas – a autoconsciência, a inventividade, o amor e o heroísmo –, constantes ao longo da história da Companhia, a fazem se manter extremamente robusta, mesmo 475 anos após a sua fundação.

Quando vemos hoje o jesuíta Papa Francisco promover a evolução na atitude da Igreja em relação a vários pontos doutrinários, podemos comparar o seu desafio ao do homônimo Francisco Xavier, o Apóstolo das Índias. Em 1541, esse jesuíta embarcou sozinho em Portugal para "converter" as Índias, região sequer mapeada, sem conhecer a língua local, numa época na qual uma simples correspondência de ida e volta levava algo como três anos. Chegando em seu destino, corajosamente abre a sua Igreja, estabelece o primeiro contato filosófico entre a cultura ocidental e a hindu e efetua conversões.

Conhecendo melhor a história, como Chris Lowney nos leva a fazer, vemos que a mesma Companhia, vinte anos antes da Inquisição obrigar Galileu a renegar a sua teoria heliocêntrica, já o apoiava contra a opinião predominante. Ou a história de Diego Laínez, um cristão-novo (descendente de judeus), escolhido Superior da Companhia, sucessor direto de Inácio de Loyola, numa época em que cristãos-novos sequer eram aceitos em ordens religiosas.

As lições são muitas e variadas e servem para a vida pessoal, familiar, política e empresarial, pois aqui o tipo de liderança proposto para homens e mulheres é visto como integral, não variando com os "papéis" de cada um nos seus diferentes contextos.

As lições são passadas naturalmente ao longo de uma verdadeira "aula magna" de história que joga nova luz sobre as relações da Europa com a América Latina, Índia, China e Japão.

Os jesuítas talvez sejam a ordem religiosa que mais tenha contribuído para aproximação da Igreja com a ciência e isso lhes dá, neste momento atual de revoluções tecnológicas, uma enorme responsabilidade para dentro e para fora da Igreja. Não se trata, entretanto, de um desafio novo para a Companhia, que se manteve quase todo o tempo, como o livro bem aponta, fiel aos valores atemporais praticados desde a sua fundação. Assim, os jesuítas atingiram seus objetivos.

Para o público brasileiro a história dessa Companhia é de particular interesse tanto pela sua atuação coletiva como pela relevância cultural de alguns jesuítas como Manuel da Nóbrega, José de Anchieta e Antônio Vieira. A Companhia, com seus mais de 450 anos, deixou marcas perenes na vida da cidade do Rio de Janeiro, que agora completa 450 anos, desde a Igreja dos Jesuítas no Morro do Castelo até hoje, no Colégio Santo Inácio, formador da sua elite.

O autor é um empolgado humanista, cuja experiência de longos anos no J.P. Morgan, um dos maiores bancos de investimento do mundo, se soma aos anteriores sete anos no noviciado jesuíta. As lições repartidas conosco são resultado de uma leitura especialíssima que alimenta o interesse de todos que queiram um caminho seguro para a conquista da liderança via autoconsciência e vivência contínua de um comportamento inovador, conjugado à prática do amor ao que se faz e ao próximo.

José Luiz Alquéres e Olavo Monteiro de Carvalho

Ex-alunos do Colégio Santo Inácio (Rio de Janeiro), empresários brasileiros, ex-presidentes da Associação Comercial do Rio de Janeiro.

CAPÍTULO 1

Sobre jesuítas e J.P. Morgan

Depois de viver como seminarista jesuíta por sete anos, praticando votos de pobreza, castidade e obediência ao Superior em Roma, me transformei num ser corporativo. Numa sexta-feira à tarde, eu vivia sob o exemplo do fundador da Companhia de Jesus, Santo Inácio de Loyola, cujos ensinamentos enfatizavam aos seminaristas que "se deve amar a pobreza como coluna de sustentação da vida religiosa". Na segunda-feira seguinte, assumi uma nova carreira em investimentos bancários, com novos exemplos a seguir. Deparei-me com um gerente administrativo que atraía possíveis recrutas de talento com a perspectiva sedutora de "encherem as burras de grana". Nunca consegui entender bem essa imagem, mas captei a ideia.

No início, fiquei na minha. Minha cabeça girava, e mesmo em conversas casuais eu continuava extremamente consciente de que com meu histórico eu era, no mínimo, um tanto diferente dos meus novos pares. Os outros recém-contratados divertiam os colegas com suas proezas amorosas do verão, mas eu ia falar de quê? Meu último retiro espiritual, no qual permaneci em silêncio por uma semana, ou a compra do meu primeiro terno que não fosse preto?

Tive a grande sorte e o imenso privilégio de ter deixado a melhor companhia de um ramo de atuação para aterrissar na melhor companhia de outro. Nos dezessete anos em que trabalhei na J.P. Morgan, a empresa só não liderou a lista da revista *Fortune* de bancos mais admirados em dois desses anos. Devo acrescentar que as duas coisas são coincidências, sem relação de causa e efeito.

UM DESAFIO DE LIDERANÇA

Por mais poderosa que fosse a Casa Morgan, enfrentávamos uma longa lista de desafios, nenhum deles exclusivo da J.P. Morgan ou do ramo de investimentos bancários. Uma questão central se repetia: como extrair de nossas equipes a liderança que faria a J.P. Morgan vencer em uma indústria altamente competitiva? Servi à Morgan como gerente em Tóquio, Singapura, Londres e Nova York e descobri que esse desafio de ser líder não tinha fronteiras geográficas. Tive também a felicidade de integrar, sucessivamente, os Comitês de Gerenciamento de Investimento Bancário na Ásia do Pacífico e na Europa, onde tanto eu, que fui aprendiz num seminário, quanto colegas do Comitê, que foram aprendizes nos melhores cursos de administração, lidamos com o mesmo desafio de recrutar e moldar equipes vencedoras.

Contratamos aquelas pessoas determinadas, ambiciosas e ultrainteligentes que Tom Wolfe batizou de "mestres do universo" no livro *A fogueira das vaidades*. E, como o protagonista de Wolfe, nossos mestres do universo frequentemente sofriam quedas trágicas. O talento puro e a mera ambição nem sempre resultavam em sucesso a longo prazo. Muitos astros promissores cruzaram como meteoros os céus da Morgan: primeiro, reluzindo nos papéis designados aos calouros, como "bucha de canhão", lidando com números; depois, se esborrachando espetacularmente ao se depararem com as atribuições "adultas" dos que pretendem ser líderes de empresas. Uns tinham pavor de tomar grandes decisões; outros apavoravam os que ousassem tomar uma decisão sem eles. Alguns eram ótimos gerentes desde que administrassem apenas números; seu repertório gerencial não incluía lidar com seres humanos pensantes, com sentimentos menos manipuláveis do que planilhas. Ironicamente, muitos ficavam perturbados com mudanças ou quando tinham que assumir riscos pessoais – embora o ritmo frenético do mundo dos investimentos bancários tivesse sido justamente o que os atraiu (além, é claro, da perspectiva de "encherem a burra de grana"). O setor não só é altamente cíclico como é varrido por realinhamentos fundamentais: quando deixei a Morgan, todos os dez maiores bancos americanos tinham passado por fusões transformadoras.

Ficou claro que apenas um punhado de bancos sairia como vencedor na nossa indústria em mutação e ainda se consolidando. E os vencedores provavelmente seriam aqueles cujos funcionários conseguissem assumir riscos, soubessem inovar, funcionassem em equipe tranquilamente e motivassem os colegas; e que não só pudessem lidar com mudanças como incentivassem, eles mesmos, essas mudanças. Em suma, a *liderança* separaria os vencedores dos perdedores.

Na Morgan, qualquer iniciativa para provocar a mentalidade necessária era válida. No decorrer de uma iniciativa dessas passei por uma pequena epifania. A J.P. Morgan estava instituindo uma prática que na época era algo de ponta: o "feedback 360 graus". As avaliações de desempenho anuais passaram a incorporar informações vindas não só do gerente acima de um funcionário, mas também de seus pares e subordinados. Batemos no peito e orgulhosamente nos consideramos uma das primeiras empresas a implementar essa boa prática em larga escala.

Seria mesmo?

Será que eu não tinha visto isto antes em algum lugar? Eu me lembrava vagamente quando, há muito tempo, numa galáxia muito distante, eu me vestia de preto e amava a pobreza como a "coluna de sustentação da vida religiosa". A Companhia de Jesus também tinha uma espécie de feedback 360 graus. Na verdade, este tinha sido lançado aproximadamente 435 anos antes de virar moda na empresa bancária mais admirada na *Fortune* e no restante do mundo corporativo norte-americano.

UMA COMPANHIA MULTICENTENÁRIA

Pensando bem, os jesuítas também tinham lidado – e com bastante sucesso – com outros desafios vitais enfrentados pela J.P. Morgan, e que ainda hoje testam as grandes empresas: forjar equipes multinacionais sem atritos, motivar desempenhos inspirados, manter-se "pronto para mudanças" e adaptável a diferentes estratégias.

Além disto, os jesuítas operavam em um ambiente que, embora a quatro séculos de distância, tinha analogias interessantes com o nosso. Novos mercados mundiais abriam-se à medida que viagens de descobrimento estabeleciam laços europeus permanentes com a Ásia e as Américas. A tecnologia da mídia evoluía: a imprensa de Gutenberg transformara os livros de artigo de luxo em meios amplamente acessíveis. Crenças e posturas tradicionais eram questionadas ou descartadas enquanto reformistas protestantes organizavam a primeira "concorrência" ampla e permanente à Igreja Católica. Com a Companhia de Jesus sendo atirada a este mundo cada vez mais complexo e em constante transformação, não é de se surpreender que seus arquitetos organizacionais valorizassem a mesma mentalidade e o mesmo comportamento que as empresas modernas valorizam no ambiente igualmente tumultuado de hoje: a capacidade de inovar, de manter-se flexível e adaptar-se constantemente, de estabelecer metas ambiciosas, de pensar em termos globais, de movimentar-se rapidamente, de assumir riscos.

Fiquei intrigado com o desafio de explorar como padres do século XVI poderiam ensinar a nós, sofisticados seres do século XXI, a respeito de liderança, de como lidar com ambientes complexos em transformação. Terminei o projeto completamente convencido do valor e da atemporalidade do que os jesuítas antigos têm a oferecer.

Quando passei a enxergar além do fato óbvio de que um banco de investimentos possui uma missão diferente daquela de uma ordem religiosa, estes paralelos igualmente óbvios entraram em foco. E, ao considerar Inácio de Loyola e seus primeiros colegas jesuítas nesse contexto, saí convicto de que sua postura quanto a moldar pensadores globais inovadores, ambiciosos, flexíveis, que assumissem riscos *deu certo*. Em alguns pontos, ouso dizer, deu mais certo do que esforços semelhantes efetuados por corporações modernas.

Minha epifania forneceu o ímpeto para este livro. Comecei o projeto fascinado pelos paralelos entre dois momentos bem diferentes na história. Fiquei intrigado com o desafio de explorar como padres do século XVI poderiam ensinar a nós, experientes seres do século XXI, a respeito de liderança, de como lidar com ambientes complexos em transformação. Terminei o projeto completamente convencido do valor e da atemporalidade do que os jesuítas antigos têm a oferecer.

LIDERANÇA REVOLUCIONÁRIA

Alguns elementos da postura jesuíta estão sendo validados por estudos atuais, como, por exemplo, o elo entre autoconsciência e liderança. Tenho certeza de que Loyola ficaria contente em ver que os estudiosos estão finalmente alcançando suas intuições. Mas não por inteiro, pois alguns aspectos da liderança de estilo jesuíta continuam soando incômodos e até meio malucos, como acontece com todas as ideias novas e provocativas. Loyola e seus colegas estavam convencidos, por exemplo, de que nosso melhor desempenho ocorre em ambientes que nos incentivam, nos apoiam, carregados de positividade (até aí tudo bem) e, assim, incentivaram seus seguidores a criar ambientes repletos de mais amor do que medo – e digo isso com trepidação, imaginando meus ex-colegas cê-dê-efes da Morgan. Mas depois de conviver por um tempo com essa ideia de um ambiente de trabalho amoroso, ela me pareceu mais sábia do que maluca, e espero que os leitores encontrem uma sabedoria semelhante nas ideias de Loyola depois de conviverem um pouco com elas.

O mais revolucionário e revigorante nesses princípios para mim, pessoalmente, é que abordam a vida toda de uma pessoa, não só sua vida no trabalho. Os princípios dos jesuítas tornaram sua companhia melhor porque fizeram com que eles fossem indivíduos melhores. Seus princípios têm base nas noções de que somos *todos* líderes e que todas as nossas vidas estão repletas de oportunidades de liderança. A liderança não é algo reservado para alguns mandachuvas empoleirados no alto de grandes empresas, assim como oportunidades para liderar não entram em cena apenas no trabalho. Podemos ser líderes em tudo que fazemos: em nosso trabalho e em nossas vidas diárias, ao ensinar aos outros e ao aprender com eles. E a maioria de nós faz essas coisas todas no decorrer de qualquer dia.

Tive a felicidade de trabalhar com alguns grandes líderes, e estou certo de que Inácio de Loyola e sua equipe também estavam entre os grandes. Esse é o único motivo para prestar atenção em suas ideias sobre a liderança. Loyola, por acaso, também era um santo, e ele e seus colegas jesuítas eram católicos, sacerdotes e, portanto, todos homens. Não levei tais fatos em consideração ao fazer meu julgamento. Meu critério foi apenas um: como lideravam os outros e a eles mesmos. Da mesma forma, peço ao leitor ou leitora que descarte quaisquer sentimentos positivos ou negativos que possam ter a respeito das crenças religiosas específicas de Loyola, ou de organizações que sejam clubes do Bolinha. Sempre que possível eliminei de suas citações imagens e fraseados declaradamente religiosos. Os jesuítas não se tornaram líderes bem-sucedidos apenas por aderirem a crenças religiosas específicas, mas pela maneira em que viveram e trabalharam. O modo de vida deles tem valor para todos, não importa a crença.

No fim das contas, os colegas atuais de Loyola podem se irritar mais pelo conteúdo religioso *ausente* do livro do que pelo que restou. Mas o próprio Loyola estabeleceu a fórmula jesuíta para o sucesso, atacando oportunidades no mundo real com estratégias de liderança do mundo real e seus colegas, ao observá-lo, cunharam a máxima jesuíta: "Trabalhe como se o sucesso dependesse de seus próprios esforços, mas confie como se tudo dependesse de Deus."[1] O sucessor de Loyola, Diego Laínez, expressou esse sentimento em termos mais grosseiros: "É verdade que Deus pode falar pela boca de um jumento, mas isso seria considerado um milagre. Quando esperamos milagres estamos tentando Deus. É o mesmo caso de um homem que não tem bom senso, mas que espera fazer sucesso só rezando por isso."[2]

Por fim, confio que os leitores darão a Loyola e a sua equipe o reconhecimento merecido. Afinal, a temática "lições de liderança" tem se mostrado flexível a ponto de abarcar gurus tão improváveis como Átila, o Huno, Ursinho Poof, W.C. Fields, os pais da pátria norte-americana e o autor de *Gerenciando com a máfia.* Certamente um picadeiro grande o bastante para conter líderes tão diversos teria espaço também para um padre do século XVI e seus colegas.

POR QUE OS JESUÍTAS?

Fundada em 1540 por dez homens sem nenhum capital e nenhum plano de negócios, a Companhia de Jesus, em pouco mais de uma geração, era a mais influente de seu tipo no mundo. Como confidentes de monarcas europeus, do imperador Ming da China, do xógum japonês e do imperador mogol da Índia, os jesuítas ostentavam conexões inigualadas por qualquer entidade comercial, religiosa ou governamental. Mesmo assim, impregnados por uma energia indócil, os jesuítas ficavam menos à vontade nas cortes imperiais do que testando os limites das fronteiras imperiais. Embora suas jornadas os levassem confins do mundo então conhecido pelos europeus, invariavelmente eles iam ainda mais além, para apreender o que existia mais adiante. Os exploradores jesuítas estiveram entre os primeiros europeus a cruzar os Himalaias e penetrar no Tibete, remar até a cabeceira do Nilo e mapear o início do rio Mississippi.

> Como confidentes de monarcas europeus, do imperador Ming da China, do xógum japonês e do imperador mogol da Índia, os jesuítas ostentavam conexões inigualadas por qualquer entidade comercial, religiosa ou governamental.

Seus colegas na Europa aplicaram a mesma força de vontade e energia intensa na construção do que se tornaria a maior rede de ensino superior do mundo. Sem nenhuma experiência na administração de faculdades, conseguiram, de alguma forma, ter mais de trinta funcionando dentro de uma década. Ao final do século XVIII, eram setecentas faculdades e escolas secundárias espalhadas por cinco continentes. Segundo uma estimativa, os jesuítas estavam educando quase 20% de todos os europeus no ensino superior.

Os jesuítas na Europa e seus colegas no exterior alavancavam os esforços uns dos outros num relacionamento amplamente simbiótico. Astrônomos e matemáticos jesuítas em Roma forneciam o know-how tecnológico para os jesuítas na China alcançarem prestígio e influência sem precedentes naquele país, como chefes do departamento de Astronomia, reformadores do calendário e conselheiros pessoais do imperador. Os jesuítas nos postos avançados pagaram em dobro os favores de seus colegas europeus, pois graças a eles cresceu a mística corporativa dos jesuítas como mestres intelectuais e pioneiros antenados espalhados pelo mundo. Os jesuítas franceses orgulhosamente presentearam Luís XV com uma edição folheada em cobre do primeiro atlas abrangente da China, confeccionado por colegas franceses naquele país a pedido do imperador. Os europeus nas escolas aprendiam avidamente sobre a Ásia, a África e as Américas por meio de quase mil obras de geografia e história natural redigidas por jesuítas em toda parte do globo terrestre.

Seus feitos não eram apenas acadêmicos. Mesmo com disputas religiosas separando ferozmente católicos e protestantes na Europa da Contrarreforma, os febris de todas as denominações, agradecidos, recorriam ao quinino destilado da chamada "casca do jesuíta", enquanto as gotas jesuítas, à base da benzoína, traziam alívio aos que sofriam com irritações na pele. Os jesuítas souberam desses dois medicamentos herbais através de seus contatos com populações indígenas no Novo Mundo.

Essa Companhia de Jesus ampla e inovadora ainda existe. Antes à sombra de ordens religiosas maiores, ela há muito se tornou a maior ordem religiosa do mundo.[3] Seus 21 mil profissionais dirigem duas mil instituições em mais de cem países.[4] Passaram-se mais de 450 anos desde sua fundação: só essa longevidade seria um testemunho formidável de sucesso no mundo darwiniano das corporações. Os jesuítas marcham inexoravelmente para celebrar seu quinto centenário. Em comparação, das cem maiores empresas americanas existentes em 1900, apenas dezesseis sobreviveram o bastante para alcançar seu centenário.

Por que os jesuítas foram – e são – bem-sucedidos? O que instigou sua criatividade, sua energia, sua capacidade de inovação? Como triunfaram enquanto tantas outras empresas e organizações há muito deixaram de existir?

OS QUATRO PILARES DO SUCESSO

O que hoje passa por liderança é uma substituição superficial do conteúdo pela técnica. Os jesuítas recusaram um estilo exibicionista de liderança, preferindo focar na geração de quatro valores únicos na criação de uma liderança com substância:

- Autoconsciência
- Inventividade
- Amor
- Heroísmo

Em outras palavras, os jesuítas equipavam seus recrutas para o sucesso moldando-os como líderes que:

- Compreendiam suas forças, suas fraquezas, seus valores e sua visão do mundo
- Inovavam com confiança e se adaptavam para abarcar um mundo em transformação
- Engajavam os outros com uma atitude positiva e amorosa;
- Energizavam a si mesmos e os outros através de ambições heroicas

Além disso, os jesuítas treinavam cada recruta para ser um líder, convencidos de que toda liderança começa com a autoliderança.

Essa fórmula baseada nos quatro pilares molda os líderes jesuítas até hoje. E essa mesma fórmula pode moldar líderes em todas as áreas da vida e do trabalho.

Eles falam conosco não como peritos em lidar com um cenário antiquado do século XVI, mas como especialistas em extrair das pessoas desempenhos confiantes apesar de cenários mutantes e incômodos, em qualquer século.

Este livro examina não só o que tornou os jesuítas do século XVI tão bem-sucedidos como também quem são os líderes e como são moldados a cada geração, inclusive a nossa. Os jesuítas fundadores lançaram sua companhia em um mundo complexo que, provavelmente, mudara mais nos últimos cinquenta anos do que nos mil anteriores. Soa familiar? Eles falam conosco não como peritos em lidar com um cenário antiquado do século XVI, mas como especialistas em extrair das pessoas desempenhos confiantes apesar de cenários mutantes e incômodos, em qualquer século.

Além da análise sobre o que fez os primeiros jesuítas serem bem-sucedidos, este livro relaciona essa sabedoria à pessoa ou organização que hoje quer aprender a praticar uma liderança efetiva, que a envolva completamente.

Os capítulos a seguir explorarão detalhadamente os quatro princípios jesuítas, ilustrando cada um com episódios extraídos da história da Companhia de Jesus. Alguns desses episódios se adequam às percepções que todos temos a respeito do ofício dos padres; outros, certamente não. Nem todo episódio mostrará o melhor lado dos jesuítas; as ocasiões em que deixaram de seguir seus próprios princípios de liderança são igualmente ilustrativas. Mesmo as grandes empresas tropeçam, e os tropeços dos jesuítas foram particularmente espetaculares. Seus sucessos e suas táticas ostensivas lhes propiciaram quase tantos inimigos quanto admiradores. John Adams, um dos fundadores dos Estados Unidos, exasperado, disse certa vez para Thomas Jefferson: "Se existe alguma congregação de homens que mereça a perdição sobre a Terra e no inferno, é a Companhia de Loyola. Contudo, nosso sistema de liberdade religiosa deve oferecer-lhe um asilo." Nem todas as nações mostraram-se tão tolerantes quanto "a terra dos homens livres". Em 1773, as fileiras crescentes de detratores dos jesuítas os alcançaram, conseguindo que o Papa decretasse sua total extinção, globalmente. Centenas de jesuítas foram presos ou executados; outros foram deportados para vagar pela Europa como refugiados. (A história dessa grande supressão está detalhada no Capítulo 10.)

A maioria dos leitores sabe que essa extinção desastrosa não pôs fim à história dos jesuítas. Na verdade, uma das demonstrações mais impressionantes de liderança foi o reaparecimento da Companhia, como uma fênix, após quarenta anos de suspensão. Nosso relato da liderança jesuítica extrairá episódios dos cerca de duzentos anos entre sua fundação e a extinção, um período que denominarei, arbitrariamente, de história jesuíta antiga.

Os jesuítas antigos jamais se considerariam expoentes da liderança. Raramente usaram o termo *liderança* como os consultores de gestão o empregam hoje em dia. Em vez de discutirem liderança, viviam-na. O próximo capítulo detalhará seus valores únicos de liderança, valores que diferem fortemente do que é cogitado hoje no campo superlotado dos gurus dessa literatura. O capítulo seguinte também explorará a profunda necessidade de uma maior liderança pessoal em nossa sociedade, contrastando três estereótipos populares contemporâneos de liderança com a visão contracultural dos jesuítas sobre o que seja uma liderança efetiva.

CAPÍTULO 2

O que fazem os líderes

As prateleiras das livrarias de hoje gemem sob o peso de livros que se parecem com manuais de doutrinação de espantosos cultos talismânicos. Quer se tornar um líder melhor? Consulte qualquer um dos lançamentos desvendando os mistérios da arte de liderar e de gerenciar por meio de revelações sobre os "sete milagres", os "doze simples segredos", os "treze erros fatais", as "catorze técnicas poderosas", as "21 leis irrefutáveis", as "trinta verdades", os "101 erros fatais" e os "1001 caminhos".

Há muito sabemos quais os resultados que queremos de nossos líderes. John Kotter, professor da Harvard Business School, e por mais de trinta anos um dos principais analistas das práticas de gerenciamento corporativo, oferece um bom resumo, bem conciso, daquilo que julgamos ser os deveres de um líder:

- Estabelecer uma direção: desenvolver uma visão do futuro – muitas vezes do futuro distante – e estratégias que produzam as mudanças necessárias para alcançar essa visão
- Alinhar pessoas: por meio de palavras e atos, passar essa direção para todos os que possam cooperar, a fim de influenciar a criação de equipes e coalizões que compreendam a visão e as estratégias a seguir, e que as aceitem como válidas
- Motivar e inspirar: energizar as pessoas para que ultrapassem sem grandes barreiras as mudanças – barreiras políticas, burocráticas e de recursos –, satisfazendo necessidades humanas básicas que muitas vezes não são atendidas

- [E, em grande parte, como resultado dos três primeiros papéis]: Produzir mudanças, muitas vezes em níveis dramáticos[1]

Em outras palavras, o líder descobre para onde precisamos ir, nos indica a direção correta, faz com que concordemos em ir até lá e nos incentiva a vencer os obstáculos inevitáveis que nos separam da terra prometida.

Então, sabemos como é uma liderança e podemos compilar facilmente uma listagem de mil itens com "segredos", "leis irrefutáveis" e dicas variadas que prometem fazer de qualquer um de nós um líder eficaz. Contudo, estranhamente, já que pensamos saber tudo a respeito, ninguém acha que a nossa sociedade tem a liderança ampla de que precisa. Voltemos a Kotter, que oferece um triste veredito: "Estou completamente convencido de que a maioria das organizações de hoje não possui a liderança de que precisa. E o saldo devedor é imenso. Não estou falando de um déficit de 10%, mas de 200%, 400% ou mais, em posições em toda a escala hierárquica".[2] Quatrocentos por cento é *muito*. Mesmo assim, nenhum crítico zombou de Kotter por ser exagerado. Nenhum especialista se destacou por argumentos contrários, com uma visão "tudo bem, tudo legal", segundo a qual nossas empresas e organizações transbordam de líderes. O déficit de liderança é aceito amplamente como sendo real, não um factoide, e existem bons motivos para isso.

Sabemos o que deve ser feito pelos líderes, sabemos que estamos passando por um déficit de liderança há mais de duas décadas

Então, o que sabemos? Sabemos o que deve ser feito pelos líderes, sabemos que estamos passando por um déficit de liderança há mais de duas décadas e sabemos que há um forte jato de receitas de liderança jorrando de uma torneira escancarada. Mesmo assim estamos um tanto abaixo – cerca de 400% – da liderança necessária.

A CONTRIBUIÇÃO DOS JESUÍTAS PARA A SABEDORIA SOBRE A LIDERANÇA

O que um punhado de padres do século XVI pode trazer para esta festa?

Os jesuítas não nos dizem muito que já não saibamos sobre o que *fazem* os líderes. Tampouco nos ensinam algo sobre o que conseguem os líderes.

Mas têm muito a dizer sobre quem *são*, como vivem e como se *tornaram* líderes. Assim, os jesuítas oferecem um modelo de liderança que vai contra a corrente da maioria dos modelos contemporâneos, rejeitando posturas vapt-vupt que reduzem a liderança a meras técnicas e táticas. Sua postura descarta modelos "comando e controle" que dependem de uma pessoa mais importante liderando as demais. Descobre oportunidades de liderança não apenas no trabalho, mas também nas atividades comuns do dia a dia. A postura jesuíta examina a liderança por um prisma bem diferente e, refratado através desse prisma, o líder emerge numa luz bem distinta. Quatro dessas diferenças se destacam:

- Somos todos líderes, e estamos liderando bem ou mal, o tempo todo
- A liderança surge de *dentro*. Tem a ver com *quem eu sou* tanto quanto com o que eu faço
- A liderança não é um ato. É minha *vida*, um modo de viver.
- Nunca completo a tarefa de me tornar um líder. É um processo contínuo

Somos todos líderes e lideramos o tempo todo

Harry Truman definiu liderança como "a arte de persuadir pessoas a fazerem o que deveriam ter feito desde o início". Muito bem, Harry. Mas os primeiros jesuítas estavam um passo à frente dele. A tarefa dos administradores jesuítas não era persuadir os recrutas do que tinham de fazer, mas equipá-los com a capacidade de discernir *por conta própria* o que precisava ser feito.

A visão dos jesuítas, segunda a qual cada pessoa possui um potencial de liderança a ser desenvolvido, vai de encontro ao modelo corporativo, de cima para baixo, que continua a dominar a noção de quem são os líderes. Embora a América corporativa esteja experimentando uma carência de líderes, a definição que temos de líder incorporou seu modelo de liderança. O estereótipo de líder, cujo exemplo deve ser seguido, é o daqueles que estão no comando: generais, técnicos esportivos e presidentes de empresas. O líder é aquele que fustiga os subordinados até entrarem num frenesi motivacional, como o que impeliu os soldados inspirados de Henrique V – "mais uma vez, à brecha na muralha!" –, fazendo com que um exército em desvantagem alcançasse uma vitória gloriosa em Harfleur. Por mais dramáticos que sejam tais discursos, são um tanto traiçoeiros. Fomentam o que pode ser chamado de modelo "1% de liderança": abordam 1% da equipe por 1% do tempo. O foco limitado sobre 1% da equipe, o general, não leva em conta os desafios enfrentados pelos outros 99% das tropas. O foco ainda mais limitado sobre o 1% do tempo, quando o líder está supostamente liderando – a oportunidade máxima, à véspera da batalha –, ignora os outros 99% de oportunidades de liderança, de causar impacto, que ele ou ela tem a cada dia. É 1% das chances de liderar sendo aproveitado por 1% dos líderes em potencial, ou uma fatia de 1/10.000 do bolo da liderança. Pense no que se perdeu e imagine o poder que representa esse potencial.

O estereótipo de líder, cujo exemplo deve ser seguido, é o daqueles que estão no comando: generais, técnicos esportivos e presidentes de empresas.

Os primeiros jesuítas eram um pouco mais famintos e um pouco mais gulosos na hora de servir o bolo da liderança. Retirando os antolhos que forçam as pessoas a considerar líderes apenas aqueles no comando, desenvolveram a liderança em *cada* recruta. Desprezaram as teorias de liderança baseadas no homem mais importante a fim de enfatizarem os outros 99% de líderes em potencial.

Todo mundo é um líder e todos lideram o tempo todo; às vezes de maneiras imediatas, dramáticas e óbvias, outras vezes de maneiras sutis, difíceis de mensurar – mas mesmo assim estão liderando.

Está tudo muito bem para os jesuítas, mas será que "Somos todos líderes" não seria um mero slogan para as pessoas se sentirem bem, o que desmente de forma conveniente a própria essência da liderança? Afinal, se todos lideram, ninguém segue, e sem muitos seguidores não há verdadeiros líderes. Teorias de liderança baseadas em um só grande homem" podem não ser igualitárias, mas refletem o que é liderança no mundo real. Ou não? A maioria das pessoas concorda que líderes influenciam os outros e promovem mudanças. Mas que tipo de influência ou mudança define uma liderança? A decisão ousada do presidente de uma empresa a favor de uma fusão será louvada, inevitavelmente, como uma liderança corporativa, assim como seus esforços em identificar e desenvolver futuros líderes promissores na empresa. Temos aqui, porém, dois tipos completamente diferentes de comportamento. Uma fusão cria impacto imediato, material, óbvio, ao passo que o desenvolvimento de subordinados é uma iniciativa sutil que levará anos para render frutos. Mesmo assim, se for o presidente da empresa que estiver tomando essas iniciativas, ambas serão reconhecidas como demonstrações de liderança.

Mas, se o presidente que está nutrindo a futura administração da empresa for um líder, não seriam líderes também aqueles que, anos antes, ensinaram esses mesmos talentos que crescem dentro da corporação a ler, escrever e raciocinar?

Se o general que arregimenta centenas de tropas para um confronto decisivo for um líder, não seriam líderes também os pais que moldaram esses soldados para serem adultos diligentes e confiantes?

Se o gerente que orienta colegas que passam por uma crise no trabalho for um líder, a pessoa que incentiva um amigo a enfrentar um problema pessoal difícil não é também um líder?

Em suma: quem inventou a fita métrica que dá a medida de alguns como líderes e de outros como meros professores, pais, amigos ou colegas?

E quais são as linhas divisórias? É necessário influenciar pelo menos cem pessoas para ser um líder? Cinquenta não servem? E, se forem cinquenta, que tal vinte, dez, ou mesmo uma única pessoa?

E o impacto de um líder precisa aparecer dentro de uma hora? Ou dentro de um ano? Não seriam líderes também aqueles cujo impacto mal é discernido durante suas vidas, mas que, na geração seguinte, se manifesta através das pessoas que criaram, que ensinaram, de quem foram mentores ou técnicos?

A confusão surge de uma visão inapropriada, estreita, de líderes como sendo somente os que estão comandando outros *e* que estejam provocando um impacto transformador *e* que estejam fazendo isso a curto prazo. Quanto mais rápido agirem, quanto mais transformadores forem, quanto mais pessoas afetarem, mais quente é sua temperatura no termômetro da liderança.

Mas o estereótipo da liderança imediata, de cima para baixo, que tudo transforma, não é a solução: é o problema. Se somente aqueles em posição de dirigir grandes equipes são líderes, todos os outros devem ser seguidores. E aqueles com etiqueta de seguidores inevitavelmente agirão como seguidores, drenados da energia e do ímpeto para aproveitarem suas próprias oportunidades de liderança.

O modelo jesuíta detona o modelo do homem mais importante pela simples razão de que todo mundo tem influência e todo mundo projeta influência – boa ou má, grande ou pequena – o tempo todo. Um líder aproveita todas as oportunidades disponíveis para influenciar e causar impacto. As circunstâncias fornecem a poucas pessoas os momentos que definem e transformam o mundo. A maioria não encontrará tais oportunidades graúdas no decorrer de suas vidas. Contudo, a liderança não é definida pelo tamanho da oportunidade, mas pela qualidade da resposta. Não se pode controlar todas as circunstâncias de nossas vidas, apenas as respostas de cada um para essas circunstâncias.

Aqueles com etiqueta de seguidores inevitavelmente agirão como seguidores, drenados da energia e do ímpeto para aproveitarem suas próprias oportunidades de liderança.

A liderança surge de dentro tem a ver com quem sou tanto quanto com o que faço

Em vez de ficar esmiuçando listas com táticas para tornar-se um líder, a postura jesuíta concentra-se em *quem* são os líderes. Ninguém jamais se tornou um líder eficaz lendo um manual de instruções, muito menos papagaiando máximas ou regras genéricas.

Antes, a ferramenta mais convincente de um líder é ser o que é: uma pessoa que compreende o que quer e o que valoriza, uma pessoa ancorada por certos princípios e que encara o mundo com uma visão consistente. Com esse alicerce interno, um comportamento de liderança desenvolve-se naturalmente. Meras técnicas não conseguem compensar a falta desse alicerce.

O maior poder de um líder é sua visão pessoal, comunicada através do exemplo de sua vida diária. *Visão* nesse sentido refere-se não a lemas e mensagens adotadas do jargão corporativo – "dar vida a boas coisas" ou ser "o supermercado do mundo" – e sim à visão como algo intensamente pessoal, o produto conquistado a duras penas pela autorreflexão: *Com o que me importo? O que eu quero? Como me situo neste mundo?*

Para o dissabor dos gurus das relações públicas, as missões propostas numa empresa não são assumidas pelo simples fato de terem um palavreado elegante. Elas são assumidas quando os subordinados veem seus chefes tendo um interesse pessoal pela missão. Vencer a concorrência torna-se uma coisa viva para mim não quando ouço meu gerente discursar sobre metas, mas quando vejo seu compromisso apaixonado com a vitória. Dito de maneira mais simples: o que vem de dentro faz a diferença entre falar por falar ou falar por convicção. As técnicas – como mesmerizar uma equipe, como elaborar metas de longo prazo, como estabelecer e vender objetivos – podem amplificar a visão, mas nunca poderão substituí-la.

> A liderança não é definida pelo tamanho da oportunidade, mas pela qualidade da resposta.

A liderança não é um ato; é um modo de vida

Ser líder não é um emprego, não é um papel que se desempenha no trabalho, posto de lado na volta para casa, quando se relaxa e se aproveita a vida real. Pelo contrário: a liderança *é* a verdadeira vida real do líder.

As técnicas – como mesmerizar uma equipe, como elaborar metas de longo prazo, como estabelecer e vender objetivos – podem amplificar a visão, mas nunca poderão substituí-la.

Os primeiros jesuítas faziam muitas referências ao *nuestro modo de proceder*, ou em português atual, "fazer do nosso jeito". Alguns comportamentos se enquadram no *nuestro modo*, outros não. Nenhum deles tentou colocar *nuestro modo* no papel, pois ninguém conseguiria, e também não precisava. "Nosso jeito de fazer as coisas" derivava de uma visão do mundo e de prioridades compartilhadas por todos os membros da equipe jesuíta. Seu modo de proceder era uma bússola, não um *checklist*. Se você sabe para onde está indo, uma bússola é um instrumento infinitamente mais valioso. E assim foi para os jesuítas. Levado ao desconhecido terreno cultural desconhecido da China, um jesuíta descobria que o *checklist* de táticas que lhe servia na Europa era inútil nesta terra estranha. Mas sua bússula, sua maneira de proceder, era-lhe de grande valia. Sabendo o que valorizava e o que buscava alcançar, orientava-se pelo novo ambiente, adaptando-se, confiante, a circunstâncias que não lhe eram familiares.

Tornar-se um líder é um processo contínuo de desenvolver a si mesmo

A promessa implícita nos "sete passos para tornar-se um líder" - métodos cativantes, mas enganosos - é a de que alguém realmente será um líder se completar esses passos. Qualquer um que tenha tentado liderar uma equipe ou a si mesmo sabe quão falsa é essa premissa. A liderança pessoal é uma obra em andamento, uma obra sem fim, que se vale de uma autocompreensão em constante amadurecimento. O ambiente externo evolui e as circunstâncias pessoais mudam, assim como as prioridades pessoais.

Alguns pilares pessoais desmoronam, assim como surgem oportunidades para desenvolvermos outros. Todas essas mudanças exigem um crescimento balanceado consistente e uma evolução contínua como líder. Para o líder fraco, o processo contínuo torna-se um fardo ou uma ameaça; ele preferiria alcançar algum platô de liderança imaginário onde repousará, em velocidade de cruzeiro, usufruindo do status de líder. Em contraste, o líder forte saboreia a oportunidade de continuar a aprender sobre si mesmo e o mundo e anseia por novas descobertas e novos interesses.

UMA ESTRANHA DEFINIÇÃO DE LIDERANÇA, COMPARADA COM AS OUTRAS

Tudo isso acima faz com que Inácio de Loyola e seus colegas sejam presenças estranhas na prateleira dos livros sobre liderança. Eles certamente se *parecem* com aqueles que hoje chamamos de líderes. E fazem as coisas que esperamos que os líderes façam: inovar, assumir riscos e produzir grandes mudanças. Não teriam trabalho para firmar suas credenciais como líderes.

Mesmo assim, colocam-se à margem da correnteza – às vezes de maneira incômoda – ao oferecerem sua visão própria a respeito do que são os líderes e de como são moldados. Em nossa cultura de gratificação instantânea, há algo fascinante na perspectiva de se comprar um livro ao embarcar num avião em Chicago e aterrissar em Nova York sendo um líder melhor. Os jesuítas não oferecem promessas tão convenientes. Sua visão não pode ser destilada em meras técnicas: vem sem uma lista pré-fabricada de táticas. Os jesuítas nos apontam a direção a seguir e nos impulsionam para a frente com perguntas no lugar de respostas prontas, práticas e de fácil implementação. Se toda liderança é antes de tudo *auto*liderança, algo que brota de crenças e atitudes pessoais, então cada pessoa deve primeiro decidir qual o legado pessoal de liderança que quer deixar. É uma decisão que será tomada muitas vezes, já que o papel de líder está em constante desenvolvimento. Podemos estar influenciando todos à nossa volta o tempo todo, quer percebamos ou não, mas também não escolhemos as oportunidades de liderar: elas nos vão sendo impostas à nossa revelia. Nossas únicas opções são responder à altura ou fazer um trabalho deplorável.

Os primeiros jesuítas podiam estar na contramão dos conceitos de liderança, mas são melhores exemplos a seguir do que esses que nos apresentam agora, pela simples razão de que seu modelo foi elaborado para pessoas reais vivendo vidas reais no mundo real. Considere, por outro lado, alguns dos gurus que consultamos em busca de conselhos iluminados sobre liderança enquanto embarcamos no terceiro milênio.

O general

Átila, o Huno, também conhecido como "Flagelo de Deus", foi celebrado em pelo menos dois guias sobre liderança. Sem dúvida, Átila merece crédito como certo tipo de líder. Por volta do ano 440, conseguiu unificar tribos díspares vagando pela Europa central em torno de uma coligação de hunos. Além disso, solucionou os problemas de estrutura de poder entre os hunos ao assassinar seu irmão e colíder, Bleda. Com sua autoridade assegurada, Átila articulou e perseguiu uma visão estratégica bem clara. Sua horda de hunos devastou a Europa do Reno ao mar Cáspio, extorquindo tributos de nações desafortunadas em troca de tratados de paz que punham fim à pilhagem. Foi, provavelmente, o primeiro empreendedor a construir um negócio de sucesso sobre a premissa de que os clientes pagariam para que ele *parasse* de fornecer seus serviços.

Os poderes motivacionais de Átila deviam ser impressionantes, dado o que seus seguidores aturavam a seu pedido. Esses poderes incitaram seus hunos contra exércitos maiores, mais bem equipados, superiores tecnologicamente. Em caso de vitória de sua equipe, os despojos, em sua maior parte, iam para Átila e seu círculo interno. Mas, se perdessem, seus subordinados sofriam consequências desproporcionais. Quando romanos, francos e visigodos se juntaram para trucidar os hunos nos Campos Catalúnicos, Átila simplesmente montou em seu cavalo e foi embora para casa, deixando atrás de si mais de cem mil hunos mortos proporcionalmente uma das contagens de baixas mais terríveis na história das guerras.

A filosofia administrativa de Átila era "cara, eu venço; coroa, você perde"; isso o acompanhou até o túmulo: segundo a lenda, aqueles que o sepultaram junto ao seu tesouro foram executados sumariamente para que o local nunca fosse revelado, evitando que fosse saqueado.

Por mais impressionante que tenham sido as primeiras investidas de extorsão de Átila, não dá para citar sua organização huna como modelo de excelência sustentada. Depois de oito anos de pilhagens desenfreadas, Átila perdeu suas duas últimas grandes campanhas, e a dinastia dos hunos foi considerada obsoleta antes mesmo de sua morte.

O consultor

Nicolau Maquiavel (1469-1527), contemporâneo histórico de Inácio de Loyola, foi endeusado em pelo menos meia dúzia de livros sobre liderança.

Seis livros. O que Maquiavel tinha que o pobre do Loyola não tinha? Certamente não era uma experiência em liderança. É verdade que Maquiavel começou sua carreira como uma promessa. Com 29 anos de idade já era um dos principais burocratas de Florença; Loyola tinha 49 anos quando lançou os jesuítas. Mas a participação de Maquiavel no círculo interno do poder teve uma vida vergonhosamente curta. Sofreu um *downsizing* quando ele tinha quarenta e poucos anos, assim que a renomada família Médici recuperou o poder em Florença. Um ano depois, Maquiavel chegou a ser aprisionado sob a suspeita, provavelmente infundada, de que conspirava para derrubar os Médici.

Marginalizado e desempregado, Maquiavel teve tempo de sobra para redigir O *príncipe*, sua cartilha para aspirantes a líderes que pretendem conquistar, manter ou usar o poder, e que é a razão de nossa fascinação insaciável por ele como um consultor em liderança. Embora tivesse dedicado O *príncipe* a Lorenzo de Médici, numa tentativa transparente, porém malsucedida, de cair nas graças dessa família poderosa e assim voltar à política, a verdadeira inspiração para a obra foi César Borgia. O menino prodígio

Borgia tinha sido nomeado cardeal na tenra idade de 17 anos. Tratava-se de um reconhecimento formidável de sua santidade em flor? Nem tanto. Ocorre que o Papa que o elevou a cardeal era, por acaso, seu pai. Como muitos adolescentes que abandonam empregos estudantis quando se tornam adultos, Borgia logo pendurou as chuteiras e o chapéu de cardeal. Casou-se e sucedeu seu irmão mais velho como capitão-mor do exército papal, depois que este foi assassinado. Ninguém foi condenado pela morte trágica desse irmão, embora César sempre tenha sido o suspeito favorito dos historiadores.

Maquiavel registra, com aprovação, como o cruel, traiçoeiro e impiedosamente oportunista César traiu um tenente leal, mandou assassiná-lo e "o colocou certa manhã sobre a praça pública de Cesena, em dois pedaços". Na página seguinte, Maquiavel diz: "Repassando todas as ações do duque, então, nada encontro para repreendê-lo; antes, penso estar certo em propô-lo (...) como modelo".[3]

Enquanto Átila, reticente, falou pouco e não escreveu nada, Maquiavel nos deixou diversas pérolas de sua sabedoria sobre liderança:

"Se tiver que escolher, ser temido é mais seguro do que ser amado. Pois uma boa regra geral sobre os homens é que são ingratos, volúveis, mentirosos e falsos, temerosos do perigo e ávidos pelo lucro."

"Esses príncipes que mais realizaram são os que pouco atentaram para o cumprimento de suas promessas, mas que souberam manipular com astúcia a mente dos homens. Ao final, sobrepujaram os que buscaram agir honestamente."[5]

"Deveis ser um grande mentiroso e um hipócrita. Os homens são tão simplórios, e tão dominados por suas necessidades imediatas, que um homem enganador sempre encontrará muitos prontos para serem enganados."[6]

Bem, pelo menos conhecemos as posições de Maquiavel. Mas é assim mesmo que queremos que nossos líderes se posicionem? É assim que você quer se posicionar?

O *coach*

Técnicos esportivos podem ter se tornado os exemplos de liderança mais proeminentes de nossa cultura. Uma ida a qualquer livraria de médio porte nos Estados Unidos será recompensada, no mínimo, com uma dúzia de convites para a aquisição de conselhos de gerenciamento proferidos por técnicos aposentados ou na ativa. Com tamanha onda de sabedoria esportiva, supõe-se que os desafios enfrentados pelos técnicos sejam altamente análogos aos desafios que todos enfrentamos na vida.

Será? Quantos de nós vivemos e trabalhamos num ambiente que lembra, mesmo de longe, uma partida profissional de basquete? As regras desse jogo raramente mudam, e quando mudam, não é na sua essência. Três pessoas com apitos asseguram que todos obedeçam às regras, interrompendo o jogo para ministrar justiça imediata diante de delitos, mesmo que minúsculos. Os insatisfeitos com o correr dos acontecimentos, os que ficaram atarantados pelo andamento das coisas, podem parar tudo e pedir um tempo, se reagrupar e retornar à quadra.

Cada técnico está restrito a produzir um único produto: uma equipe de basquete que seja campeã. Ninguém tem que se preocupar em levar uma rasteira de concorrentes introduzindo produtos novos. (Imaginem como a vida teria sido tranquila para as gravadoras de discos se houvesse proibições semelhantes contra CDs ou fitas cassete.). Tampouco, nesse mundo pequeno, alguém se angustia pensando nos níveis ideais de funcionários para a empresa: o nível ideal do *staff* é o de doze funcionários (não são onze nem treze; sempre doze). Os doze funcionários trabalham sempre juntos no mesmo local, em um projeto de cada vez, e é sempre o mesmo projeto: vencer o time X.

A marca que define esse líder é sua capacidade de motivar os doze funcionários a trabalharem juntos visando à meta comum de vencer um jogo de basquete. Para isso ele se vale de sua experiência, de sua sabedoria e de seu conhecimento a respeito do jogo. Mas também emprega outra ferramenta motivacional: os aproximadamente 80 milhões de dólares que repartirá entre a folha de pagamento dos doze funcionários. Os jogadores *menos* valiosos recebem aproximadamente 280 mil dólares cada – o "salário mínimo" da NBA – para que fiquem motivados a treinar e a dar duro no decorrer de cada uma das oitenta e tantas partidas que jogam durante uma temporada. Sobra dinheiro suficiente para que os jogadores melhores faturem entre 5 a 10 milhões de dólares, o que os encoraja a se dedicarem ao sucesso da empresa.

Estou sendo presunçoso ao afirmar que os ambientes e os desafios colocados para a imensa maioria das 135 milhões de pessoas empregadas na força de trabalho dos Estados Unidos não se parecem muito com o ambiente de trabalho do jogador de basquete profissional?

Os jesuítas

Embora os jesuítas não sejam conhecidos popularmente como peritos em liderança, seus métodos, sua visão e sua longevidade fazem deles exemplos de liderança superiores a essa turma descrita acima. Diferente do sucesso passageiro de Átila e seus hunos, o grupo dos jesuítas ostenta um sucesso de 450 anos nas paradas. Enquanto Maquiavel apostou suas fichas na capacidade de um único grande príncipe em liderar súditos desprezíveis, o grupo dos jesuítas depositou suas esperanças no talento de toda a sua equipe – e viu essas esperanças serem cumpridas por meio do desempenho heroico e inovador de seus membros através dos séculos e por toda parte do globo. Os jesuítas tinham um comprometimento tão feroz com a vitória tão feroz quanto o de Átila, mas, diferente de Átila ou Maquiavel, não consideravam que falsidade ou assassinatos fossem estratégias aceitáveis para vencer ou manter sua influência. E, diferente de jogadores de basquete, os jesuítas operavam num mundo sem regras e em rápida transformação.

ANALISANDO DE PERTO OS QUATRO PILARES

Quais são os segredos da liderança dos jesuítas? Como jesuítas individuais tornaram-se líderes e por que seus esforços corporativos foram bem-sucedidos?

Quatro princípios se destacam. Os jesuítas tornaram-se líderes por

- compreender suas forças, suas fraquezas, seus valores e sua visão do mundo;
- inovar com confiança e se adaptar para abarcar um mundo em transformação;
- engajar os outros com uma atitude positiva e amorosa;
- energizar a si mesmos e os outros através de ambições heroicas.

Esses quatro princípios não saíram de um livro de regras jesuítas ou de um manual de instruções de como ser um líder. É praticamente certo que nenhum dos primeiros jesuítas – ou ninguém no século XVI, para dizer a verdade – chegou a usar a palavra *liderança* tal como a concebemos hoje. Tampouco falaram explicitamente em autoconsciência, inventividade, amor e heroísmo como os quatro princípios básicos impelindo sua organização. Em vez disso, seus princípios de liderança emergem somente se vasculharmos suas palavras e seus atos para encontrar os temas que os animaram nos seus momentos de maior sucesso. No caso dos primeiros jesuítas, nem é preciso procurar muito: seu trabalho e suas realizações estão impregnados desses quatro temas, eles saltam de seus escritos e dominam o programa de treinamento, cuidadosamente elaborado.

Esses quatro princípios para a liderança guiaram os jesuítas individualmente, e os mesmos quatro formaram a base da cultura corporativa dos jesuítas.

Autoconsciência: "Ordenar sua própria vida"

Os líderes vicejam pela compreensão de quem são e do que valorizam, por terem consciência de fraquezas ou pontos cegos e insalubres que possam desencaminhá-los e por cultivarem o hábito de aprendizado e autorreflexão constantes.

Somente a pessoa que sabe o que quer pode perseguir isso com energia e inspirar outros a fazerem o mesmo. Somente aqueles que apontam suas fraquezas podem conquistá-las. Princípios óbvios, mas raramente seguidos na prática.

Os primeiros jesuítas inventaram uma gama de práticas e ferramentas para tornar seus recrutas autoconscientes. Isolados por um mês de seu trabalho, de seus amigos, de quaisquer notícias, inclusive de conversas casuais, os aprendizes jesuítas dedicavam todas as suas energias a uma profunda avaliação de si mesmos. Engajar-se nos Exercícios Espirituais era o ponto culminante num regime de treinamento que abrangia desde trabalhos manuais a esmolar por abrigo e comida numa peregrinação solitária por longas distâncias. Os recrutas emergiam desse treinamento sabendo o que queriam da vida, como consegui-lo e quais fraquezas poderiam atrapalhá-los.

> Os primeiros jesuítas inventaram uma gama de práticas e ferramentas para tornar seus recrutas autoconscientes.

A autoconsciência nunca é um produto acabado. Sim, alguns valores e diretrizes são adotados no início da vida, permanecendo para sempre inegociáveis. Mas nosso mundo, que já é complexo, está sempre mudando. Os líderes também precisam mudar. Cada um dos primeiros jesuítas dedicava uma semana por ano de foco intensivo para revitalizar seu compromisso central e avaliar seu desempenho durante o ano anterior. Além disso, técnicas jesuítas para a autoconsciência previam as possibilidades de mudanças ao incutir nos recrutas o hábito do aprendizado contínuo, com reflexões diárias sobre suas atividades. Essas técnicas continuam sendo relevantes hoje justamente porque foram elaboradas para permitir que pessoas muito ocupadas "refletissem em movimento". Antes dos jesuítas, a maior parte dos religiosos contava com as paredes das clausuras para ajudá-los a permanecer focados e em recolhimento todos os dias. Mas Loyola, essencialmente, derrubou as paredes dos monastérios para mergulhar seus jesuítas no redemoinho da vida diária. Com a queda dessas paredes, os jesuítas tiveram que empregar técnicas para permanecer em recolhimento enquanto o pau quebrava à sua volta. Como as pessoas precisam fazer hoje.

> Essas técnicas continuam sendo relevantes hoje justamente porque foram elaboradas para permitir que pessoas muito ocupadas "refletissem em movimento".

Séculos depois, pesquisas acadêmicas finalmente atinaram para a visão de Loyola e estão validando a sua ênfase na autoconsciência. Embora os executivos subam na hierarquia das empresas pela força de sua perícia técnica, inteligência bruta e/ou ambição pura, esses traços sozinhos raramente resultam num desempenho de liderança a longo prazo. As pesquisas, cada vez mais, indicam que o QI e as habilidades técnicas são menos cruciais para o sucesso como líder do que uma autoconsciência madura. Em outras palavras, provas concretas apontam para as habilidades abstratas essenciais que surgem do autoconhecimento.

Inventividade: "O mundo inteiro será o nosso lar"

Os líderes fazem com que eles mesmos e os outros se sintam à vontade num mundo mutante. Exploram avidamente novas ideias, posturas e culturas em vez de se esquivarem defensivamente do que possa estar virando a próxima esquina da vida. Ancorados por princípios e valores inegociáveis, cultivam a "indiferença" que lhes permite adaptar com confiança.

Loyola descreveu o jesuíta ideal como vivendo pronto a estar com "um pé na estrada", sempre disponível para dar um passo e responder a oportunidades que surjam.

A autoconsciência é essencial para viver bem com um pé na estrada. Um líder deve se livrar de hábitos e preconceitos arraigados, de preferências culturais e da atitude que diz "sempre fizemos desse jeito"; são bagagens que bloqueiam respostas adaptativas rápidas. Claro, nem *tudo* é bagagem descartável. Crenças e valores centrais são inegociáveis, são a âncora segura que permite mudanças resolutas, o oposto de vagar sem rumo ao sabor das correntezas. O líder se adapta com confiança por saber o que é negociável ou não.

Nossa geração tem ficado tonta com tantas mudanças que parecem não ter fim. Nos últimos cinquenta anos, um punhado de seres humanos pisou na lua; os demais, presos à Terra, aprenderam a enviar e-mails. Os primeiros jesuítas enfrentaram desafios igualmente profundos. As viagens de descobrimento mais que triplicaram o tamanho do mundo conhecido pelos europeus. A Ásia e a América tinham surgido no mapa-múndi – na versão europeia do mapa-múndi – primeiro como esboços, mas, nas primeiras décadas do século XVI, com uma definição cada vez maior. Na Europa, uma reforma protestante disparada por Martinho Lutero tinha, no espaço de uma geração, encerrado o domínio da Igreja Católica sobre o cristianismo, angariando apoio para novas práticas e ideias religiosas. Os reformistas ajudaram a instigar a primeira revolução midiática do mundo. Estima-se que somente Martinho Lutero seja responsável por escrever um quarto de todos os títulos publicados na Alemanha num período de dez anos. Enquanto pessoas como Lutero exploravam o pleno poder da imprensa pela primeira vez em sua curta história, as editoras inundavam a Europa com mais livros num período de cinquenta anos do que a quantidade publicada no milênio anterior.

Naqueles tempos conturbados, a hierarquia do Vaticano oscilava entre uma paralisia apavorada e uma reação de defesa excessiva diante do ambiente turbulento.[7] Distraídas com outras prioridades ou recusando-se a ver o que acontecia, as autoridades da Igreja primeiro permitiram que o desafio de Martinho Lutero tomasse corpo; depois, ao excomungar sumariamente o monge dissidente, deram-lhe de bandeja uma plataforma com a qual pudesse angariar apoio. Enquanto Lutero e outros espalhavam livros e folhetos expondo sua mensagem de reformas por toda a Europa e as autoridades do Vaticano ocupavam-se publicando seu primeiro *índice* de livros banidos.

Ao mesmo tempo que o Vaticano gaguejava em seus esforços para conter mudanças indesejadas, os jesuítas de Loyola mergulhavam de cabeça nesse mundo em transformação. Na Europa, autoridades do Vaticano condenavam as bíblias e os breviários escritos no vernáculo e usados nos cultos protestantes; fora da Europa, os jesuítas estavam compilando dicionários inovadores de tâmil, japonês vietnamita, e uma série de outras línguas, para que pudessem apresentar sua mensagem nas línguas locais, através da cultura local. Enquanto uma Igreja institucional, pesadona, desperdiçava quase uma década com preparativos para o Concílio de Trento – no qual galvanizariam respostas estratégicas para a ameaça protestante –, jesuítas mais ágeis cumpriam sua agenda estratégica com velocidade e urgência. Uma década depois de terem identificado o ensino superior como prioridade-chave, em 1540, tinham aberto mais de trinta faculdades ao redor do mundo.

Como esses primeiros jesuítas conseguiram ficar tão imediatamente e totalmente à vontade, num mundo que provavelmente havia mudado mais no decorrer de suas vidas do que nos mil anos anteriores? Os jesuítas estimavam a agilidade pessoal e corporativa. Eram rápidos, flexíveis, abertos a novas ideias. O mesmo grupo de práticas e ferramentas que fomentou a autoconsciência, os Exercícios Espirituais de Loyola, também instilou a "indiferença": livrar-se do apego a lugares e posses, que poderia resultar numa resistência inapropriada a movimentos ou mudanças. A mensagem de viver pronto a pôr um "pé na estrada" era reforçada constantemente: o lugar-tenente de Loyola percorreu a Europa lembrando aos jesuítas que, para os homens abertos ao novo e a missões em constante transformação, "o mundo inteiro se tornará o [seu] lar".[8] Ele

Os Exercícios Espirituais de Loyola também instigaram a "indiferença": livrar-se do apego a lugares e posses, que poderia resultar numa resistência inapropriada a movimentos ou mudanças.

enfatizava isso no sentido literal, incitando-os à velocidade, à mobilidade e a respostas rápidas, mas também descrevia uma mentalidade a ser cultivada por cada jesuíta.

Amor: "Com amor maior do que o medo"

Os líderes encaram o mundo com uma noção saudável, confiante, de si mesmos como imbuídos de talento, dignidade e potencial de liderança. Descobrem exatamente esses mesmos atributos nos outros e se comprometem com paixão a honrar e destravar o potencial que encontram nos outros e em si mesmos. Criam ambientes unidos e energizados pela lealdade, pelo afeto e pelo apoio mútuo.

Maquiavel aconselhou aos líderes: "Ser temido é mais seguro do que ser amado." Não surpreende tal conselho partindo de um homem convencido de que a humanidade é "ingrata, volúvel, mentirosa e enganadora, temerosa do perigo e ávida pelo lucro".

Inácio de Loyola era seu oposto, aconselhando as autoridades jesuítas a governarem utilizando "todo o amor, modéstia e caridade possíveis" para que as equipes pudessem vicejar em ambientes de "amor maior do que o medo".[9]

Essa postura jesuíta tão diferente derivava de sua visão muito peculiar do mundo. Enquanto Maquiavel contemplava um mundo povoado por enganadores temerosos e ingratos, os jesuítas viam o mundo por uma lente bem diversa, através da qual cada pessoa é única e imbuída de talento e dignidade. O comportamento dos jesuítas fluía a partir dessa visão, assim como os conselhos de Maquiavel fluíam da sua. Os jesuítas, levados pelo amor, trabalhavam com paixão e coragem, seja ensinando adolescentes ou confrontando colonialistas que abusavam de povos indígenas na América Latina.

Trabalhar com colegas, ou para colegas, que os valorizavam, os apoiavam e confiavam neles os energizou. As equipes eram unidas pela lealdade e pelo afeto, e não repletas de fofocas e ataques pelas costas.

Os jesuítas mantiveram seu compromisso com essa visão porque ela *funcionava*. Trabalhar com colegas, ou para colegas, que os valorizavam, os apoiavam e confiavam neles os energizou. As equipes eram unidas pela lealdade e pelo afeto, e não repletas de fofocas e ataques pelas costas. O pioneiro da Companhia na Ásia, Francisco Xavier, foi um exemplo eloquente da profundidade e do poder de longo alcance desses vínculos. Cruzando a Ásia, a milhares de quilômetros e alguns anos distante de seus colegas cofundadores da Companhia, ele extraía sua energia de simples tiras de papel que levava consigo, contendo a assinatura de cada um. Por quê? As assinaturas bastavam para lembrá-lo do "grande amor que [os colegas] sempre demonstraram e continuam demonstrando por mim".[10] É difícil imaginar os guerreiros-viajantes das corporações de hoje abrindo suas pastas para extrair uma energia semelhante do último memorando do escritório central.

A visão igualitária e abrangente dos jesuítas capacitou-os a criar equipes que integravam recrutas oriundos da nobreza europeia, das famílias mais pobres do mundo e de quase tudo entre esses extremos. Os jesuítas que trabalhavam na China tinham membros vindos de meia dúzia de países, isso séculos antes do termo *equipes multinacionais* ter entrado para o jargão corporativo.

Todos sabem que as organizações, os exércitos, as equipes esportivas e as empresas funcionam melhor quando os membros respeitam, valorizam e confiam um nos outros, sacrificando seus próprios interesses mesquinhos para apoiar as metas da equipe e os sucessos de seus colegas. Os indivíduos têm um desempenho melhor quando são respeitados, valorizados e recebem a confiança de alguém que realmente se importa com o seu bem-estar. Loyola não tinha medo de chamar esse pacote de atitudes vencedoras de "amor" e de utilizar seu poder energizante, unificador, em favor de sua equipe de jesuítas. Atualmente, os líderes eficientes continuam fazendo uso desse poder.

Heroísmo: "Evocando grandes desejos"

Os líderes imaginam um futuro inspirador e se empenham em moldá-lo em vez de assistir passivamente ao futuro acontecendo à sua volta. Os heróis transformam as oportunidades que têm à mão em ouro, em vez de aguardar que oportunidades douradas caiam no seu colo.

> Não existe um "ligue" para as motivações coletivas. Ou, precisamente, existe uma espécie de interruptor, mas ele fica do *lado de dentro de cada indivíduo.*

Consultores em administração procuram incessantemente a fórmula garantida, tão ilusória, que extraia de equipes e indivíduos desempenhos motivados e comprometidos. Bem que os administradores gostariam de ligar um interruptor ou apertar um botão para acender um batalhão de funcionários eletrizados, mas as coisas não funcionam assim. Não existe um "ligue" para as motivações coletivas. Ou, precisamente, existe uma espécie de interruptor, mas ele fica *do lado de dentro de cada indivíduo*. Em última instância, somente cada indivíduo pode motivar a si mesmo.

Loyola, certa vez, incentivou uma equipe jesuíta em Ferrara, na Itália, dizendo que eles deveriam "se esforçar para conceber grandes resoluções e evocar desejos igualmente grandes".[11] Não era um sentimento isolado. A cultura dos jesuítas os incitava a "evocar grandes desejos" visualizando objetivos heroicos. Disso resultavam desempenhos formidáveis, tanto pessoais quanto de equipe, como acontece quando atletas, músicos ou gerentes implacáveis miram metas ambiciosas. Os jesuítas também eram levados por uma energia indócil, representada por um lema simples para a Companhia: *magis*, que em latim significa "sempre algo a mais, sempre algo maior". *Magis* foi a inspiração para que exploradores jesuítas em toda parte do planeta fizessem as primeiras expedições europeias para o Tibete, para a nascente do rio Nilo e para os rincões superiores do rio Mississippi. *Magis* foi o que permitiu que professores jesuítas em centenas de escolas fornecessem, consistentemente, o melhor ensino secundário do mundo em sua época: um aluno de cada vez, um dia a cada vez. Independente de quais eram suas ações, elas eram fundamentadas na crença de que desempenhos excepcionais ocorriam quando indivíduos e equipes miravam mais alto.

Os jesuítas construíram sua Companhia com base nessa convicção. Buscaram angariar o esforço de toda uma equipe para algo maior do que qualquer jesuíta individualmente. Mesmo assim, o compromisso individual sobrepunha-se ao compromisso da equipe. Cada recruta passava antes pelo processo de formular e apossar-se *pessoalmente* das metas da equipe, de evocar seus próprios "grandes desejos" e de motivar a si mesmo.

Como os jesuítas construíram a agremiação religiosa mais bem-sucedida da história? E como os indivíduos tornam-se líderes hoje? Conhecendo a si mesmo. Inovando para conseguir abarcar um mundo em transformação. Amando os outros e a si mesmo. Mirando alto.

Autoconsciência, inventividade, amor e heroísmo. Não quatro técnicas, mas quatro princípios formando um modo de viver, um "modo de proceder". Nenhum jesuíta foi bem-sucedido adotando três e ignorando o quarto. Para compreender a liderança dos jesuítas, devemos primeiro dissecá-la a fim de estudar seus quatro elementos centrais e depois remontá-los para que deem vida a essa liderança, pois seu poder real reside não na mera soma de suas partes, mas no que resulta quando esses quatro princípios reforçam um ao outro numa vida integrada.

Outros capítulos deste livro analisarão em detalhes cada um destes pilares. Mas a história da liderança jesuítica deve começar pelo homem que mais a inspirou: Inácio de Loyola. A história de Loyola, um militar que virou líder político, é um arquétipo familiar, tão venerável quanto George Washington e tão atual quanto Colin Powell. Mas a jornada de Inácio de Loyola de soldado a líder empresarial desafia todos os estereótipos de como ocorrem essas transformações humanas. Sua jornada para a liderança empresarial provoca reflexões sobre os atributos que distinguem uma verdadeira liderança. O capítulo a seguir também recorda as origens improváveis da Companhia de Jesus, fundada por uma equipe que não tinha produto, grife ou plano de negócios, mas que percebia claramente quais eram seus valores e como queria que esses valores se refletissem em seu trabalho.

CAPÍTULO 3

Os jesuítas

Uma Companhia acidental com uma visão resoluta

Os jesuítas têm um reconhecimento de marca invejável. Mas ao passo que todos sabem por que a Coca-Cola é famosa, a marca jesuíta geralmente evoca apenas um amontoado vago de fatos, anedotas e imagens desconexas: um epíteto à mão para ser atirado sobre um adversário aplicado em meio a negociações ("jesuítico"), a imagem de um padre sendo enfiado dentro de um camburão em um protesto contra a guerra do Vietnã, ou de outro renunciando a seu cargo no Congresso norte-americano a pedido de um Papa desaprovador, ou ainda de outros chacinados pelas forças armadas de El Salvador. A palavra *jesuíta* também traz à mente instituições educacionais de qualidade, com uma lista de formandos que inclui Bill Clinton, François Mitterand, Antonin Scalia e Fidel Castro; e bons times universitários de basquete, com um elenco sempre nos primeiros lugares do NCAA, como Georgetown, Gonzaga, Boston College, Marquette e University of Detroit Mercy.

Os dez fundadores da Companhia de Jesus eram um grupo improvável, uma equipe muito mais diversa do que as que administravam a maioria das companhias e organizações no século XVI. O mais velho tinha uma diferença de 24 anos em relação ao mais novo. O grupo reunia espanhóis, franceses e um português. Havia um abismo também entre suas origens familiares e socioeconômicas. Pierre Favre era filho de fazendeiros franceses pobres, que plantavam para sua própria subsistência. Francisco Xavier era um nobre basco, de Navarra, criado no castelo de sua família, bem posicionado, podendo vir a receber uma herança substancial. Como Xavier, o castelão Diego Laínez também era rico. Mas diferente de Xavier, ou de qualquer um dos demais, Laínez também era tataraneto de um judeu e, portanto, um "cristão-novo" segundo o raivoso código antissemita da era da inquisição espanhola. Cristãos-novos não eram admitidos nas principais ordens religiosas. Foi irônico que Laínez tenha ajudado a fundar uma ordem, e mais irônico ainda que tenha sido o sucessor de Loyola como segundo Superior dos jesuítas.

Esse núcleo central aglutinou-se lentamente na Universidade de Paris, na época uma das mais prestigiosas universidades do mundo. Embora muitos do grupo tenham se distinguido mesmo dentro daquele círculo acadêmico seletivo, seus dotes intelectuais também eram os mais variados. Um deles recorda-se de Diego Laínez como sendo "imbuído de um intelecto singular, quase divino, milagrosamente informado das sutilezas de vários ramos do ensino".[1] Por outro lado, o próprio Laínez não pôde deixar de comentar os "atributos limitados de eloquência e aprendizado" de Inácio de Loyola.[2]

Contudo, aquele dos "atributos limitados" de eloquência e aprendizado tornou-se o ponto focal do grupo. Alguns dos maiores talentos da Europa optaram por se alinhar em torno de um personagem dos mais improváveis, que não dispunha dos requisitos de liderança convencionais. Aos 38 anos – que no século XVI já representavam o entardecer de uma vida –, o currículo de Loyola pouco sugeria um potencial para a liderança: duas carreiras fracassadas, duas prisões, problemas vários com a inquisição espanhola e outras autoridades, nenhum dinheiro. Não tinha realizado feitos notáveis, não tinha perspectivas definidas, nenhum seguidor e nenhum plano.

Aos 38 anos – que no século XVI já representavam o entardecer de uma vida –, o currículo de Loyola pouco sugeria um potencial para a liderança: duas carreiras fracassadas, duas prisões, problemas vários com a inquisição espanhola e outras autoridades, nenhum dinheiro.

Você se alistaria nos projetos de um homem desses?

Um líder renascido

Abraham Zaleznik, professor emérito da Harvard Business School, observou que "líderes são indivíduos 'renascidos'". Passam por grandes eventos que levam a uma sensação de afastamento, ou talvez de alienação, do mundo à sua volta. Como resultado, voltam-se para dentro de si a fim de ressurgirem com um senso de identidade que é a que criaram, não a que herdaram".[3] Inácio de Loyola podia ter um currículo fraco, mas certamente se qualificava como um renascido. Nasceu pela primeira vez em Azpeitia, um vilarejo basco próximo à fronteira com a França, numa região remota do norte da Espanha. Os Loyola eram da baixa nobreza e, embora ser nobre, na isolada Azpeitia, pouco acarretasse uma vida de luxo, trazia suas conexões políticas, que abriram os caminhos para que Loyola caísse fora dos rincões. Um Loyola adolescente serviu como pajem ao tesoureiro-mor da corte real. Foi seu estágio para uma carreira militar na corte; perdeu pouco tempo com habilidades menos necessárias como ler e escrever, e dedicou bastante tempo para a luta de espadas e o código de cavalheirismo que tanto animou o *Dom Quixote* de Cervantes.

A autobiografia de Loyola, assim como biografias posteriores, forneceu apenas uma visão superficial de seus primeiros anos, provavelmente por bons motivos. Aqueles que escrevem sobre a vida dos santos tendem a retocar os detalhes mais embaraçosos de suas histórias e alguns dos biógrafos de Loyola não fugiram à regra. Loyola tinha seus defeitos. O jesuíta Juan Polanco, executivo-assistente de Loyola, teve oportunidades de ouvir as histórias que vinham à tona em momentos descontraídos, e pinta um quadro do Loyola "pré-conversão" que permite aos leitores imaginarem o resto: "Embora bastante atraído pela fé, [Loyola] não vivia de acordo com suas crenças e não se mantinha afastado do pecado. Era especialmente desregrado com relação ao jogo, aos duelos e a questões relativas às mulheres".[4] Foi preso pelo menos uma vez cometendo contravenções que o magistrado local deixou de arrolar em deferência à família Loyola, mas que mesmo assim qualificou como "por demais ultrajosas". Outro conhecido seu daquele tempo lembrou-se do Loyola em ação, carregado de testosterona: "[Loyola] puxou sua espada e perseguiu-os rua abaixo. Se não tivesse sido contido, teria matado um deles, ou eles o teriam matado."[5] Que grave ofensa provocou essa ira desabrida? Dois transeuntes tinham esbarrado nele num beco estreito.

Sua primeira carreira, a de oficial militar, não durou muito. Começou e terminou na mesma batalha. Loyola e sua guarnição tiveram o infortúnio de estarem defendendo a cidadela espanhola em Pamplona, quando foram atacados pelo exército francês, bem mais numeroso. O basco, heroico porém iludido, arregimentou seus compatriotas para uma resistência defensiva certamente fútil. Apenas retardou o inevitável, à custa de sua carreira, sua imagem e quase que a sua vida, devido a uma bala de canhão francesa que despedaçou sua perna direita.

Um libertino garboso – como Loyola se imaginava – perde um tanto da elegância com uma perna aleijada por ferimento de batalha. E as calças apertadas que eram moda nas cortes medievais não favoreciam a aparência das pessoas quando um mal ajambrado deixava uma protuberância feia e pronunciada abaixo do joelho. Mesmo assim, o teimoso Loyola recusou-se a abandonar suas aspirações militares ou a deixar a corte de imediato, submetendo-se à equivalente cirurgia estética reparadora do século XVI. Podemos imaginar um "cirurgião" autodidata decididamente operando a tíbia fraturada com o arremedo de serra mais afiada disponível, sem contar que certamente não havia anestesista de plantão. É difícil decidir o que é mais surpreendente: que Loyola ter sobrevivido a seu ferimento de guerra ou que ter sobrevivido à cirurgia posterior para reparar os danos. De qualquer modo, sobreviveu a ambos. A cirurgia resultou em certa melhoria, mas deixou-o mancando levemente... e sem uma carreira militar.

A história de Loyola se desenrola com a previsibilidade dos dramas sobre a adversidade: a juventude dissoluta, a crise pessoal, a experiência intensa de conversão. Esse enredo familiar romantiza o que deve ter sido um conflito interno muito mais complicado para Loyola: reconstruir algum propósito e sentido para si mesmo. Por mais horripilante que fosse, a cirurgia na perna pode ter sido a parte mais fácil desta reconstrução pessoal. A cirurgia durou apenas algumas horas. Mas o que Zaleznik chama de segundo nascimento de Loyola arrastou-se por mais de meia década. Uma conversão religiosa profunda e permanente ocorrida durante a convalescença legou-lhe um destino espiritual, mas traduzir essa meta para uma militância sensata e madura no dia a dia mostrou-se um processo longo, arrastado, tortuoso.

No início, fascinado por fantasias de emular as privações heroicas sobre as quais lia nas lendas dos santos populares, "pensou em caminhar descalço até Jerusalém e em passar a comer somente verduras e praticar todos os outros rigores".[6] Mesmo com fantasias detalhadas, a ponto de especificar sua dieta e seus calçados (ou ausência de) durante a viagem, outros detalhes, aparentemente, não lhe preocupavam: como, por exemplo, o que *faria* quando chegasse a Jerusalém. Sua família ficou chocada com esse plano malconcebido, como qualquer família ficaria, e se esforçou ao máximo

O líder pioneiro dos jesuítas

Este quadro póstumo de Inácio de Loyola foi pintado pelo mestre renascentista Jacopino del Conte em 1556. Encontra-se em exibição na sede internacional da Companhia de Jesus, em Roma.

para convencê-lo do contrário. "Seu irmão levou-o para um quarto, e depois para outro, e com muito sentimento implorou para que não acabasse consigo mesmo."[7]

Em vão. E assim teve início a carreira número dois. Loyola viajou mais de 3 mil quilômetros numa época em que poucos europeus se afastavam mais de 15 quilômetros de seu local de nascimento. Pediu comida e hospedagem, dormiu em campos abertos e encolhido em umbrais de portas. Antes vaidoso a ponto de arriscar sua vida submetendo-se a uma operação na perna num esforço desesperado de recuperar sua boa aparência, agora oscilava loucamente para o extremo oposto, como relatou em sua autobiografia (sempre falando de si mesmo na terceira pessoa): "Ele decidiu que [seu cabelo] seguiria seu destino de acordo com a natureza, sem penteá-lo ou cobri-lo nem de dia nem de noite. Pelo mesmo motivo deixou que as unhas crescessem nos pés e nas mãos, porque antes havia sido diligente nesse aspecto."[8] Loyola estava longe de ser o primeiro europeu a peregrinar até a Terra Santa, mas, particularmente, sua imagem deveria ser de dar dó. Erupções devastadoras de peste bubônica ainda varriam periodicamente as cidades da Europa, deixando seus moradores em estado de permanente vigilância e aguda ansiedade. Alguns lugares recusavam entrada para andarilhos como Loyola, incapazes de fornecer "passaportes" atestando a sua boa saúde. Não é de surpreender que um homem em Veneza tenha trombado com Loyola, olhado bem para o peregrino e "fugido horrorizado (...) presumivelmente devido à sua extrema palidez".[9]

Contra todas as probabilidades, Loyola chegou a Jerusalém no outono de 1523, após uma odisseia de 18 meses. E foi prontamente deportado três semanas depois. Jerusalém era um lugar perigoso para os poucos viajantes solitários que conseguiam chegar até lá, e a paciência e os fundos da ordem religiosa responsável pelos peregrinos estavam acabando, por ter que resgatar tantos europeus capturados como reféns. Assim, a segunda carreira de Loyola, a de levar uma vida em Jerusalém imitando os feitos dos santos, evanesceu-se tão rapidamente – embora não tão violentamente – quanto sua primeira.

Deportado e desencorajado, deu meia-volta, deixando Jerusalém. Passou por um quase naufrágio e chegou a Veneza. Seis meses e mil quilômetros depois estava em Barcelona, onde, aos 33 anos, um Loyola resiliente lançou sua terceira carreira: estudar a gramática do latim com uma classe de garotos pré-adolescentes. Dedicou apenas uma frase de sua autobiografia para explicar essa mudança brusca em direção ao que muitos considerariam a primeira coisa sensata que fizera na vida: "Ponderou dentro de si mesmo sobre o que deveria fazer; e finalmente inclinou-se para o estudo, por algum tempo, para que pudesse ajudar a salvar almas."[10] Arrastou-se pelas escolas, estudando gramática em Barcelona, passando por faculdades em Alcalá e Salamanca e finalmente alcançando Paris, onde conheceu aqueles que seriam os cofundadores da Companhia de Jesus. O futuro "CEO" dessa Companhia finalmente chegara ao que muitos considerariam o *ponto inicial* de sua vocação, embora já estivesse com quase 40 anos, o final de uma média de vida no século XVI.

O APELO PESSOAL DE UM HOMEM RENASCIDO

Como é que alguém – ainda mais fazendo parte de uma seleção do melhor talento na Europa – poderia entrar num empreendimento com um homem desses? *Excêntrica* é pouco para descrever a vida de Loyola antes de Paris.

Realmente, seu método para enriquecer um currículo não foi dos mais diretos. A evolução de sua carreira não tinha nada que impressionasse um comitê de seleção: nada de lenta ascensão pelos degraus de uma corporação, nenhuma rede de contatos cultivada assiduamente, nenhuma série de cargos administrativos com responsabilidades crescentes, nenhum histórico com resultados retumbantes.

Mas o itinerário descrito acima, a jornada de Loyola por sete anos, de Pamplona a Paris, omitiu um desvio para Manresa, um vilarejo espanhol.

Um desvio que mudaria a sua vida. Sua intenção era descansar ali por alguns dias. Ficou um ano. Tentou depois descrever com precisão o que ocorreu e nunca encontrou as palavras. Mas não deixou dúvidas quanto ao impacto das experiências místicas avassaladoras. Uma tarde que passou às margens do rio Cardoner "deixou o seu entendimento tão iluminado que ele se sentia como se fosse outro homem, com outra mente". Se somasse tudo que tinha aprendido durante toda a sua vida, prosseguiu, "não crê que o resultado seria tanto quanto daquela única vez".[11]

Pode ter sido uma experiência mística, mas não foi *mágica*. Aparentemente, nesse único gole espiritual Loyola aprendeu mais sobre o mundo e sobre si mesmo do que absorvera durante toda sua vida anterior, mas essa revelação profunda não lhe trouxe um *insight* sobre questões mais mundanas, tais como: "Em que emprego eu me sobressairia?" Bem, apesar do que se convencionou sobre a vida, ela é mesmo assim: existem dimensões do autoconhecimento que vão além da mera escolha de uma carreira. Loyola saiu de Manresa tão indefinido quanto ao plano de carreira como quando chegara e viu-se de volta à estrada, perseguindo seu plano vago e irreal de passar o resto da vida em Jerusalém.

Mas o que ele *tinha* adquirido provou ser bem mais importante e duradouro do que um aconselhamento divino, e é de longe mais importante para compreendermos o que seja uma liderança perene. Ele deixou o vilarejo com um profundo autoconhecimento, sendo capaz de especificar suas falhas com maior maturidade e precisão do que antes, porém ao mesmo tempo conseguindo se apreciar como uma pessoa única, digna, talentosa, num mundo que parecia bem mais positivo do que quando chegara a Manresa. Sua peregrinação pessoal prosseguiu, mas os castigos que infligia a si mesmo cessaram. Estabeleceu, por exemplo, que pentear o cabelo não era um pecado mortal. Bem, grandes feitos são precedidos por feitos menores.

Aparentemente, nesse único gole espiritual Loyola aprendeu mais sobre o mundo e sobre si mesmo do que absorvera durante toda sua vida anterior, mas essa revelação profunda não lhe trouxe um *insight* sobre questões mais mundanas, tais como: "Em que emprego eu me sobressairia?"

Loyola podia não saber qual trabalho iria arrumar, mas seu senso de direção e de propósito aprimorado funcionaram como uma bússola pessoal. Finalmente, desenvolvera uma visão de mundo. Ou, em termos menos grandiosos, compreendera qual seu lugar no mundo e que este não era um lugar hostil.

A autoconsciência que adquirira foi, em última análise, o que atraiu outros, mesmo entre os melhores da Europa. Claro, eles devem ter sido atraídos em parte por seus dons naturais de liderança, que nem seu histórico excêntrico conseguira apagar: seu lado heroico demonstrado como soldado, arregimentando seus compatriotas na defesa de Pamplona; o compromisso e a firmeza que possuía como peregrino irredutível em sua meta de alcançar Jerusalém; e a adaptabilidade resiliente manifestada em sua transformação de soldado em peregrino, em estudante de gramática, em formando de universidade. Mas o apelo central de Loyola não eram suas *próprias* características de liderança, e sim sua habilidade em identificar e destravar o potencial de liderança latente nos *outros*. Cada membro da equipe fundadora conta uma história semelhante relatando ter passado por um autoexame sistemático sob a orientação pessoal de Loyola, que o tornou energizado, focado e capaz de unir objetivos de vida e fraquezas pessoais. Trata-se de uma mentoria intensiva desenvolvida por um homem que modelou uma ferramenta de vida pouco compreendida e drasticamente subutilizada. Loyola não só apoderou-se de suas próprias forças e fraquezas como também foi generoso, dedicado e objetivo o bastante para guiar outros em suas próprias autoavaliações.

O segundo nascimento de Loyola no qual ele vagou como pedinte, sem um tostão, por milhares de quilômetros, durou anos. Mas ele descobrira uma maneira de poupar os demais do trauma e dos anos perdidos de seu segundo nascimento e de fornecer, ao mesmo tempo, os frutos da autoconsciência que brotaram dele. Traduziu suas próprias experiências para um programa acessível de meditações e práticas que chamou de Exercícios Espirituais. Os membros de sua equipe multinacional, diversificada socioeconomicamente, tinham pouco em comum ao chegarem a Paris, além da ambição de terem a educação da mais alta qualidade de seu tempo. O elo que unificou essa equipe acabou sendo a experiência em comum de empreenderem os Exercícios autorrevelatórios.

Cada membro da equipe fundadora conta uma história semelhante relatando ter passado por um autoexame sistemático sob a orientação pessoal de Loyola, que o tornou energizado, focado e capaz de unir objetivos de vida e fraquezas pessoais.

À medida que a amizade se estreitava, agrupavam-se numa associação informal para ajudar as almas. Ajudar as almas? O que significava *isso?* Quais eram suas ocupações? Quais eram seus produtos? Não tinham como responder a essas perguntas com muita precisão, e seus primeiros empreendimentos mostraram isto. A princípio ressuscitaram a antiga ambição quixotesca que Loyola tinha de labutar na Terra Sagrada, indo até a Itália a fim de obter a aprovação papal para sua peregrinação. Como costuma acontecer com estratégias ambiciosas, mas malconcebidas, nem eles nem seus planos saíram do lugar. Não havia navios zarpando para Jerusalém; com as tensões políticas crescentes os navios que se aventurassem pelo Mediterrâneo corriam alto risco de serem atacados pelas frotas dos turcos otomanos. Então, para sua enorme frustração – mas para sua grande sorte e a felicidade do mundo –, os dez homens ficaram retidos na Itália, ocupando seu tempo pregando nas esquinas, trabalhando em hospitais e fazendo o que mais coubesse dentro de sua definição ampla de ajudar as almas. Nem todos tinham o dom de pregar nas ruas. Seus colegas lembravam-se de Loyola nas praças italianas, discursando numa mistura ininteligível de espanhol, latim e italiano, ridicularizado por crianças que acertavam o basco manco, quase careca, com maçãs.

A FORMAÇÃO DE UMA COMPANHIA

Mesmo tendo desenvolvido uma autoconsciência profunda, os jesuítas, a julgar pelas aparências, tinham falhado. Na verdade, falharam apenas ao passar despercebidos. Mesmo com esses esforços incipientes e aleatórios, sua garra, criatividade e resiliência chamaram a atenção, pois a qualidade costuma ser a melhor forma de propaganda. As incursões desastrosas de Loyola pelas ruas eram a única exceção no desempenho excelente dessa equipe. O Papa e outras autoridades eclesiásticas passaram a convocar o grupo para missões eventuais, pregando ou palestrando. Logo dois membros foram enviados para Parma, dois para Siena e um partiu para Nápoles. "O talento não tem limites", diz o ditado, e a demanda por talento na Igreja Católica nunca fora tão grande. Em pouco mais de uma geração, Martinho Lutero e outros reformistas avançaram muito na Europa. Por mais de um milênio, a Igreja Católica usufruíra de uma hegemonia pouco contestada nas questões morais e espirituais da Europa, mas depois de vinte anos de investidas dos reformistas, poucos países mediterrâneos mantinham alianças seguras com o Vaticano. A instituição da Igreja era um alvo fácil: sua hierarquia estava infestada de burocratas corruptos; e o baixo clero, repleto de sacerdotes desmoralizados e com pouca educação. Nesse pano de fundo, a energia, a integridade e a adrenalina intelectual desses recém-chegados de Paris eram um tônico raro e extremamente necessário.

Como muitas das empresas *start-up* de hoje, explodindo para o estrelato, os amigos rapidamente tornaram-se vítimas de sua reputação e de seu próprio sucesso. Após alguns anos na Itália, ficou evidente que a pequena equipe de Loyola encontrava-se à beira da desintegração. Espalhando-se por direções diferentes, a equipe lidava com um acúmulo de projetos que teria ocupado "quatro vezes o seu número". E a força centrípeta acelerava. Dentro de poucos anos esses mesmos dez homens estariam dispersos não só pela Itália como por toda a Europa e mais além: Portugal, Irlanda, Alemanha, Áustria, Suíça e Índia.

A perspectiva inevitável de sua dissolução motivou os primeiros debates sérios a respeito de seu futuro conjunto a longo prazo. Deveriam se incorporar como uma nova ordem religiosa e eleger um padre superior geral? Ou deveriam prosseguir como uma associação mais solta, aceitando que suas missões, cada vez mais distantes, levariam eventualmente ao seu fim? Discutiram a questão, intermitentemente, por todo um verão, quando o trabalho permitia. Ao final decidiram se incorporar. Por quê?

Por heroísmo e afeto mútuo. Não é a mesma força que move a maioria das empresas hoje: empresas modernas, enormes, pesadonas, burocráticas, competitivas, anônimas, sem imaginação. O que as mantém unidas? A massa crítica, a extensão, o capital, o alcance global e ampla capacidade de pulverizar os oponentes, sim. Responsabilidade limitada? Claro. A chance de enriquecer tornando suas ações públicas? Naturalmente. Mas heroísmo e afeto mútuo? Nem tanto.

Que oportunidades de trabalho separassem fisicamente a equipe era algo que seus membros aceitavam; na verdade, apreciavam as chances de exercitar seu talento e sua imaginação em territórios por desbravar. Abrir mão dessas oportunidades em terras distantes somente para permanecerem próximos era algo fora de questão. Contudo, estavam convencidos de que havia uma maneira de preservar o espírito que os unificava, mesmo que missões diversas os separassem fisicamente. A pergunta que se faziam deixa claro que o que extraíam de sua Companhia não era bem o que nós extraímos das nossas empresas: "Devemos ter uma compreensão mútua para que os que forem distanciar-se do nosso meio continuem sendo o objeto de nossas preocupações afetivas, e nós das deles"?[12] Afinal, para que alguém cria ou se junta a uma companhia? Pois senão, por que não prosseguir sozinho?

Contudo, estavam convencidos de que havia uma maneira de preservar o espírito que os unificava, mesmo que missões diversas os separassem fisicamente.

Entretanto, a decisão pela incorporação não foi imediata. Havia empecilhos a considerarem. No século XVI as ordens religiosas não eram muito estimadas, e um dos jesuítas fundadores argumentou que uma incorporação formal apenas danificaria a reputação de integridade que a equipe lutara tanto para conquistar: "Parece que o termo 'obediência religiosa' tem caído em desgraça e tem sido desacreditado entre o povo cristão".[13] Além disso, tinham a visão de uma ordem com flexibilidade ilimitada para correr atrás das oportunidades que surgissem, e temiam que o Papa lhes impusesse regras religiosas que iriam cerceá-los, "sem fornecer ampla oportunidade e escopo" para colocar em prática sua visão abrangente. Queriam proteger sua capacidade de mobilização, de adaptação e de inovação.

Um argumento sobrepujou convincentemente essas colocações negativas: "A obediência enseja uma vida ininterrupta de façanhas e virtudes heroicas. Pois aquele que realmente vive sob a obediência dispõe-se inteiramente a executar instantaneamente, sem hesitação, o que lhe for ordenado, não importa quão difícil lhe seja".[14]

Uma vida ininterrupta de façanhas heroicas e virtudes heroicas. Mais uma coisa que não associamos tipicamente com a maioria das empresas. Mas a equipe de Loyola levou isso adiante. A incorporação era o caminho para o heroísmo e a melhor maneira de preservar as "preocupações afetivas" mútuas. Decidiram formalizar sua associação e buscar o apoio papal para fundarem uma nova ordem religiosa que se chamaria "Compañía de Jesus".

A FUSÃO QUE PODERIA TER ACONTECIDO

Infelizmente, como temiam, os burocratas do Vaticano tentaram encaixar a pequena equipe de Loyola numa companhia religiosa existente, bem estabelecida: os teatinos. Fazia muito sentido. Os teatinos tinham tudo que faltava ao grupo de Loyola. Eram bem relacionados, tendo sido fundados por um cardeal poderoso destinado a ser Papa. Tinham recursos financeiros e um número crescente de associados, ao passo que a pequena equipe jesuíta era composta de iniciantes descapitalizados. Mas os jesuítas estavam determinados a perseguir sua própria postura revolucionária para a vida religiosa e, depois de algumas manobras diplomáticas de bastidores que transformaram um futuro Papa em inimigo, conseguiram a aprovação para sua própria companhia com seu próprio estatuto. Mesmo assim, havia dúvidas oficiais quanto à sua viabilidade a longo prazo. Um Papa cauteloso limitou inicialmente seu número a sessenta membros.

Hoje, mais de 20 mil jesuítas atuam em mais de cem países. Há aproximadamente duzentos teatinos.

O SUCESSO DE INÁCIO DE LOYOLA COMO LÍDER

De certa forma, a história de Loyola como santo funciona melhor do que a de Loyola líder corporativo em formação. Antes de ele ser o protagonista de um livro sobre liderança seria necessário aparar algumas arestas. Sim, ele foi um herói nas batalhas, mas essa coisa do cabelo descuidado precisa sair. E seria interessante fazer com que a primeira equipe jesuíta fosse mais focada em suas aspirações, um pouco mais *corporativa*. Afinal, eles construíram a maior rede educativa do mundo. Por que não começar por sua feroz determinação nesse sentido e descartar o negócio do "afeto mútuo"?

Como uma pessoa hoje se torna um líder bem-sucedido? Se a rota sugerida por Loyola envolve uma perna fraturada, uma peregrinação de um ano, outro ano de meditação intensa e uma série de prisões, a maioria das pessoas sãs diria "não, obrigado" e optaria pela maneira tradicional de se chegar ao topo: arrume um MBA e se atrele a um mentor poderoso.

Por mais formidável que tenham sido os feitos dos jesuítas durante os últimos quinze anos de Loyola, mesmo os que simpatizam com sua história podem ficar tentados a pensar em quanto mais os jesuítas teriam conseguido caso Loyola tivesse se organizado aos 29 anos em vez de 49.

Talvez tivessem conseguido *menos*.

Ao invés de reeditar a história de Loyola dentro de um molde convencional, mais aceitável, vale a pena ponderar sobre o que sua vida real e a evolução de sua equipe têm a dizer sobre liderança. Podemos nos sentir tentados a passar os olhos pela pré-história dos jesuítas como se passa os olhos por currículos: procurando realizações tangíveis e descartando o resto. Por quase dois terços de sua vida, Loyola praticamente não tinha realizações *tangíveis* para mostrar. Mas o que ele e sua equipe conseguiram realizar pode ter sido tão ou mais importante do que os itens clássicos de um currículo. Os jesuítas conheciam a si mesmos; emergiram de sua pré-história corporativa com ideias claras sobre como queriam operar em equipe: levados pelo heroísmo, abertos para novas oportunidades e ligados fortemente por um apoio mútuo. Quando finalmente partiram da linha de largada corporativa, fizeram isso com um ímpeto explosivo raramente visto em sua época ou em qualquer outra. Esses fatos não seriam mais do que coincidências? Em outras palavras, o sucesso corporativo imediato e sustentado dos jesuítas pode estar relacionado à autocompreensão e aos valores de equipe forjados durante sua pré-história. E tais elementos intangíveis podem, ao fim, ter sido mais essenciais para o sucesso pessoal e corporativo do que os resultados tangíveis que valorizamos ao passar os olhos por currículos ou planejar nossos próprios futuros.

Ou seja, se não fosse seu desastre militar em Pamplona, Loyola poderia ter prosseguido sua ascensão pelas fileiras militares e na corte, sem nunca ter feito um balanço de suas forças, suas fraquezas, seus valores e suas metas na vida. Sem essa autoconsciência, é bem possível – aliás, é bem provável – que tivesse realizado *menos* naquela carreira do que como fundador e líder da Companhia dos Jesuítas, embora sua carreira jesuítica tenha começado mais tarde, depois de um desvio tortuoso de dez anos. O Loyola militar poderia ter progredido resolutamente pelo que seriam os níveis corporativos da Espanha no século XVI. Porém, sem os revezes, as crises e os desafios que pontuaram sua vida *real*, talvez nunca tivesse enfrentado o que realmente era, o que queria, quais os recursos pessoais que possuía e por que falhara pelo caminho. Somente perguntando e respondendo a essas questões é que se desenvolve uma capacidade pessoal de liderança.

UMA ORDEM RELIGIOSA ENTRE MUITAS

A pergunta que norteia este capítulo – O que é um jesuíta? – não está respondida de todo. Ficou claro que os jesuítas fundaram sua companhia sem ter um objetivo específico. Ou, para sermos justos, com o objetivo de fazer qualquer coisa que se encaixasse numa missão irrestrita: ajudar as almas e fazer isso de modo heroico. Mas por mais ampla que fosse essa estratégia, não era *completamente* indefinida. Afinal, haviam formado uma ordem religiosa, o que devia significar alguma coisa.

Nem toda oposição do Vaticano ao desejo dos jesuítas de formarem sua própria companhia era fruto da animosidade para com Loyola e suas ideias. Muitos burocratas eclesiásticos tinham uma objeção mais básica: já havia ordens religiosas demais perambulando pela Europa. Naquela época, como agora, a maioria do clero *não* era membro de ordens religiosas, e cuidava de paróquias sob a supervisão e o controle de um bispo local. Mas, desde cedo na história da Igreja, grupos de sacerdotes ou de leigos se agruparam fora dessa rede de dioceses locais e dentro das chamadas ordens religiosas. Cada ordem tinha regras, tradições e vestimentas ligeiramente diferentes; era confuso. As ordens ultrapassavam as fronteiras das dioceses, eram mais difíceis de serem supervisionadas pelos bispos e alguns burocratas temiam que isso exacerbasse os problemas de corrupção que contaminavam a Igreja.

Algumas dessas ordens haviam surgido sob a liderança carismática de um santo fundador. São Francisco de Assis, por exemplo, não expressou ambição alguma de ser líder de uma grande companhia, contudo exerceu um magnetismo que atraiu mais de 3 mil seguidores durante a sua vida. Outras ordens foram lançadas com o único motivo de satisfazer a monomania de alguma autoridade eclesiástica empenhada em deixar um legado. Outras ocupavam um nicho profissional: os monges guerreiros dos Templários juravam proteger os peregrinos cristãos em viagem à Terra Santa e defendiam uma série de fortificações pelas rotas populares de peregrinação.

Mas os Cavaleiros Templários eram exceções exóticas a uma tradição que gerou seres mais contemplativos que guerreiros. A maioria das ordens seguia alguma espécie de tradição monástica. Os salmos do Velho Testamento dizem: "Sete vezes ao dia tenho Te louvado, e no meio da noite levanto para me confessar." São Bento seguiu rigorosamente as palavras do salmo, codificando no século VI algumas regras monásticas famosas que regem ainda hoje muitas ordens religiosas. Os beneditinos oram comunalmente em sete horários diários estabelecidos, sendo um *no meio da noite*. Fazem o balanço de cada dia através da contemplação, dos estudos em silêncio e dos afazeres domésticos. Alguns monges foram além, em busca de uma vida contemplativa. São Bruno levou seis companheiros para o alto dos Alpes, o mais longe possível das distrações da vida urbana. Tanto a ordem de Bruno quanto o licor adocicado que seus monges produziam para se sustentar foram batizados com o nome do recanto alpino remoto de Chartreuse. Os austeros cartuxos viviam (e vivem ainda hoje) uma existência de ermitães. Cada um cozinhava sua própria comida numa cela particular dentro de um complexo comunitário maior, juntando-se aos colegas apenas para a oração em comum e um raro período recreativo.

Centenas de ordens religiosas passaram a existir e centenas sobreviveram. Algumas são bem conhecidas, com mais de 10 mil membros pelo planeta: os jesuítas, os dominicanos, os franciscanos, por exemplo. Há outros grupos menores, menos conhecidos, ostentando nomes misteriosos, quase cabalísticos: scalabrinianos, eudistas, somascos, rogacionistas, premonstratenses, a Ordem de São Paulo Primeiro Eremita, os Padres e Irmãos Estigmatinos, a Ordem Libanesa Maronita, a Ordem dos Camaldulenses do Monte Corona, os Irmãos Hospitaleiros de São João de Deus e assim por diante.

UMA IDENTIDADE PRÓPRIA

Como distinguir entre essa plêiade atordoante de ordens? O que têm em comum e o que as torna diferentes? E como se encaixam nisso os jesuítas?

Primeiro, cada ordem religiosa enfatiza certas tradições ou práticas, mas todas compartilham o fato de serem membros da Igreja Católica e subscreverem a suas crenças centrais. Isto vale até para os jesuítas, embora seus inimigos dentro da Igreja – e talvez mesmo um ou outro Papa exasperado – tenham suas dúvidas. Não existe uma religião jesuíta, nem os jesuítas se dedicam a uma ocupação específica, como faziam os Templários. Embora desde o início o ensino superior tenha absorvido a maior parte da mão de obra jesuíta, os fundadores da Companhia preparavam seus membros para atuarem em qualquer ocupação que "ajudasse as almas". Por fim, os jesuítas não se distinguem por cores ou uniformes específicos. São poucos os amantes do cappuccino, por exemplo, que ao saborearem seu estimulante preferido sabem que o nome veio da cor do hábito de um frade capuchinho; poucos pedestres cruzando a rua Whitefriars em Londres relacionarão o nome ("Frades Brancos", em inglês) com o monastério de carmelitas e suas vestimentas brancas que existia ali. Os jesuítas? Não há nada tão marcante em seus trajes. Sempre usaram hábitos pretos simples, até que, como veremos, alguns jesuítas se adaptaram às culturas asiáticas onde a classe dos sacerdotes usava tudo, menos preto.

Os jesuítas, como os membros de todas as ordens religiosas, assumem votos de pobreza, castidade e obediência. Esses votos significam exatamente o que seus nomes dizem: nada de posses (materiais) pessoais, nada de cônjuge, nada de sexo e, quando o chefe diz que precisam de você em Timbuktu, você vai. Como se pobreza, castidade e obediência não fossem suficientes, algumas ordens religiosas, em casos raros, têm a distinção de algum voto adicional. Cada membro da secular Ordem das Mercês – conhecida romanticamente como Irmãos do Resgate ou Ordem dos Cativos – assumia o voto de se oferecer em troca no resgate de cristãos capturados. Os jesuítas são um desses casos raros: a maioria de seus membros assumia um quarto voto especial, segundo o qual se mobilizaria imediatamente caso o Papa lhe requisitasse em alguma missão. Certo, é algo mais prosaico do que os Irmãos do Resgate inventaram, mas mesmo assim é uma marca dos jesuítas.

Ordens religiosas podem ser compostas por homens ou mulheres, clérigos ou leigos. Às vezes uma ordem divide-se em duas ou três ordens menores. Há, por exemplo, uma ordem dominicana de clérigos masculinos, outra dominicana de mulheres religiosas e uma terceira ordem de leigos; todas administradas separadamente, mas seguindo a tradição e a visão de São Domingos. A ordem dos jesuítas difere dos dominicanos por ser exclusivamente masculina.

Bem, quase. Mateo Sánchez teria algo a dizer sobre o *exclusivamente*. Mateo, também conhecido como *Joana* de Áustria, filha de Carlos V, imperador do Sacro Império Romano, irmã do rei Felipe II da Espanha, viúva do príncipe herdeiro de Portugal, era obviamente muito bem relacionada, além de ser obviamente mulher... e também jesuíta. Fez parte de uma longa lista de patronos de prestígio e poder cultivados pelos primeiros jesuítas. Os contatos de Loyola vieram a incluir os principais detentores do poder na Europa, como o Papa, os reis da Espanha e de Portugal, o imperador Sacro Romano e inúmeros cardeais, duques e príncipes "menores". Poucos anos depois de sua fundação, a quantidade de jesuítas já aumentara quinze vezes e suas operações se expandiram no mesmo ritmo. Esse crescimento rápido dependia basicamente das oportunidades e do apoio financeiro fornecido pelos patronos. O rei João III, de Portugal, teria confidenciado a um membro de seu séquito – que certamente ficou alarmado com a declaração – que "gostaria que a Companhia inteira viesse para o seu reino, mesmo que isto lhe custasse parte de seu império".[15]

Além de fornecer apoio financeiro e oportunidades de trabalho aos jesuítas, os nobres europeus ou as pessoas bem relacionadas às vezes tinham a audácia de solicitar admissão na sociedade, apesar de Loyola impor a mesma regra da pobreza aos membros da elite ou os "meros" mortais. A lista de sócios da Companhia logo ostentava nomes familiares a qualquer turista que tenha visitado museus e *palazzos*: Borgia, Gonzaga, Acquaviva, Bellarmine. Cada um deixou para trás suas riquezas a fim de juntar-se aos jesuítas, mas nenhum abandonou suas conexões ou o peso de seu sobrenome. E a Companhia beneficiou-se dessas conexões, como qualquer empresa de sucesso hoje se beneficia dos funcionários bem relacionados que possuam uma agenda de contatos com os poderosos.

Mas, de vez em quando, o cultivo da elite europeia pelos jesuítas trazia seus contratempos. Loyola certamente ficou encantado porque alguém tão poderoso como Joana de Áustria manifestara interesse em apoiar seus jesuítas. Seu encanto transformou-se em consternação quando uma Joana embevecida anunciou seu plano de entrar para a Companhia. Ser uma mulher, com todas as intenções de prosseguir no seu estilo de vida real, não lhe parecia um obstáculo insuperável e ela aparentemente não esperava que Loyola lhe negasse a entrada por considerações tão mínimas. Ele não tinha como sair-se bem dessa situação. Recusá-la seria arriscar a ira de uma princesa desprezada e que não tinha o costume de ouvir um não. Aceitá-la seria correr o risco de uma vergonha terrível e um bocado de escândalo caso seus irmãos reais, seu pai real ou o público europeu em geral soubessem que essa ordem novata tinha concedido um favor único, admitindo uma mulher notoriamente amiga pessoal de Inácio de Loyola.

Joana conseguiu realizar seu desejo, mas foi admitida sob a condição de que sua adesão permanecesse estritamente confidencial. Continuou alegremente a desempenhar suas funções reais enquanto saboreava secretamente seu status privilegiado como a única mulher membro da Companhia de Jesus que tanto admirava. Para imenso alívio de Loyola e seu círculo interno, nenhum jesuíta das escalas inferiores indagou a respeito do misterioso Mateo Sánchez que nunca comparecia às refeições, à capela ou à sala de recreação.

Para sermos precisos, então, os jesuítas *agora* são uma ordem exclusivamente masculina, como sempre foram, com apenas uma exceção... Ou apenas uma exceção que tenha vindo à tona.

Praticamente todas as ordens religiosas têm outra coisa em comum: estão passando por dificuldades. Coitado do pobre recrutador vendendo "pobreza, castidade e obediência" para a geração Facebook. O número de membros das ordens religiosas está em queda livre. Em 1965, havia quase 230 mil padres em ordens religiosas pelo mundo; hoje há menos de 150 mil, enquanto a população católica a que servem tem aumentado.[16] E os índices demográficos não prenunciam um futuro brilhante: a idade média dos sacerdotes nos Estados Unidos é sessenta anos. Os jesuítas não escaparam dessas tendências. Nos anos 1960 seus membros alcançavam 36 mil, número que hoje oscila em torno de 21 mil. Mesmo assim, saíram-se melhor do que a maioria. Durante a maior parte de sua história em comum, a ordem dos jesuítas viveu à sombra das ordens franciscana e dominicana; hoje, a ordem dos jesuítas permanece como a maior ordem religiosa constituída no mundo.[17]

Mas a resiliência dos jesuítas foi testada no fogo de cadinhos bem mais quentes do que a cultura popular inóspita do século XXI. Suas próprias táticas atiçaram chamas que os ameaçavam. Loyola tinha plena consciência, desde o início, de que as ambições e o estilo operacional às vezes atrevido de seus jesuítas eram perigosos. Um jesuíta em visita à corte da grã-duquesa da Toscana bradou contra os excessos de mulheres ricas que se ornamentavam com badulaques caríssimos enquanto os pobres não tinham acesso a necessidades básicas. Loyola, sem dúvida, endossou o sentimento, mas, mesmo assim, repreendeu esse jesuíta por golpear tão rudemente o estilo de vida de seus anfitriões: "Nós [já] temos uma reputação entre algumas pessoas que não se dão ao trabalho de descobrir a verdade, especialmente aqui em Roma, de querer dominar o mundo".[18]

As preocupações de Loyola eram premonitórias. Os jesuítas nunca aprenderam a manter-se discretos. Inevitavelmente, viam-se em meio a controvérsias, geralmente levantadas por eles mesmos. Cheios de razão, adoravam esfregar o nariz de seus adversários nas celeumas. Através de décadas, seus inimigos melindrados formaram uma coleção estranha de incompatibilidades. Missionários não jesuítas na China condenavam as táticas progressistas de Matteo Ricci e seus sucessores como heréticas. Pensadores liberais do Iluminismo como Voltaire e Rousseau, muitos deles educados pelos jesuítas, viam a Companhia como o único grupo capaz de retrucar intelectualmente seus ataques à Igreja Católica. Políticos por toda a Europa transformavam os jesuítas em alvos políticos na tentativa de se contraporem ao poder do Vaticano. Conservadores e liberais, padres e políticos, devotos e ateus certamente jamais encontrariam um ponto de concordância, a não ser em um aspecto: o desejo de se livrarem dos jesuítas.

Os jesuítas nunca aprenderam a manter-se discretos. Inevitavelmente, viam-se em meio a controvérsias, geralmente levantadas por eles mesmos.

Em meados do século XVIII, quando os membros da Companhia somavam 25 mil, os detratores dos jesuítas os atingiram de maneira espetacular. Banidos de um país após o outro, os jesuítas foram inteiramente desmobilizados pelo Papa em 1773. O Superior foi aprisionado, as escolas jesuítas, fechadas e suas propriedades, confiscadas. Muitos dos ex-jesuítas foram levados sob escolta armada para pontos de deportação e despachados para vagar pela Europa como párias. Durante quase quarenta anos a Companhia permaneceu fechada.

Na verdade, a alegação de que o Papa teria suprimido *inteiramente* os jesuítas tem certo exagero. Embora mais de 99% da Companhia tenha sido dissolvida, duzentos jesuítas persistiram numa jurisdição improvável, sob o abrigo de uma defensora também improvável. Catarina, a Grande, prezava tanto as quatro escolas jesuítas na Rússia que nunca permitiu que o decreto papal suprimindo a Companhia fosse promulgado em solo russo. O grupo remanescente explorou essa brecha com tenacidade, elegendo um Superior dentre suas fileiras e prosseguindo com suas obras. Com o tempo, pequenos núcleos de jesuítas "suprimidos" saíram da clandestinidade para se juntarem a essa ordem jesuíta na Rússia, forçando uma existência tênue. A Universidade de Georgetown, onde Bill Clinton se formou, orgulha-se de ser a primeira de 28 instituições de ensino fundadas pelos jesuítas nos Estados Unidos. Mas Georgetown foi fundada em 1789, em meio à supressão dos jesuítas e, portanto, por *ex-jesuítas*. Depois disso, esses ex-jesuítas juntaram-se à ordem dos jesuítas russos em 1805. Essa afiliação esquisita durou apenas alguns anos, pois a equipe de Georgetown, assim como outras, entrou novamente para a ordem global em 1814, quando esta foi restituída pelo Papa. Os adeptos de hipóteses históricas insólitas podem perder horas conjecturando o que teria sido da Universidade de Georgetown caso a Revolução Russa tivesse ocorrido antes da restituição dos jesuítas.

Sorte, diplomacia astuta e uma paisagem geopolítica em transformação: tudo teve seu papel na sobrevivência dos jesuítas durante seu período de crise. Mas acima de tudo estava a tenacidade turrona dos jesuítas na ativa, que se recusaram a deixar que sua Companhia e sua visão morressem. É o tipo de história que acompanhamos hoje, numa escala menor, quando um time tem tanta crença em si mesmo que consegue virar um jogo nos últimos instantes de uma partida, quando os funcionários da Harley-Davidson se unem para salvar sua empresa à beira do colapso ou quando pais se sacrificam para que sua família supere as dificuldades financeiras avassaladoras: o sucesso que flui da persistência e do compromisso imorredouro de muitos, não dos esforços isolados de um só.

O SIGNIFICADO DE *COMPANHIA*

Os jesuítas são chamados, neste livro, rotineiramente de Companhia, algo que irritará igualmente jesuítas e não jesuítas. Alguns jesuítas se ressentirão de que seu empreendimento nobre, altivo, esteja sendo conspurcado pela associação implícita com a busca vil pelo lucro. Inversamente, os adeptos do livre-mercado rejeitarão a comparação: a ordem dos jesuítas não é um empreendimento que vise o lucro e é insincero apresentá-la como uma companhia ou uma empresa.

Mas existe uma razão simples para chamar a ordem dos jesuítas de companhia: foi assim que eles se denominaram. Quando o primeiro grupo se juntou, não havia um nome. As pessoas começaram a chamá-los de *iñiguitas* ou *ignatiani*: as pessoas que seguem Inácio de Loyola. Esse tipo de alcunha tinha muitos precedentes. Afinal, os dominicanos eram os seguidores de São Domingos e os franciscanos seguiam São Francisco. Mas

Loyola, talvez chocado com a perspectiva de um culto à sua personalidade, pressionou os colegas a inventarem algo diferente. Saíram-se com *Compañia de Jesus,* a Companhia de Jesus. Nos documentos formais em latim o nome era grafado como *Societas Iesu* ("Sociedade de Jesus"), daí os jesuítas ocasionalmente referirem-se a si mesmos como "a Sociedade".

Não sabemos se a primeira equipe tinha um nome para sua associação, mas certamente não era "jesuítas". Essa denominação surgiu em meados do século XVI. Para alguns, era uma abreviação do nome da ordem, mas para muitos a palavra implicava algo mais sinistro. Um inglês reclamou quanto às "mais perigosas infecções, e (...) o veneno irremediável da doutrina jesuítica". Como fizeram outros grupos que através da história foram rotulados com alcunhas ofensivas, os jesuítas eventualmente assumiram o controle sobre o nome, usando-o eles mesmos. Contudo, nunca conseguiram desvencilhar-se da conotação negativa de *jesuítica* que prossegue impressa em edição após edição de dicionários.

Então fundaram uma companhia. Que tipo de companhia julgaram estar fundando? O que queriam dizer com a palavra "companhia"? Hoje, companhia tem a conotação de um empreendimento comercial, uma empresa. Mas as *companhias* do século XVI eram geralmente algo bem diferente: organizações religiosas, associações militares ou simplesmente grupos de amigos. Embora possa não parecer para os que labutam na obscuridade dentro de um dos gigantes corporativos multinacionais, as palavras *companhia* e *companheiro* têm a mesma raiz. E é exatamente assim que os fundadores compreendiam a sua *companhia*: era, antes de mais nada e acima de tudo, uma organização religiosa composta de "companheiros de Jesus" em algum sentido espiritual. Mas eram, igualmente, companheiros e amigos uns dos outros, e pretendiam que esse espírito impregnasse a sua *compañia.* Lembrem-se de que uma motivação-chave para a incorporação era o desejo de trabalhar num grupo onde "os que forem distanciar-se do nosso meio continuem sendo o objeto de nossas preocupações afetivas, e nós das deles".

Chamar a Companhia de Jesus simplesmente de companhia destaca os paralelos entre a sua *compañia* e nossas empresas modernas. A questão mais intrigante não é ser legítimo ou não chamar a ordem dos jesuítas de

> A questão mais intrigante não é ser legítimo ou não chamar a ordem dos jesuítas de companhia, mas avaliar por que a conotação da palavra afastou-se tanto de seus significados iniciais.

companhia, mas avaliar por que a conotação da palavra afastou-se tanto de seus significados iniciais. A Companhia de Jesus era animada por um fluxo rico de "camaradagem amigável", e atraía recrutas de talento ansiosos para dedicarem-se a uma "vida ininterrupta de atos heroicos e virtudes heroicas". Quantas empresas na lista *Fortune 500* sentem-se assim? Quantas pessoas entram para uma empresa buscando comprovar seu heroísmo em ação? Por que a empresa moderna deixou completamente de ser "um grupo de amigos" e tamanha camaradagem se perdeu irremediavelmente?

Os capítulos finais deste livro detalham como essa companhia e sua postura baseada em quatro pilares ainda podem moldar líderes heroicos em todos os segmentos da vida. Mas, antes, esta história sobre a liderança dos jesuítas dará um salto à frente, setenta anos após a fundação da Companhia de Jesus, para um homem morrendo sozinho num canto remoto da China.

CAPÍTULO 4

Modelos exemplares de liderança

Três casos improváveis

Por qualquer padrão convencional, Bento de Goes, Matteo Ricci e Cristóvão Clávio seriam três casos improváveis de liderança. Nenhum deles obteve legiões de subordinados; nenhum subiu muito na hierarquia dos jesuítas. Também não foram os jesuítas mais santos, de maior influência ou de mais destaque na história. Mas foram líderes. E é precisamente por não se encaixarem nos nossos moldes convencionais de liderança que suas vidas suscitam perguntas importantes sobre o significado da liderança, seja como um jesuíta do século XVII ou em qualquer estrato da vida atual.

O EXPLORADOR

Bento de Goes morreu como um fracassado. Pelo menos era o que tudo indicava: não tinha dinheiro, estava sozinho e longe de uma meta que perseguira obstinadamente por quase cinco anos. Ninguém sabe onde está enterrado e nem se chegou a ser enterrado. Ninguém comunicou sua morte aos parentes, porque ninguém sabia se tinha parentes. A causa de sua morte permanece um mistério. O mais provável é que ele mesmo tenha se levado à morte, alquebrado e exaurido fisicamente depois de caminhar quase 5 mil quilômetros por algumas das terras mais remotas e inóspitas da Ásia. Mas também surgiram rumores de assassinato, suspeitas de que tenha sido envenenado por assaltantes ou fanáticos religiosos.

Não estava inteiramente só quando morreu em 1607. Muitos dos habitantes locais de Xuzhou, na China, curiosos, devem ter ido dar uma última olhada no estrangeiro que vivera nessa cidade por mais de um ano. Goes não era uma curiosidade apenas por ser estrangeiro: os chineses de Xuzhou tinham visto muitos estrangeiros. Para os habitantes das províncias litorâneas da China, a empoeirada Xuzhou, próxima à fronteira do que hoje é a província de Gansu, parecia ficar no meio do nada, a quase 2 mil quilômetros de Pequim.[1] Mas, para as caravanas de mercadores vindas da direção oposta, Xuzhou representava o fim de uma viagem exaustiva atravessando a desolação do deserto de Gobi, um retorno à civilização. Os mercadores chegavam depois de anos na estrada, suas fortunas atreladas a caravanas que serpenteavam pela Rota da Seda vindas de muito longe, da Índia ou do Oriente Médio. Comprando e vendendo mercadorias à medida que viajavam, muitos mercadores assentavam-se em oásis pelo caminho, retornavam no meio da viagem ou morriam no percurso. Entre os que conseguiam alcançar Xuzhou, alguns fincavam raízes no lugar, fundando suas próprias comunidadezinhas de mercadores muçulmanos.

Mas Goes era algo estranho e único até para as pessoas de Xuzhou, acostumadas com estrangeiros. Ninguém se lembrava de ter visto um europeu chegando à sua cidade. Talvez tenha sido realmente o *primeiro* europeu a entrar em Xuzhou.

Não era a primeira vez que Goes entrava em cena de maneira curiosa. Era um soldado de 20 anos quando apareceu em Goa – distante um oceano de sua terra natal, os Açores – solicitando admissão na ordem dos jesuítas. Quem sabe era um homem buscando apagar uma vida anterior e recomeçar do zero num novo continente; uma espécie de legionário da vida espiritual, se podemos colocar assim.

Sendo realmente o caso, pobreza, castidade e obediência perpétuas – tudo de uma só vez – podem ter sido demais para ele. Goes abandonou a ordem depois de dois anos de treinamento. Quatro anos após reapareceu, implorando para ser readmitido.

Da segunda vez, insistiu e prosperou. Aparentemente, era um linguista de talento, de modo que foi incluído numa delegação de três jesuítas para a corte de Akbar, o imperador mogal, em Agra. Os mogóis, que falavam o persa, conquistaram o norte da Índia e controlavam um império que na época se espalhava por grande parte do que hoje é o norte da Índia, o Paquistão, o Afeganistão e Bangladesh. O neto de Akbar concebeu a obra-prima arquitetônica Taj Mahal, e os desígnios do próprio Akbar não eram menos grandiosos: ambicionava organizar a barafunda confusa de religiões pelo mundo, arrumando-as dentro de uma fé perfeita, que abrangesse todas. Convocou os jesuítas à sua corte imperial para assisti-lo em seu grande plano e para que defendessem sua religião cristã ao lado dos mulás muçulmanos e dos brâmanes hindus. Goes, um ex-soldado, não brilhava nos debates teológicos, ao contrário de seus colegas jesuítas que tinham tido uma educação primorosa. Mas seu domínio do persa lhe deu acesso a Akbar e eventualmente o ajudou a conquistar a confiança do imperador. Quando Akbar decidiu fazer um acordo de paz com o vice-rei português da Índia, Goes foi seu emissário para as negociações.

Os jesuítas ao receberem a notícia de que um de seus colegas obtivera permissão para residir dentro da cidade imperial de Pequim, na China, iniciaram a missão que poria fim à vida de Goes. Havia mais de um século que nenhum jesuíta – nenhum *europeu* – era admitido dentro da cidade imperial. Agora, não só um membro de sua equipe estava morando lá como aparentemente cultivara contatos próximos ao próprio imperador. Sem dúvida, os sucessos obtidos na Índia e na China incentivaram os jesuítas a conceberem esses dois reinos como centrais emergentes do que poderia vir a ser seu império espiritual na Ásia. Essa visão levou-os a tentar desbravar uma conexão por terra entre os dois países. Linguista de remonta, ex-soldado e resiliente, Goes era uma escolha óbvia para a missão.

Os jesuítas ou outros ocidentais não faziam a menor ideia do que havia entre esses dois países. Seus anfitriões não lhes ofereceram nenhum mapa confiável do vasto interior da Ásia. Exploradores europeus, navegando pelos mares, traçavam lentamente o perímetro da costa asiática, mas a extensão interior permanecia em grande parte desconhecidas.

Diálogo interreligioso, no estilo século XVII

Esta imagem de dois jesuítas na corte do imperador mogol foi extraída de uma miniatura de 1605, na era dos mogóis, retratando os jesuítas debatendo com estudiosos hindus e muçulmanos sobre suas respectivas denominações.

Tentando encontrar uma passagem menos onerosa

Goes e seus colegas jesuítas tinham dois motivos vitais para criar essa rota terrestre por territórios desconhecidos. O primeiro era literalmente questão de vida ou morte. Seu progresso na Ásia não fora sem custo. Uma das dificuldades era a viagem traiçoeira por mar de Portugal à Ásia. Os jesuítas zarpavam em pequenos navios de madeira só um pouco mais longos, e bem menos vedados à água, do que os vagões de metrô modernos. As técnicas de navegação celestial permitiam que os pilotos calculassem sua latitude com certa precisão, mas as estimativas quanto à longitude estavam sujeitas a uma grande margem de erro, e assim permaneceriam por mais um século. Os exploradores, mercadores, jesuítas e outros flutuavam oceano afora raramente sabendo onde estavam exatamente e quão longe estariam de seu destino.

Não é de se surpreender que as viagens cobrassem um preço terrível. Houve anos em que um terço dos jesuítas viajando para o leste morreu em naufrágios ou por moléstias. Mesmo as viagens bem-sucedidas podiam se arrastar por anos. Navios permaneciam parados nas temidas calmarias perto do litoral africano. Embarcações danificadas por tempestades arrastavam-se até Moçambique ou outros portos intermediários e perdiam-se meses com os reparos necessários. Navios fundeavam próximos a Goa aguardando a virada dos ventos sazonais que lhes permitissem seguir viagem.

Os que sobreviviam à jornada chegavam enfraquecidos e malnutridos a locais estranhos, tendo perdido muitos anos de suas vidas. Mesmo após a chegada, as dificuldades causadas pelo sistema de transporte primitivo prosseguiam. Só conseguiam comunicar-se com seus colegas na Europa ou em outros pontos da Ásia através de cartas postadas pelos mesmos navios das rotas comerciais. Um jesuíta, que estava onde hoje é a Malásia, lembrou aos seus superiores impacientes em Roma: "Considerem que ao emitirem uma ordem (...) não conseguirão receber uma resposta à que nos enviaram antes de três anos e nove meses."[2] Outro jesuíta na China compartilhou uma angústia mais pessoal: "Muitas vezes, quando recordo a quantidade de cartas extensas que redigi sobre este lugar para pessoas que já morreram, perco as forças e o espírito para escrever outras."[3]

As coisas podiam ser melhores, e Goes tentou encontrar uma rota boa, mais segura, mais rápida, por terra, para os transportes e as comunicações através da Ásia, que implicasse menos companheiros perdidos em alto mar e que reduzisse anos em viagens árduas. E caso se encontrasse uma rota terrestre para a Ásia, talvez se pudesse desbravar também uma conexão entre a Ásia e a Europa.

Os jesuítas tinham razões para crer que essa rota já existisse. Mercadores chegavam à corte de Akbar descrevendo suas viagens até a China por uma "rota da seda". Suas histórias corroboravam os relatos seculares que mesmerizavam exploradores europeus e deram um segundo propósito à missão de Goes: descobrir a fabulosa Catai.

Tentando encontrar um ativo imponderável

Marco Polo, o italiano, alegava ter visitado no Oriente, no século XIII, um império poderoso, rico, altamente civilizado. Quando Cristóvão Colombo ancorou seus navios no Caribe, em 1492, estava convencido de que poucos dias de navegação o separavam desse reino imenso. Colombo não tirou essa sorte grande, nem tampouco os que o sucederam nas viagens de descobrimento. Realmente, à medida que os exploradores montavam o quebra-cabeça do planeta, surgia uma questão desconcertante: nada de Catai... E cada vez menos espaços em branco no mapa-múndi. Os cartógrafos agarraram-se a uma solução prática: poucos exploradores europeus tinham ousado abrir mão da segurança dos entrepostos litorâneos para se aventurarem interior adentro, de modo que porções enormes da Ásia permaneciam envoltas em mistério. Ninguém sabia, por exemplo, onde terminava o reino da China e que países haveria – ou se haveria países – além da Grande Muralha. Os cartógrafos europeus aproveitaram que essa interrogação pairava sobre a paisagem asiática e simplesmente enfiaram Catai no trecho inexplorado ao norte da Índia e à noroeste da China.

Os jesuítas tinham suas próprias razões para querer solucionar o mistério de Catai. Marco Polo escrevera sobre comunidades cristãs nesse reino, e agora os jesuítas na Índia ouviam dos mercadores viajando pela Rota da Seda descrições do que pareciam ser rituais cristãos. Se havia comunidades cristãs perdidas em algum rincão da Ásia, os jesuítas gostariam de encontrá-las. Assim, Goes foi imbuído de um segundo objetivo: encontrar o reino imenso de Catai, *se* existisse, e as tribos perdidas dos cristãos no Catai, *se* existissem.

Rumo ao desconhecido

No outono de 1602, Goes partiu de Agra. Seu passaporte era um salvo-conduto concedido por Akbar, embora antes de alcançar os confins do império mogol ele já tivesse territórios independentes para os quais Akbar era "mais um nome do que uma realidade".[4] Goes, acompanhado por um único guia, juntou-se a uma caravana de quinhentas pessoas. Esgueirando-se por desfiladeiros e estreitas trilhas montanhosas, a caravana se estenderia por uma longa distância: uma mistura sortida de camelos, cavalos, mercadores e mercenários transportando alimentos, mercadorias e acessórios para dormirem por muitas noites ao relento.

Para se misturar aos outros viajantes, Goes vestia-se como um mercador, mas é claro que seu disfarce não enganava ninguém. Para as remotas comunidades montanhesas entre as quais a caravana lentamente percorria seu caminho, Goes, como europeu e cristão, era alternadamente uma curiosidade bem-vinda e um estrangeiro blasfemo. O rei de Kashgar saudou o estrangeiro e se entreteve com ele em debates sobre cristianismo e islamismo. Mais adiante, o rei de Aksu, que tinha 12 anos e muito menos interesse por programas de alto nível como um debate religioso, pediu que Goes dançasse no estilo de sua terra natal. Goes acedeu. Quem pode recusar o pedido de um rei?

A viagem deve ter sido arrebatadora, mortalmente atemorizante e bonita de tirar o fôlego. É quase certo que Goes tenha sido o primeiro europeu a atravessar essa rota em centenas de anos, se é que não foi o primeiro de todos os tempos. Levaria mais dois séculos para que outro europeu passasse por ali. A caravana se arrastou por trechos onde hoje ficam Índia, Paquistão, Afeganistão, Rússia e Mongólia. Com dois anos de viagem, cruzou o chamado teto do mundo, onde as cordilheiras Karakoram, Himalaia e Hindu Kush colidem para formar o platô mais alto da Terra. Goes teve poucas oportunidades de contemplar prazerosamente os picos cobertos de neve, com altura de 7 mil metros, que gerações posteriores orgulhosamente batizariam de pico Lênin e pico Stalin (e que revisionistas depois rebatizaram de pico Comunismo). Havia pouco tempo para o turismo: Goes estava preocupado era com a luta renhida para sobreviver capengando pela neve através de desfiladeiros em altitudes que às vezes alcançavam 5.500 metros. Ele relatou que pelo menos cinco de seus cavalos de carga "faleceram devido ao frio intenso e à falta total de combustíveis junto com o estado incompatível da atmosfera, o que faz com que a respiração dos animais seja quase impossível".[5] Frio intenso, nada de combustível e um ar rarefeito demais para os animais respirarem. Como os viajantes *humanos* sobreviviam? Expedições contemporâneas penam com as condições nos grandes picos asiáticos, apesar do equipamento do montanhismo moderno: oxigênio enlatado, tecidos sintéticos e alimentos liofilizados ricos em proteínas. Mas Goes e seus companheiros dependiam de soluções centenárias, *low-tech*, para enfrentarem o frio e as altas altitudes, comendo maçãs ressecadas e cebolas e esfregando alho nas gengivas dos cavalos.

> Ele sobreviveu ao deserto, assim como sobrevivera às montanhas e toda a caminhada extenuante por cinco mil quilômetros. Uma viagem prevista para levar seis meses se espichara por quase quatro anos.

Os que sobreviviam à subida pelas montanhas arrastavam-se pelo outro lado até a bacia do Tarim, tão erma e remota que séculos depois o governo chinês a consideraria terreno ideal para um programa de testes nucleares. De 5 quilômetros de altitude, a Rota da Seda mergulhava para centenas de metros abaixo do nível do mar. As caravanas deixavam o frio cortante das montanhas para um calor de deserto igualmente opressivo; tempestades de areia substituíam tempestades de neve e as paisagens de neve e gelo davam lugar a desertos áridos. Somente os incautos atravessavam o deserto sem ser em grupos grandes e à noite. Bandos armados de tártaros rondavam à solta assaltando as caravanas que passavam. Goes descreveu o resultado comum desses ataques: "Frequentemente depara-se com os cadáveres dos maometanos que tentaram essa viagem desacompanhados".[6]

Ele sobreviveu ao deserto, assim como sobrevivera às montanhas e toda a caminhada extenuante por 5 mil quilômetros. Uma viagem prevista para levar seis meses se espichara por quase quatro anos. No início da jornada ele já tinha claro que a rota terrestre era ainda mais traiçoeira do que a marítima. Deixou essa avaliação sucinta e estoica para seus superiores jesuítas: "A viagem é muito longa, repleta de perigos e dificuldades. Ninguém da Companhia [de Jesus] jamais deve tentar fazê-la."[7]

Redefinindo o sucesso ou o fracasso de um líder

Goes sobreviveu ao pior da viagem para morrer quando faltavam uns mil quilômetros para chegar a Pequim. Nunca encontrou o reino de Catai. Tampouco encontrou o atalho tão desejado entre a Índia e a China.

As aparências enganam. Goes pode ter morrido sem dinheiro e mais ou menos sozinho, mas não foi um fracasso. Embora a noção romântica daquela Catai continuasse a assombrar uns poucos exploradores teimosos, Goes, essencialmente, tinha resolvido a questão histórica da localização de Catai, comprovando a suspeita de alguns de seus colegas jesuítas: a China *era* o Catai. Não havia nenhum outro reino imenso; não havia tribos cristãs perdidas. Se Marco Polo fez a viagem que alegava (e alguns estudiosos recentes têm questionado isso), o grande império que chamou de Catai era o mesmo grande império que os europeus do século XVII chamavam de China. Em vez de desperdiçar suas energias na caça a algum império mítico, os colegas de Goes poderiam agora concentrar seus esforços plenos sobre dois impérios que realmente existiam: Índia e China.

> As aparências enganam. Goes pode ter morrido sem dinheiro e mais ou menos sozinho, mas não foi um fracasso.

Goes também pôs fim às especulações sobre uma rota mais eficiente entre os dois países. Essa rota não existia, aliás, só passaria a existir séculos depois, quando os avanços tecnológicos permitiram o estabelecimento de uma rota terrestre mais segura.

A história de Goes não é muito conhecida, nem mesmo entre os jesuítas. Um motivo evidente para isso foi ele não ter deixado muitos registros históricos. Os poucos fatos supostos sobre sua vida são às vezes conflitantes. Mas existe outra razão: a história prontamente celebra aqueles cujos feitos estão literalmente no mapa. Colombo, Hudson, até o jesuíta colega de Goes, Jacques Marquette, que navegou pela parte alta do rio Mississippi. E reserva um lugar no vão do esquecimento para os que ficaram de mãos abanando, ou para aqueles que, como Goes, *apagaram* lugares como Catai do mapa. A diferença é compreensível, de certa forma; e curiosa, de outra. Colombo realmente descobriu um lugar, mas não o lugar que procurava. E o que os antigos exploradores descobriram – ou não descobriram – muitas vezes foi por sorte ou por acaso. A medida de sua grandeza pessoal vem menos daquilo que encontraram ao final de suas jornadas e mais da profundidade do caráter humano que os levou até lá; sua imaginação, sua força de vontade, a perseverança, coragem, engenhosidade e a disposição em enfrentar o risco de derrota.

A medida de sua grandeza pessoal vem menos daquilo que encontraram ao final de suas jornadas e mais da profundidade do caráter humano que os levou até lá; sua imaginação, sua força de vontade, a perseverança, coragem, engenhosidade e a disposição em enfrentar o risco de derrota.

São características que marcaram muitos dos exploradores ao descobrirem "o que havia mais além". Mas também marcaram exploradores menos louvados como Goes, que descobriu o que *não* havia mais além, assim como os pesquisadores da medicina cujos esforços fracassados apontaram caminhos para soluções médicas, além de incontáveis cientistas, inventores, filósofos e matemáticos que contribuíram da mesma forma nos seus respectivos campos. A história de Goes redefine a noção de sucesso como líder, servindo de exemplo de como não é necessário ter uma "conquista" visível, uma forma de autoexaltação, para ser bem-sucedido; muitas vezes o sucesso vem sob a forma de uma contribuição que ajuda a *equipe* a vencer. No caso de Goes, sua liderança foi comprovada por algo tão reles – e contudo árduo – quanto explorar um beco sem saída para que seus futuros colegas não tivessem que fazê-lo.

Goes morreu praticamente sozinho num remoto posto avançado da China. Nenhum colega jesuíta acompanhou-o em sua viagem, nenhum lhe fez companhia quando de sua morte. Então como vieram à tona os pouquíssimos detalhes de sua jornada histórica?

De vez em quando o serviço postal surpreende. Foi o que aconteceu aqui. Quando a caravana de mercadores na qual Goes viajava finalmente alcançou Xuzhou, entregou a uns mercadores que iam para Pequim cartas endereçadas a certo Matteo Ricci. As chances de essa correspondência chegar a Ricci eram bem poucas. Goes não tinha o endereço de Ricci, nem seria capaz de endereçar sua carta em caracteres chineses; mais de dois mil quilômetros separavam Goes de Pequim; e seu carteiro era um mercador que levantaria um bom dinheiro levando suas mercadorias até a capital, mas não ganharia um tostão procurando pelo tal de Ricci.

> No caso de Goes, sua liderança foi comprovada por algo tão reles – e contudo árduo – quanto explorar um beco sem saída para que seus futuros colegas não tivessem que fazê-lo.

Mas as chances eram *menores* ainda. A princípio, não havia ninguém chamado Matteo Ricci em Pequim. O jesuíta italiano que Goes conhecia como Matteo Ricci vivia na China com outro nome: Li Ma-tou.

Por mais improvável que fosse, a correspondência chegou até Ricci. E talvez esse fato não tenha sido tão extraordinário. O alfabeto romano escrito na carta seria indecifrável para os habitantes de Pequim, mas indicava que o recipiente não era chinês. E só havia um ocidental residindo na cidade na época, junto com alguns colegas. Então a carta pode ter sido encaminhada naturalmente para as mãos de Ricci, que imediatamente despachou um jovem chinês aspirante a jesuíta para ir ao encontro de Goes em Xuzhou. O jovem mal chegou a tempo de assistir à morte de Goes e retirar algumas páginas de seu diário. Retornou a Pequim com esses relatos, na companhia do criado que viajara com Goes por toda a sua caminhada.

O LINGUISTA, CARTÓGRAFO, FILÓSOFO E MULTICULTURALISTA

Matteo Ricci percorria a sua própria jornada. Embora fosse menos rigorosa fisicamente do que a passagem de Goes por desfiladeiros no alto de montanhas de 5 mil metros de altura, a viagem de Ricci a Pequim prolongou-se por muito mais tempo. De certa forma, teve início em 1552, o ano de seu nascimento na Itália. Neste mesmo ano, a primeira tentativa dos jesuítas de entrarem na China acabou em fracasso numa ilha remota a uns 50 quilômetros de onde hoje é Hong Kong. Seguiu-se uma sucessão de investidas jesuítas, elaborando um histórico ininterrupto de anos de fracassos absolutos.

Os primeiros jesuítas que tentaram alcançar a China ficaram confinados ao posto comercial de Macau. Os poucos que se aventuraram para a xenofóbica China continental foram prontamente deportados, muitos dentro de jaulas e sob escolta armada.

Ricci mudou tudo isso, alterando radicalmente a maneira dos jesuítas se aproximarem da China, e nesse processo ajudou a moldar a estratégia asiática que a Companhia usou por séculos. Ricci estabeleceu-se cedo como um homem dado a percorrer seu próprio caminho. Sua família orgulhava-se de tê-lo mandado de Macerata, seu vilarejo nos morros da Itália central, para estudar direito em Roma. Devem ter ficado intrigados, se não desolados, quando souberam que em vez disso ele decidira entrar para os jesuítas, aos 18 anos.

Dez anos depois, encontrava-se em Macau fazendo uma imersão no estudo da língua chinesa. Sua apostila naquela era pré-Berlitz consistia de algumas observações anotadas à mão e uma lista de vocábulos que seus colegas tinham conseguido decifrar. Ricci não tinha como imaginar a vida na China. Quem poderia tê-lo preparado ele para isso? Mesmo os europeus de maior vivência nunca tinham visto um asiático, ouvido uma língua da Ásia ou visto caracteres chineses. As cartas de Ricci para seus colegas refletem o desafio de descrever para a Europa algo inteiramente novo:

> Tenho estudado com afinco a língua chinesa e posso assegurar Vossa Reverência que é algo bem diferente do grego ou alemão (...). A língua falada é presa de tantas ambiguidades que muitos de seus sons significam mais de mil coisas, e às vezes não há mais diferença entre um e o outro do que pronunciar o som com a voz erguida ou abaixada em quatro tipos de tons (...). Quanto ao alfabeto, é uma coisa na qual não se acredita a não ser que a tenha visto, e experimentado, como eu fiz (...). Sua maneira de escrever assemelha-se mais à pintura, e, por isso, escrevem com um pincel, à maneira de nossos pintores.[8]

Ricci dominou a língua chinesa como nenhum ocidental na história fizera. Com poucos anos de Macau, redigiu e publicou um tratado em chinês, *Sobre a amizade*. Nesse único documento fez mais progressos do que seus antecessores em mais de quarenta anos. "Este tratado tem estabelecido nossa reputação como estudiosos de talento e virtude; e assim é lido e recebido com grande aplauso, já tendo sido publicado em dois lugares distintos."[9]

A inventividade jesuíta: um linguista, cartógrafo e padre

Este retrato de Matteo Ricci foi pintado logo após sua morte por seu colega chinês (Manuel) Yu Wen-hui, convertido ao cristianismo, e depois membro dos jesuítas. Nicolas Trigault, um dos jesuítas na China, levou o quadro para Roma na mesma viagem agridoce em que recrutou jesuítas para a missão chinesa, apenas para ver a maioria morrer durante a viagem extenuante até a Ásia.

Aplicando uma estratégia radical

Sobre a amizade era um *tour de force* linguístico, mas ainda mais formidável por assinalar reversões radicais de estratégia. Afinal, os missionários europeus raramente tentavam dominar plenamente a língua dos países onde atuavam. Quando aprendiam alguma coisa da língua local geralmente era para produzir apenas traduções literais de rezas ou catecismos cristãos. Sua atitude em relação às línguas demonstrava uma crença nem tão oculta de que quem deveria mudar eram as populações indígenas, não os missionários e colonialistas europeus. Dos convertidos, esperava-se que se europeizassem, ou, na visão da maior parte dos europeus, se *civilizassem*. Os convertidos no subcontinente indiano não devem ter entendido o que as desajeitadas botas europeias e as pesadas roupagens portuguesas tinham a ver com um estilo de vida cristão. Como alguém iria querer adotar aqueles trajes num clima subtropical? Mas, para os europeus na Ásia, tais questões nem eram dignas de discussão. A maioria estava convicta de que as pessoas civilizadas se vestiam à moda europeia.

Entra em cena Ricci. *Sobre a amizade* era uma leitura confortável, não esfolava como uma bota europeia. Pois Ricci não apenas dominara a língua chinesa como aperfeiçoara um estilo familiar aos leitores. Não escrevia com a postura seca e escolástica que aprendera em Roma, mas com as formas literárias que um estudioso de Confúcio usaria. Suas ideias, enraizadas nos valores judaico-cristãos, certamente eram novas para sua plateia, mas o tópico era familiar para os chineses alfabetizados. Escolhera, de propósito, não traduzir alguma obra da literatura europeia, e sim abordar uma relação humana primordial discutida nos textos de Confúcio.

Ricci virara o jogo. Em vez de arrastar possíveis convertidos para uma cultura europeia alienígena, foi o pioneiro numa estratégia radical de "aculturação", um termo criado posteriormente por jesuítas para descrever a estratégia de eles próprios se assimilarem às culturas locais. Foi *ele* quem mudou, acomodando-se às normas, aos valores e à cultura de seus anfitriões chineses. Dessa vez os convertidos não eram forçados a vestir roupagens estranhas; eram Ricci e sua equipe que assumiam hábitos novos. "Deixamos as barbas crescerem e os cabelos cobrirem as orelhas; ao mesmo tempo adotamos as rou-

Em vez de arrastar possíveis convertidos para uma cultura europeia alienígena, foi o pioneiro numa estratégia radical de "aculturação", um termo criado posteriormente por jesuítas para descrever a estratégia de eles próprios se assimilarem às culturas locais.

pas especiais usadas pelos *literati* (...) que são de seda púrpura, e nas quais a barra do manto e do colarinho e suas bordas são emolduradas com uma fita de seda azul com menos de um palmo de largura."[10] O que pensariam disso em Macerata, na Itália?

Entrando pela porta aberta

Claro, ninguém confundia Ricci com um chinês estudioso do confucionismo, apesar de suas novas vestimentas. Mas o simbolismo do seu gesto logo se tornou aparente. Os hábitos negros dos padres eram símbolos reconhecíveis imediatamente nas ruas de Roma, mas roupas negras não tinham significado na China e apenas reforçavam que esses estranhos visitantes do Oeste eram pessoas à parte. Os trajes que Ricci adotou, por outro lado, eram tão bem compreendidos na China quanto sua batina negra em Roma: apresentava-se como um intelectual, possuidor de ideias dignas de respeito e atenção.

Ricci logo encontrou maneiras de colocar essa imagem em prática. Durante as décadas finais da dinastia Ming, a China se tornara um país voltado para dentro de si mesmo. As ciências aplicadas do país, antes bem superiores à tecnologia europeia, há muito tinham refluído. A decadência chinesa foi uma grande oportunidade para Ricci. Sem saber quais artefatos da ciência e da cultura ocidental poderiam interessar aos seus anfitriões, trouxe da Europa uma coleção sortida de truques. Sua residência virou um misto de museu, universidade, loja de mágicas e salão para debates intelectuais. Matemáticos discutiam os textos sobre geometria euclidiana que Ricci traduziu para o chinês. Sábios visitantes examinavam livros, prismas, relógios e sextantes. Astrônomos aprendiam como o astrolábio poderia ajudar no cálculo dos movimentos planetário e estelar. Um mapa-múndi intrigou particularmente seus visitantes, porque:

> os chineses, que praticamente não tinham comércio com povos estrangeiros, eram grosseiramente ignorantes quanto a outras partes do mundo. Suas próprias elaborações cosmográficas eram intituladas descrições universais de todo o mundo [mas] reduziam a

> extensão da Terra às suas próprias quinze províncias; e nos mares pintados em volta colocavam umas ilhas, dando a elas os nomes dos poucos reinos dos quais poderiam ter ouvido falar. Todos esses reinos reunidos mal seriam equivalentes à menor província do Império Chinês.[11]

Ricci não foi à China para fazer mapas, mas não perdeu a oportunidade de lustrar a sua imagem, assim como a do Ocidente. Afinal, os mapas-múndi chineses não apenas refletiam uma compreensão equivocada da geografia mundial como reforçavam um preconceito de que além das fronteiras da China não havia nada que valesse a pena conhecer. Ricci esboçou um novo mapa-múndi com os nomes dos países escritos em caracteres chineses. Seu primeiro esforço foi equivocado, demonstrando como é difícil descartar uma mentalidade europeia ao tentar aculturar-se bem. Ele representou o mundo da maneira pela qual os europeus o viam: a Europa dominava orgulhosamente o centro do mapa; a Ásia ficava à direita, com a China relegada à periferia. Foi uma afronta. Seus pares chineses admitiam ser ignorantes quanto à geografia mundial, mas isto eles sabiam: China, em chinês, significava "império do meio", e, portanto, era o centro do mundo. O mapa de Ricci estava errado.

Desde o início mirando alto

O italiano era engenhoso e recuperou-se recorrendo a uma solução simples. Reorientando sua perspectiva como quem gira um globo terrestre, desenhou um novo mapa. Dessa vez, situou a China precisamente no centro do mundo, exatamente onde seus anfitriões sabiam que estaria. Ricci foi além, anotando descrições explanatórias no seu mapa, embora não fosse o tipo de informação que se espera de um mapa. Nos estados romanos, por exemplo, anotou: "O Santo Padre, que é celibatário, e que vive em função da religião católica, reside em Roma. Todos os europeus no Império Romano o reverenciam."[12] *Todos* os europeus o reverenciam? Os protestantes seguidores das tradições luteranas e calvinistas teriam algo a dizer sobre isso, mas pode-se perdoar Ricci por considerar que não era o melhor momento para introduzir o drama embaraçoso da Reforma que se desenrolava então na Europa, complicando o seu mapa-tutorial.

O cartógrafo, astrônomo e escritor tinha segundas intençoes. Foi oportunista, sim, mas não dava ponto sem nó. Sua meta principal era uma audiência com o imperador chinês. Deve ter cultivado esperanças de um grande golpe, convertendo o imperador e usando sua força gravitacional para atrair milhões de súditos chineses para o seio do cristianismo. Hoje a ideia pode parecer absurda, mas para Ricci era perfeitamente lógica. Afinal, ele viera de uma Europa transformada da mesma maneira, de cima para baixo. A Inglaterra católica virou de repente a Inglaterra protestante porque Henrique VIII assim decidiu. Na mente do jesuíta, uma estratégia de cima para baixo poderia produzir o mesmo efeito na Ásia.

Mesmo que Ricci não conseguisse convencer o imperador, esperava ao menos obter um apoio formal ou uma tolerância tácita para com as obras dos jesuítas na China. Apesar do renome crescente de Ricci entre as principais autoridades chinesas, o status dos jesuítas permanecia tênue. Governadores regionais ou burocratas xenófobos poderiam a qualquer instante deportar os europeus. Ricci instruiu seus colegas a manterem-se discretos. Nada de tocar sinos em praças públicas para atrair pessoas a fim de ouvirem sermões sobre o fogo do inferno. Nada de igrejas suntuosas. Ao invés disso, Ricci e o punhado de jesuítas que o seguiam construíram capelas sem ostentação nos terrenos de suas residências particulares.

Ricci levou vinte anos, desde sua chegada a Macau, para alcançar a cidade imperial de Pequim. Teve que mudar constantemente, cultivando com paciência uma rede de autoridades chinesas bem-colocadas, sempre de olho no apadrinhamento de algum burocrata poderoso que o apresentasse ao imperador.

Os oficiais da corte finalmente concordaram em entregar para o imperador as oferendas de Ricci: estátuas da Madona e de Cristo, dois relógios, um mapa-múndi, uma espineta (instrumento musical semelhante ao cravo) e dois prismas. Os presentes seguiram junto com uma mensagem de Ricci se apresentando: "um religioso sem esposa ou filhos e, portanto sem pedir favores; que, tendo estudado astronomia, geografia, cálculo e matemática, (...) ficaria contente em ser de valia para o imperador."[13]

Os presentes foram bem-escolhidos. O imperador ficou particularmente fascinado com um relógio que badalava as horas. Quando parou de funcionar, Ricci foi convocado ao palácio para ensinar aos eunucos do imperador como consertá-lo. Foi o mais próximo que Ricci chegou à audiência imperial que almejava. Contudo, chegar até Pequim já foi em si uma façanha impressionante. Um embaixador de Portugal viajara até lá um século antes da chegada de Ricci; foi prontamente escoltado de volta a Hong Kong e expulso da China. Entre um e outro, não há nenhum registro de outro ocidental chegando à cidade. Nos seus últimos dias, Ricci teria dito a seus colegas que "postavam-se diante de uma porta aberta".

Ricci faleceu três anos depois da morte de Goes em Xuzhou. Ninguém realmente sabe onde Goes foi enterrado, mas quem visita Pequim ainda pode encontrar o túmulo de Ricci; foi o primeiro ocidental a quem foi concedida uma sepultura nos recintos imperiais. O governador de Pequim encomendou uma lápide e mandou inscrever nela os nomes dos homens de prestígio com quem Ricci se relacionara na China: o ministro dos Ritos, o ministro das Finanças e vários outros burocratas e autoridades ministeriais. Seu funeral foi marcado pelo comparecimento dos mais de 2 mil cristãos da comunidade que estabelecera e nutrira na cidade. Se havia alguém celebrando o falecimento de Goes, era apenas o bando em torno do seu leito de morte esperando para afanar seus poucos pertences. As façanhas de Ricci e sua vida improvável levantam uma série de questões. Como ele fez o imaginativo e improvável salto estratégico do ensino da astronomia para traduzir geometria e tentar converter a China? O que inspirou a decisão, e depois a flexibilidade e a autoconfiança, para despir-se do hábito de sacerdote e de hábitos europeus e adotar um estilo de vida chinês? Essas questões, e outras semelhantes, nos levam à própria essência da liderança dos jesuítas e formam o núcleo dos capítulos posteriores.

Desenvolvendo "homens brilhantes e eminentes"

O estudioso jesuíta Cristóvão Clávio, que se tornou amigo de Galileu e ajudou a desenvolver o calendário gregoriano que é usado até hoje pelo mundo, retratado aqui com os instrumentos "de última geração" de um astrônomo e matemático na Renascença.

O MATEMÁTICO E ASTRÔNOMO

Perto de Bento de Goes e Matteo Ricci, Cristóvão Clávio parece um homem normal. Em sua época, apenas uma minoria ínfima de europeus tinha se aventurado além do continente. Goes e Ricci avançaram ainda mais do que essa minoria aventureira. Quando, após anos de viagem por oceanos, viajantes temerosos e aliviados desembarcavam nos entrepostos coloniais, a maioria deles estava pronta para declarar ser aquele lugar o ponto final de sua jornada. Menos Goes e Ricci. Eles seguiram em frente, percorrendo rotas que nenhum europeu jamais explorara. Mesmo depois de terem alcançado a Ásia, caminharam por milhares de quilômetros, levando vidas peripatéticas, raramente permanecendo num único lugar por mais do que um ou dois anos.

Com Clávio, um alemão, a história foi bem diferente. Ele manteve o mesmo emprego como professor universitário por 48 anos, 46 dos quais na mesma instituição, o Collegio Romano, administrado por jesuítas. A

> Ele manteve o mesmo emprego como professor universitário por 48 anos, 46 dos quais na mesma instituição

maior parte dos europeus no século XVI não *vivia* até os 48 anos, tampouco trabalhava por tanto tempo. Pensar em alguém preso ao mesmo trabalho por tantos anos conjura algumas imagens desabonadoras. São imagens que não batem com as imagens de Goes e Ricci, sempre prontos para aventuras.

Mas a ideia de um professor empertigado, cansado, reciclando anotações de aulas ano após ano destoa da personalidade de Clávio. Uma imagem drasticamente diferente ilustra melhor a sua vida: um homem maravilhado diante de um eclipse solar. Diz-se que ele testemunhou um eclipse em 1560, quando era aprendiz de jesuíta, e que naquela tarde decidiu qual seria o projeto de sua vida. Pelo restante de seus anos, entregou-se por inteiro à sua paixão pela astronomia e transmitiu essa paixão para homens como Ricci. Aliás, um dos jesuítas que sucederam Ricci na China previu com exatidão um eclipse solar que escureceu os céus de Pequim numa tarde de 1629, uma tacada que lhe valeu um posto inédito no observatório imperial.

Treinando recrutas para um mundo em transformação

Clávio não tinha como saber que um dia a astronomia seria a chave para o sucesso dos jesuítas na China. Começou sua carreira letiva numa Companhia de Jesus iniciante e em crescimento, uma empresa que virou fenômeno enquanto ainda formulava suas práticas e estratégias. Tendo aberto até então cem estabelecimentos de ensino, em várias partes do planeta, os jesuítas começavam a construir a maior rede escolar privada do mundo. Nos quarenta anos desde sua fundação, a Companhia de Jesus crescera de dez para 5 mil membros.

Os jesuítas superiores reuniram-se em Roma a fim de traçar uma direção estratégica para essa companhia em rápido crescimento. O matemático Clávio apresentou então seu ponto de vista quanto à instituição que precisavam construir. Os jesuítas deveriam dominar não só a teologia e a filosofia, disciplinas consideradas especialidades dos sacerdotes, mas também línguas, matemática e as ciências. O mundo estava mudando, e os jesuítas precisavam se manter na vanguarda, brilhando mesmo nessas disciplinas menores, mas emergentes. Clávio postulou aulas magnas que posicionassem os aprendizes jesuítas na ponta do ensino europeu. Argumentou que ele e seus colegas precisavam moldar os recrutas,

> tornando-os homens brilhantes e por demais eminentes, que, ao serem distribuídos por vários reinos e nações como joias cintilantes, para grande honra da Companhia [de Jesus], serão fonte de imenso temor para todos os inimigos, e um estímulo incrível para que a juventude venha até nós de todas as partes do mundo.[14]

Seus colegas devem ter suspirado profundamente com sua retórica bombástica e abanado a cabeça diante da ausência de modéstia sacerdotal, mas muitos deles concordaram. E quem não concordasse pensaria duas vezes antes de enfrentar o intelecto peso-pesado de Clávio.

Por mais de quarenta anos, Clávio aplicou sua paixão e sua visão em prol de transformar recrutas em "homens brilhantes e eminentes" no Collegio Romano dos jesuítas, como professor de professores, por assim dizer. A faculdade reunia alguns dos aprendizes mais promissores dos jesuítas de toda a Europa; Clávio escolheu os melhores e mais brilhantes para suas aulas magnas de matemática e astronomia. Ricci provavelmente foi um dos escolhidos; quando estudou astronomia com Clávio, não tinha ideia do seu destino na China. Ninguém na Europa tinha o menor indício do estado lamentável das ciências aplicadas na China até que Ricci viajasse até lá.

Clávio postulou aulas magnas que posicionassem os aprendizes jesuítas na ponta do ensino europeu.

Ricci não estudou astronomia como parte de algum plano elaborado para converter a China, pois a visão de Clávio era mais simples, e ao mesmo tempo mais extravagante, do que um plano quixotesco de converter um império asiático. Ricci, Clávio e seus administradores jesuítas não pararam para pensar na utilidade que a alta matemática e a astronomia poderiam ter para futuros padres. Como todo professor, Clávio acreditava que o desafio intelectual em si estava transformando seus recrutas talentosos em pessoas melhores. Tão importante quanto os fatos aprendidos era o que se adquiria pelo próprio processo de aprendizado: disciplina, dedicação e disposição para destrinchar problemas desafiadores até o fim; o encanto, a curiosidade e a criatividade despertados por ver o mundo através de uma lente diferente; e a confiança nascida por resolver um problema que parecia insolúvel. Recrutas talentosos e bem-treinados como Ricci, quando moldados em "homens brilhantes e eminentes", encontrariam maneiras de fazer sua própria sorte pelo mundo.

Descartando crenças arraigadas em troca de verdades recém-reveladas

Clávio não só moldou esses homens brilhantes e eminentes. Ele *era* um deles. Quando um jovem cientista italiano chamado Galileu Galilei foi a Roma pela primeira vez, em 1587, fez uma peregrinação para pedir a bênção de Clávio, um dos principais matemáticos da Europa. Este ficou impressionado o suficiente para dar a Galileu o empurrão que todo jovem acadêmico almeja; uma recomendação desse jesuíta respeitado ajudou Galileu a conseguir seu primeiro posto como professor. Clávio ofereceu seu apoio, embora ele e Galileu viessem de mundos diferentes. Universos diferentes, para ser mais preciso. Os textos de astronomia de Clávio defendiam naturalmente o sistema ptolomaico aprovado pela Igreja Católica, onde o sol, a lua, as estrelas e os planetas giravam em torno de uma Terra que Deus honrara afixando-a no centro do universo.

Mas Galileu estava lentamente se afastando desse sistema astronômico que Clávio e todos os outros clérigos leais aceitavam sem questionamento. No início do século XVII, Galileu inventou o primeiro telescópio moderno da Europa. Embora fosse um instrumento tosco, era poderoso o suficiente para revelar que Vênus exibia fases muito similares às da Lua. Essa observação abalou todo um universo. Indicava que Vênus girava em torno do Sol, não da Terra; pois, se não fosse assim, como explicar as fases de Vênus? Com Vênus girando em torno do Sol enquanto o Sol e outros planetas giravam em torno da Terra em algum sistema solar emaranhado e complexo? A teoria de um universo geocêntrico, cada vez mais suspeita, só poderia ser sustentada torcendo as órbitas planetárias em nós cada vez mais complicados.

Embora Galileu caminhasse na ponta dos pés, entrava em um campo minado que, ao fim, se mostraria impossível de atravessar. Os burocratas da Igreja tinham investido demais na ideia de um universo geocêntrico para voltarem atrás agora. Não importava o que Galileu vira pelo seu telescópio, com que nitidez isso fora visto ou quão naturalmente suas observações apoiavam a existência de um sistema heliocêntrico. A instituição da Igreja não queria nem saber.

Cristóvão Clávio tinha mais de 70 anos quando Galileu publicou suas descobertas, com sua contestação inconfundível, embora cuidadosamente aparada, às teorias geocêntricas. Seria compreensível que Clávio, a essa altura, descansasse sobre seus louros. As ideias do iniciante Galileu desafiavam implicitamente o trabalho da vida de Clávio, de modo que o primeiro não poderia contar com muito apoio para suas ideias revolucionárias e perigosas. Clávio, muito bem conceituado, poderia sem muito esforço defenestrar o novato.

Em vez disso, o ancião levou os alunos de sua última aula magna de astronomia ao teto do Collegio Romano. Nessa época os jesuítas tinham adquirido seus próprios telescópios, mais novos e mais poderosos do que os usados por Clávio nas suas observações astronômicas anteriores. Ele e seus alunos se puseram a duplicar as observações que Galileu alegava ter feito. Logo depois, Clávio publicou a edição final de um texto próprio sobre astronomia. Sem dúvida, muitos astrônomos ficaram surpresos – e muitas autoridades da Igreja, indignadas – ao ler estas palavras no texto de Clávio: "Consultem o livreto confiável de Galileu Galilei, impresso em Veneza em 1610 sob o título *Sidereus Nuncius*."[15]

Clávio endossou todos os cálculos e todas as conclusões de Galileu. Seu veredito de "confiável" deu um tempo para Galileu, contendo seus críticos. Como membro leal da Igreja, posicionar-se a favor da teoria heliocêntrica de Copérnico seria impensável, na verdade, herético. Mas Clávio compreendeu que o sistema ptolomaico que passara a vida defendendo estava prestes a ser atirado à lata de lixo. Por mais que seus telescópios e os de Galileu fossem primitivos, revelaram o bastante para demolir a teoria clássica de Ptolomeu. Talvez houvesse alguma teoria que explicasse o universo e que não fosse o impensável heliocentrismo, mas um ptolomeismo condicionado não era mais sustentável. Em relação às observações de Galileu, Clávio continuou: "Já que as coisas são assim, os astrônomos devem considerar como as orbes celestes podem ser arranjadas de modo a salvar estes fenômenos."[16] Em outras palavras, os fatos eram o que eram; os cientistas precisavam aceitar os fatos e encontrar uma teoria crível que os explicasse.

Clávio morreu logo depois de publicar essas declarações. Galileu continuou correndo perigo ao propor pontos de vista controversos. Vinte e tantos anos depois, estaria de joelhos diante dos inquisidores do Vaticano, abjurando sua crença num universo heliocêntrico e jurando que a Terra não se movia para poder escapar da excomunhão e talvez de uma morte prematura (e não por causas naturais).

Clávio endossou todos os cálculos e todas as conclusões de Galileu. Clávio compreendeu que o sistema ptolomaico que passara a vida defendendo estava prestes a ser atirado à lata de lixo.

Que papel Clávio desempenharia no drama de Galileu caso estivesse vivo? Clávio, indiscutivelmente o principal padre-astrônomo de sua era, certamente teria se envolvido na controvérsia. É difícil imaginar uma autoridade da Igreja defendendo Galileu, dada a posição militante e irredutível da própria Igreja. Mesmo assim, o texto de Clávio é um testemunho simples e elegante de sua integridade intelectual e de seu compromisso inabalável para com a verdade. Como teria reconciliado seu dilema? A questão permanece curiosa, mas sem resposta.

Como Clávio ajudou a organizar nossas agendas

As posições astronômicas de Clávio foram eclipsadas antes mesmo de sua morte, mas outra façanha sua passou admiravelmente pelo teste do tempo. Aliás, poucos ouviram falar de Clávio, mas todos que já consultaram um calendário ou uma agenda lhe prestaram uma homenagem, mesmo sem saber. Na época jesuíta, o calendário juliano ditava o ritmo da vida na Europa, como fizera século após século desde sua instituição por Júlio César. Mas não estava funcionando. As Escrituras registram que a crucificação e ressurreição de Jesus Cristo teriam ocorrido durante a Páscoa judaica, que cai no primeiro mês da primavera. A Igreja Católica então combinou que o domingo de Páscoa cairia no primeiro domingo após a primeira lua cheia depois do equinócio da primavera. Por razões difíceis de compreender, o equinócio da primavera ficava mais para trás a cada século (e, portanto, o domingo de Páscoa ia se antecipando). À altura do século XVI, o domingo de páscoa migrava inexoravelmente em direção ao Natal.

O Papa Gregório XII pediu a Clávio para liderar uma comissão que investigasse esse problema que já causava constrangimentos. O que estava errado com o calendário? Acontece que o ano solar na realidade era mais curto – 674 segundos mais curto, para ser exato – do que o ano no calendário juliano. O que são 674 segundos? Não é muito em um ano, mas acumulados por séculos, podem virar um problema. Três dias eram acrescentados a cada quatrocentos anos e assim o domingo de Páscoa prosseguia marchando em direção ao Natal.

A comissão de Clávio adotou a postura analítica do italiano Aloysius Lilius e sua solução simples e elegante. Lilius, que faleceu logo antes da formação dessa comissão, propusera que os anos redondos de cada século só fossem considerados bissextos quando divisíveis redondamente por quatrocentos. Em outras palavras, 1900 não seria bissexto, mas 2000, sim. Essa recalibragem sutil do mecanismo dos anos bissextos permanece intacta até hoje e os cristãos celebram a páscoa regularmente na primavera, sem atinar o quanto devem a Lilius e Clávio. Este foi modesto e esperto politicamente – ou provavelmente nem lhe deram uma escolha –, e quando chegou a hora de promulgar o novo calendário chamou-o de gregoriano em homenagem ao Papa Gregório XIII.

Nem todos aderiram imediatamente a esse novo calendário. O fim do século XVI, decididamente, era menos ecumênico do que agora. Os protestantes e católicos batiam-se em conflitos regulares, renhidos e às vezes sangrentos por toda a Europa cristã. Quem garantia que o novo calendário não seria algum complô astuto e nefasto do Papa ou dos jesuítas? Mesmo que o novo calendário fosse superior em sua precisão, os líderes protestantes não tinham interesse em apoiar um calendário revisto pelo Papa romano e um matemático *jesuíta.* A Itália, católica, adotou-o imediatamente. A Grã-Bretanha, militantemente protestante, não. Os estados alemães que eram católicos o adotaram; as regiões vizinhas, protestantes, não. Durante anos, parte da Alemanha tinha uma data e outra parte, data diferente.

Mesmo alguns católicos leais à Igreja não ficaram satisfeitos com o novo calendário. A fim de desfazer mais de um milênio de danos acumulados pelo calendário juliano, a comissão de Clávio fez com que o Papa Gregório XIII proclamasse que no ano de 1582 – felizmente, *apenas* em 1582 – o dia depois de 4 de outubro seria 15 de outubro. Até os católicos tiveram motivo para chiar: suas vidas passaram a ter duas semanas a menos. A confusão em torno do assunto se arrastava e Clávio preparou o que era para ser a palavra final sobre o assunto. Papa Gregório e todos os demais membros da comissão haviam falecido quando um Clávio idoso publicou sua análise matemática definitiva – com oitocentas páginas – com evidências comprovando o calendário novo.

Ainda assim, velhos preconceitos morrem lentamente. Quase duzentos anos se passaram até a Grã-Bretanha adotar o calendário gregoriano em 1752. A Rússia adotou-o em 1918, uma década depois de uma confusão em torno do calendário levar os atletas daquele país a chegarem com doze dias de atraso à Olimpíada de 1908. Os fabricantes de calendários, assim como os responsáveis por marcar compromissos, acabaram por se livrar do pesadelo provocado por calendários inconsistentes, embora os festeiros tenham perdido o que seria uma oportunidade maravilhosa de comemorar duas vezes o segundo milênio.

Realmente, preconceitos antigos são difíceis de eliminar. Somente em 1822 a Igreja Católica permitiu que o heliocentrismo fosse ensinado em países católicos. E somente em 1992 o Papa João Paulo II fechou definitivamente um capítulo há muito aberto formalizando as desculpas póstumas a Galileu por parte da Igreja Católica.

UMA MANEIRA DIFERENTE DE CONSIDERAR A LIDERANÇA

Goes, Ricci e Clávio: três modelos improváveis de liderança exemplar. Afinal, líderes não são os que lideram outras pessoas? E os maiores líderes não são aqueles que lideram *muitas* pessoas? Nenhum desses três administrou mais do que um punhado de gente; durante a maior parte de suas vidas profissionais, lideraram somente a si mesmos.

O que é justamente o ponto: lideraram *a si mesmos.* Não refugaram diante dessa tarefa, o primeiro e mais crucial desafio que todo líder precisa enfrentar.

Lições de liderança vindas de fontes improváveis

O que fazem os líderes? Uma avaliação rápida de Goes, Ricci e Clávio revela as qualidades de liderança presentes nos três líderes:

- Estão sempre ensinando e aprendendo: Matteo Ricci tornou-se fluente em chinês e absorveu a sabedoria dos *Quatro livros* de Confúcio; apresentou o pensamento de Confúcio à Europa ao traduzir suas obras para o italiano e ensinou de tudo, de geometria euclidiana e astronomia à mensagem cristã para seus professores de mandarim.
- Moldam homens e mulheres "brilhantes e eminentes": Cristóvão Clávio despertou o interesse de estudantes com suas aulas magnas no Collegio Romano, ano após ano, por mais de quarenta décadas.

- Perseveram: Bento de Goes seguiu em frente com sua viagem através de desfiladeiros montanhosos a 5 mil metros de altitude apesar do frio intenso e do medo de não encontrar a misteriosa Catai.
- Energizam-se através da mera ambição de suas metas heroicas: Goes viajou por milhares de quilômetros nos confins inexplorados da Ásia em busca de sua rota para a China; Ricci buscou a audiência com o imperador que três séculos de europeus não haviam conseguido; Clávio visionou um batalhão de talento inigualável se espalhando pelo mundo.
- Inovam ao enfrentar seus desafios com procedimentos que seus antecessores nunca imaginaram: Ricci desenvolveu uma estratégia improvável para chamar a atenção para sua mensagem cristã, traduzindo textos de geometria e reconfigurando mapas-múndi.
- São devotos da excelência: Clávio meticulosamente produziu um tomo matemático de oitocentas páginas com provas que avaliassem sua reforma do calendário.
- Permanecem abertos para novas ideias, mesmo ao ficarem velhos. Aos 73 anos, Clávio repetiu cuidadosamente as observações de Galileu.
- Prezam a verdade acima de seus egos: Goes admitiu francamente que não encontrara um caminho melhor para a China, apesar de tudo que investira pessoalmente nessa busca; Clávio endossou as observações de Galileu, sabendo bem que representavam uma ameaça às teorias que ele passara a vida defendendo.
- Influenciam os outros através de seu exemplo, suas ideias e seu aconselhamento: Clávio inspirou Ricci e os astrônomos subsequentes na China; e todos os três – Clávio, Goes e Ricci – continuam a influenciar os jesuítas de hoje.

Liderança não é apenas executar a tarefa; é *como* a tarefa é executada. Para todos os líderes, inclusive Goes, Ricci e Clávio, isso quer dizer *influenciando, vaticinando, perseverando, energizando, inovando, ensinando.*

Certas presunções, com o tempo, acabaram por dominar nossos estereótipos culturais a respeito de líderes e de sua liderança:

- Um líder é uma pessoa "no comando": o diretor de uma empresa, o chefe de um governo, o técnico de um time ou o comandante de uma tropa.
- Uma liderança produz resultados diretos e o comportamento mais eficaz de um líder é aquele que produz resultados *imediatos*.
- Liderança tem a ver com "momentos de definição": a batalha decisiva, a final de um campeonato, a nova estratégia comercial.

Goes, Ricci e Clávio nos permitem conclusões bem diferentes a respeito de como são os líderes e como se desenrolam suas vidas. Apesar de terem enfrentado desafios exóticos, representam um modelo de liderança relevante para o mundo *real* em que a maioria de nós viveu:

- A maior parte das pessoas nunca enfrenta o desafio de motivar exércitos de subordinados; enfrentamos desafios mais prosaicos no dia a dia, como os de Goes, motivando-nos *a nós mesmos* através de jornadas longas e às vezes pouco promissoras.
- A vida raramente acontece com a previsibilidade do plano estratégico cuidadosamente redigido; muito da liderança é improvisado. Como ocorreu com Ricci numa China desconhecida, muitos desafios da vida surgem em momentos inesperados e de maneiras imprevistas. Tais circunstâncias não vêm com uma cartilha de liderança e não se encaixam

em estratégias de vida bem-planejadas; em vez disso, temos que nos virar com nossa astúcia e sabedoria acumulada.

- Ao contrário do general partindo para a batalha ou do técnico chegando à partida final, poucos de nós experimentamos momentos dramáticos e definidores. Nosso "momento" definidor é um padrão tecido lentamente através de toda uma vida repleta de oportunidades comuns para fazermos diferenças sutis. Como na tutelagem consciente das centenas de recrutas jesuítas que passaram pela sala de aula de Clávio durante uma carreira de 48 anos.
- E como Goes, Ricci e Clávio, somos poucos os que discernimos o impacto de nossa liderança sobre o mundo com a mesma clareza e certeza de uma bola de bilhar estalando contra outra. A maioria de nós deve extrair satisfação não de resultados manifestos, mas da mera convicção pessoal de que nossas ações, decisões e escolhas têm valor.

O estereótipo de empresa é o que conta com relativamente poucos líderes, todos em cargos de autoridade ou influência substanciais. Os jesuítas construíram uma companhia onde cada funcionário era um líder. Os funcionários da Estereótipo S.A. procuram instintivamente por um de seus poucos líderes quando surgem momentos definidores; os funcionários da Companhia dos jesuítas olham no espelho. Além disso, compreendem que cada momento – não só os definidores – é uma oportunidade para causar um impacto, para construir uma vida de liderança.

Ao contrário do general partindo para a batalha ou do técnico chegando à partida final, poucos de nós experimentamos momentos dramáticos e definidores. Nosso "momento" definidor é um padrão tecido lentamente através de toda uma vida repleta de oportunidades comuns para fazermos diferenças sutis.

Todos são líderes e todos podem liderar o tempo todo. Em ocasiões raras, esses momentos de lideranças são dramáticos e evidentes; na maioria das vezes, são oportunidades sutis, que podem passar despercebidas, mas que, no conjunto, podem formar toda uma vida de liderança com influências positivas. E, se todos estão liderando o tempo todo, conclui-se que o desempenho de liderança mais inspirado, mais motivado, deve ser o da autoliderança, iniciado por si mesmo. Os capítulos a seguir exploram a visão única de liderança dos jesuítas e como ela os ajudou a manter um histórico de sucessos por quase quinhentos anos.

CAPÍTULO 5

"Para ordenar sua própria vida"

A autoconsciência como o alicerce da liderança

A pessoa que sabe o que quer pode buscar isso energicamente. Ninguém se torna um grande professor, pai ou mãe, violinista, ou executivo por acidente. Somente os que conhecem as suas fraquezas podem lidar com elas e mesmo ter a intenção de superá-las. Os executivos cujas carreiras estão estagnadas por pouca autoconfiança só voltarão a subir na vida após identificar e atacar suas fraquezas.

Aqueles que identificam o que os leva a se engajarem por inteiro não precisam se esforçar para se manter motivados.

Não há nada de novo nessas afirmativas. Contudo, por mais óbvias que sejam, poucas pessoas fazem o investimento pessoal necessário para usufruir delas.

Muitas pessoas investem bastante tempo e dinheiro para adquirir as habilidades e credenciais profissionais que são requisitos para o sucesso. Mas os líderes investem também em suas habilidades *humanas*, em sua capacidade para liderar. Uma jornada introspectiva – quer seja percorrida toda de uma vez ou durante um período extenso – constrói o alicerce para o sucesso. Essa jornada envolve:

- apreciar a si mesmo como sendo talentoso;
- identificar a tralha pessoal, que desarticula, que impede a realização de seu potencial pleno, especialmente as fraquezas que se manifestam como tendências habituais;
- articular metas e ambições que sejam pessoalmente motivadoras, não se contentando em apenas seguir a correnteza,

mas vivendo, em vez disso, de acordo com seu senso pessoal de *magis*;
- determinar o que sua pessoa representa, qual o impacto que se quer causar;
- desenvolver uma visão de mundo que rege as interações com as outras pessoas;
- adquirir o hábito de atualizar-se regularmente, mesmo *diariamente*, sobre todos os itens acima.

Aqueles que adquirem esse portfólio de habilidades pessoais tornam-se ainda mais capacitados para uma ação enérgica e empenhada. Imagine o poder consolidado de uma equipe de milhares de pessoas possuindo estas habilidades pessoais. Não surpreende que Vladimir Lênin, que não era amigo dos jesuítas – ou de qualquer crença religiosa – admirasse a equipe de Loyola. Lênin teria suspirado e dito que com apenas uma dúzia de militantes tão talentosos e dedicados quanto os jesuítas, seu movimento comunista arrebataria o mundo.

A boa notícia é que todos têm a capacidade de cultivar essas habilidades de liderança desde que assumam um compromisso com o investimento introspectivo pessoal que irá desenvolvê-los. Ninguém sem as técnicas requisitadas pode, ingenuamente, entrar numa empresa esperando ser bem-sucedido: quem imagina que possa ser um contador de sucesso sem nunca ter estudado Contabilidade, ou um advogado de sucesso sem ter feito Direito? Mas continuamos ingênuos e acreditamos que pessoas que não conhecem a si próprias – suas forças, suas fraquezas, seus valores e sua visão de mundo – podem alcançar um sucesso duradouro. O mundo fica cada vez mais complexo e muda ainda mais rápido do que no século XVI de Loyola, quando tudo virou de pernas para o ar. Está cada vez mais claro que somente os que tiverem uma capacidade muito arraigada de autorreflexão e de aprendizado contínuo terão uma chance de surfar as ondas da transformação e sair de pé. Joseph Badaracco, professor da Harvard Business School, tem escrito de maneira eloquente sobre a importância vital do hábito da autorreflexão. Após entrevistar líderes corporativos para compreender como navegavam com sucesso por crises ou pontos de decisão para suas respectivas empresas, Badaracco concluiu:

> São capazes de tirar uma folga da cadeia de tarefas administrativas que lhes consome o tempo e empreender um processo de esquadrinhar-se num autoinquérito, um processo que geralmente é feito mais na corrida do que numa reclusão tranquila. São capazes de escavar abaixo da superfície ocupada de suas vidas diárias e voltar-se para seus valores e princípios centrais. Uma vez descobertos, esses valores e princípios renovam seu senso de propósito no trabalho e funcionam como um trampolim para ações sagazes, pragmáticas e politicamente astutas. Repetindo esse processo várias vezes durante suas vidas profissionais, esses executivos são capazes de forjar uma identidade forte e autêntica baseada na sua própria compreensão do que seja correto, e não na de outra pessoa. E dessa forma iniciam a transição de ser um chefe para ser um líder.[1]

Se a autoconsciência é essencial para uma liderança de sucesso, como Loyola, Peter Drucker, Daniel Goleman, Badaracco e outros postularam, nossas ideias sobre a liderança, e sobre como podemos ajudar o desenvolvimento de líderes, precisam ser revistas. Primeiro: ninguém transmite uma autoconsciência para outra pessoa, de modo que os líderes precisam moldar a si mesmos. Somente eu posso reunir a coragem, a honestidade e a força de vontade para efetuar uma busca em mim mesmo. Outros – técnicos, gerentes, amigos, pais e mentores – podem ajudar, é claro, mas exercendo primordialmente um papel semelhante ao do "diretor" nos Exercícios Espirituais, as ferramentas-chave de Loyola para a autoconsciência. A tarefa do diretor

> Somente os que tiverem uma capacidade muito arraigada de autorreflexão e de aprendizado contínuo terão uma chance de surfar as ondas da transformação e sair de pé.

é "apontar, como se fosse com o dedo, onde está o veio dentro da mina, e deixar que cada um cave por si mesmo."[2]

Os líderes "apontam o veio" para os outros: seus filhos, seus empregados, colegas de trabalho e amigos. Mas antes assumem seu próprio compromisso com a busca da autoconsciência, por toda a vida. Toda liderança começa com uma autoliderança, e a autoliderança começa com o autoconhecimento. Primeiro vem o alicerce: metas e valores, uma compreensão de obstáculos e de forças pessoais, uma visão diante do mundo. Depois vem o revigorante hábito diário de refrescar, renovar e aprofundar o autoconhecimento enquanto se mergulha num mundo em constante evolução.

UMA COMPANHIA DE DEZ HOMENS E NENHUM PLANO: O PRIMEIRO SURTO DE CRESCIMENTO DOS JESUÍTAS

Os jesuítas tiveram que se esforçar para acompanhar o ritmo de seu sucesso galopante. A operação "dez homens e nenhum plano" lançada em 1540 cresceu cem vezes em menos de quinze anos. Quando percebeu, Loyola estava dirigindo uma companhia de mil pessoas, com dezenas de filiais em quatro continentes.

Os jesuítas empreendedores farejaram oportunidades em lugares dos quais poucos europeus tinham ouvido falar, e menos ainda conheciam, onde hoje ficam Japão, Brasil, Etiópia, Madagascar, Sri Lanka, Malásia e outras partes. O Rei João III, de Portugal, às vezes colhia mais informações sobre seu império colonial com os jesuítas além-mar do que com seus exploradores, diplomatas ou seus próprios cortesãos. Enquanto seus emissários se aquartelavam na segurança relativa dos entrepostos litorâneos, os jesuítas se enfronhavam dentro de comunidades locais e montavam comitivas de embaixadores para as cortes reais.

Em seu próprio quintal, a Europa, a Companhia não era menos venturosa, e obtinha ainda mais sucesso. No ano em que Loyola faleceu havia mais de trinta faculdades jesuítas em pleno funcionamento. Nada mal para uma empresa que doze anos antes nunca tinha aberto ou administrado uma escola. E as operações na Europa não se limitavam ao estabelecimento de instituições de ensino superior. Os burocratas da Igreja convocaram jesuítas hábeis, bem-treinados, para ajudar a Contrarreforma a reforçar congregações vacilantes ou recapturar comunidades perdidas para o protestantismo na Europa central e no norte do continente.

À medida que os triunfos jesuítas atraíam novos clientes, com novas demandas pelos seus serviços, as oportunidades logo se mostraram maiores do que os recursos disponíveis. Um jesuíta descreveu assim sua carga brutal de trabalho de aconselhamento: "No presente momento, não consigo sair antes de meia-noite. Há manhãs em que penso que escalaram os muros e estão acomodados dentro de minha casa, esperando."[3] Os cofundadores, sem dúvida, vibravam com a notoriedade e o sucesso que ultrapassavam suas maiores esperanças. Mas, junto com o sucesso, veio uma dor de cabeça crônica, inabalável, quanto ao quadro da Companhia. Ondas de jesuítas se espraiavam, estabelecendo cabeças de ponte mundo afora e, inevitavelmente, dirigiam-se ao quartel-general pedindo reforços. Em Roma, Loyola ponderava sobre sua equipe, uma equação que simplesmente não batia.

Os humores começaram a se desgastar. Jerome Domenech provavelmente esperava uma resposta rápida e positiva quando escreveu para Loyola reclamando da falta de pessoal. Afinal, administrava na Sicília uma vitrine dos jesuítas: a primeira escola jesuíta aberta a leigos. A resposta de Roma realmente veio rápida. Mas em vez de ler que havia ajuda a caminho, Domenech soube pelo secretário de Loyola que suas reclamações quase lhe custaram o emprego. "Na verdade, se nosso pai [ou seja, Loyola] não fosse contido por certas considerações, demonstraria de modo muito mais eficaz seu desgosto pelas reclamações de Vossa Reverência, que indicam um descrédito em relação à sua pessoa (...), pois condenais [suas nomeações] como sendo ruins na presença de outras pessoas." Não que Domenech tivesse perguntado sobre isto, mas o secretário de Loyola prosseguiu enumerando as tribulações de elenco que incomodavam Loyola na Itália:

> Ainda mais surpreendente é que o senhor deixa de ver que nosso pai tem a obrigação de manter em mente o bem universal. Portanto, além de fornecê-lo com mão de obra suficiente para prosseguir com as obras que o senhor assumiu, deve se lembrar de outras pelas quais nosso Senhor deseja fazer uso da Companhia e de seus membros. O colégio em Veneza possui apenas um padre, que não tem conhecimento de filosofia nem de teologia; a de Pádua tem dois que são fracos em literatura (...) a de Medina tem dois muito jovens, com conhecimento médio do latim.[4]

Domenech não era o único jesuíta com uma equipe reduzida, nem foi o único a mexer num vespeiro ao solicitar ajuda. O holandês Peter Pedro Canísio manejava as linhas de frente da Contrarreforma no norte da Europa, um trabalho de alto destaque que era tão essencial para o Vaticano quanto para os jesuítas. Mas até mesmo Canísio teve que mendigar por reforços. E, como seu colega na Sicília, tudo que conseguiu foi uma reprimenda cortante: "Não deverias ser tão persistente em nos solicitar um homem novo a cada hora do dia. Não estamos tão ricos em professores experientes."[5]

UM DILEMA COMUM, ANTES E AGORA

O dilema dos jesuítas é algo familiar. Empresas altamente bem-sucedidas e em rápida expansão inevitavelmente enfrentam restrições dolorosas de contingente. O cenário econômico no fim da década de 1990 nos Estados Unidos apresentava mais oportunidades de trabalho do que pessoas de talento para preenchê-las. *Start-ups* da internet, partícipes da "nova economia" - embora, em retrospecto, malconcebidas - cresciam rapidamente e disputarem umas com as outras, disputavam com as empresas da "velha economia" o reduzido número de trabalhadores capacitados. Os cadernos de economia cunharam uma nova expressão para essa crise: a "guerra por talento". Alardeadas naquela época, inúmeras carcaças de empresas *pontocom* agora entulham a paisagem econômica com suas carcaças, mas seu falecimento não resultou em trégua na assim chamada guerra por talento.

Pois não são mais somente as empresas de internet, ou os negócios iniciantes expandindo-se rapidamente, como os jesuítas no começo, que lutam para descobrir onde está o talento. A recessão econômica recente pode ter tornado a "guerra por talento" uma lembrança singela, ultrapassada, pois os RH de hoje têm candidatos bem qualificados à sua disposição. Mas o baixo índice de natalidade nos Estados Unidos prenuncia um déficit a longo prazo de funcionários de qualidade, e isto afetará empresas em todos os setores da indústria. A força de trabalho nos Estados Unidos cresceu 2% ao ano de 1975 a 1990; de 1990 a 2005, a força de trabalho cresceu apenas 1,2% ao ano, seu menor crescimento desde a década de 1930. A população que está no pico de produtividade, trabalhadores na faixa dos 35 aos 44 anos, terá uma *redução* de 15% entre 2000 e 2015. Essas estatísticas podem ser preocupantes para a economia norte-americana, mas os números são ainda piores em outros países. Nos primeiros vinte anos do novo milênio, a força de trabalho total irá *diminuir* em quatro das maiores economias mundiais: no Japão, na Alemanha, no Reino Unido e na França.

Nos primeiros vinte anos do novo milênio, a força de trabalho total irá diminuir em quatro das maiores economias mundiais: no Japão, na Alemanha, no Reino Unido e na França.

As empresas não podem fazer muito para aumentar o fator oferta nessa equação: a população de trabalhadores que terá entre 35 e 44 anos de idade já nasceu. Tarde demais para se fabricar mais trabalhadores. Mesmo políticas de imigração mais liberais preencheriam apenas uma pequena porção do buraco crescente.

Consultores administrativos estão mais do que acostumados a orientar empresas iniciantes e em rápida expansão quanto a questões de falta de pessoal. Eles teriam conselhos prontos para Loyola e seus colegas sobrecarregados: expanda sua rede, recrute da maneira mais agressiva possível, e agilize a passagem dos recém-contratados pela fase de treinamento para que comecem logo a entrar em campo. Os consultores tranquilizariam os jesuítas dizendo que seus problemas de contingente no fundo eram um bom sinal, o produto natural do impulso comercial resultante da vantagem de terem saído na frente. Dominavam o mercado educacional emergente porque seus concorrentes não tinham se organizado ainda para aproveitar esse filão. Acima de tudo, os jesuítas precisariam defender e aumentar sua participação no mercado, que já era dominante, a fim de impedir outras empresas de ingressarem nele.

A IMPORTÂNCIA DA QUALIDADE PESSOAL

O dilema dos jesuítas pode não ser um caso único na história das corporações, mas sua resposta é. Alguns dos lugares-tenente de Loyola demonstraram um estofo que, se tivessem vivido alguns séculos depois, lhes renderia cargos lucrativos de consultores. Avaliaram a falta de pessoal, fizeram um *brainstorm*, criaram dezoito táticas distintas de recrutamento e as incluíram num esboço do documento jesuíta intitulado *Constituições* para ser apreciado por Loyola. O esboço voltou voando com um comentário ríspido de Loyola rabiscado junto às propostas de recrutamento: "Retirem todas, ou, se deixarem só algumas, dificultem ao máximo [a entrada de pessoas para a ordem dos jesuítas][6]

Depois dos jesuítas passarem anos atuando em suas missões, eles retornavam para mais um ano de desenvolvimento profissional e para uma autorreflexão sobre a carreira.

Estaria o Superior num dia ruim? Não necessariamente. Sua rejeição ao programa de recrutamento não era uma anomalia. Com efeito, mesmo presidindo uma empresa que expandia tão rapidamente, tendo mais oportunidades promissoras do que pessoal para lidar com elas, a preocupação maior de Loyola era com a admissão muito irrestrita de pessoas na Companhia. Incrementar a entrada de recrutas estava longe de ser um de seus objetivos. Um de seus colegas recorda-se que Loyola lhe confidenciou que "se havia algo que lhe dava vontade de continuar vivendo (...) era poder ser mais restritivo quanto às admissões na Companhia."[7]

De modo que o processo de seleção tornou-se ainda mais seletivo. Então a fase inicial de treinamento foi enxugada para que os recrutas pudessem logo preencher as demandas de pessoal nas operações mundiais? Que nada. Os recrutas passavam por uma orientação mais extensa e mais rigorosa do que em qualquer outra ordem religiosa ou outro empreendimento comercial. Os recrutas de outras ordens religiosas no século XVI tornavam-se membros plenos depois de um ano de treinamento como noviços, com uma introdução intensiva às regras, práticas e estilo de vida de sua ordem, sob a tutela de um superior mais experiente. Os recrutas marchavam por um campo de treinamento com o dobro de duração. Depois dos jesuítas passarem anos atuando em suas missões, eles retornavam para mais um ano de desenvolvimento profissional e para uma autorreflexão sobre a carreira. A Companhia chamava isso oficialmente de *tercer probación*, a "terceira prova", mas os primeiros jesuítas também a chamavam de *escuela del afecto,* sua "escola do coração".

Como qualquer consultor poderia ter alertado, a seletividade de recrutamento e o treinamento extensivo inevitavelmente criou um gargalo nos esforços para incrementar as operações dos jesuítas. A Companhia sentiu. Doze anos após a morte de Loyola, o terceiro Superior, Francisco Borgia, estava fechando escolas seletivamente, temendo que sua base de talentos estivesse ralentando. E o quinto Superior, Claudio Acquaviva, recusou mais de 150 solicitações para a abertura de escolas novas. Não sabemos que conselhos esses comandantes jesuítas receberiam do equivalente a consultores administrativos no século XVI. Hoje, seriam alertados de que estavam abrindo mão da vantagem de terem sido os primeiros a entrar nesse setor. Mas a liderança dos jesuítas continuou firme. Longe de entrarem em pânico, enquanto algumas oportunidades escorriam por entre seus dedos, reforçaram seu compromisso com o desenvolvimento pessoal: os administradores jesuítas locais foram instruídos para que, sob nenhuma circunstância, os Exercícios Espirituais fossem sacrificados a fim de se correr com o envio de recrutas para o trabalho de campo.

À primeira vista, seus instintos parecem contraintuitivos. Eles *já* estavam com falta de pessoal. Claramente, Loyola e seus sucessores deveriam estar empenhados em encontrar novos recrutas, não em restringir os requerimentos de admissão. Recusando novas oportunidades e prolongando o treinamento de novos recrutas, os sucessores de Loyola só colocariam em risco o avanço da corporação.

Mas o que se sucedeu foi um avanço maior ainda. Seu rol de membros cresceu de dez em 1540 para cerca de mil quando Loyola faleceu em 1556, e explodiu para mais de 5 mil em 1580. A primeira faculdade da Companhia foi inaugurada em 1548; mais de trinta estavam funcionando quando Loyola faleceu, e mais de duzentas foram estabelecidas antes do final do século. De fato, os instintos estratégicos dos jesuítas não tinham nada de contraintuitivos. A *vantagem em ser o primeiro a entrar no ramo* tem lugar de destaque no jargão da consultoria administrativa de hoje, mas *crescimento sustentável* também tem. Uma organização deve crescer tão rapidamente quanto seu capital e talento disponíveis e sua capacidade administrativa de gerenciar o crescimento. Muitos empreendimentos implodiram devido a um crescimento insustentável. Os fregueses das compras on-line no século XXI, eufóricos com a perspectiva de poder clicar num mouse e fazer todas as suas compras natalinas, passaram a ficar menos encantados com os *e-commerces* que não resolveram o pequeno detalhe de entregar a mercadoria até a noite de Natal. Muitas dessas empresas online ambiciosas demais não sobrevivem até um segundo fim de ano.

Os líderes jesuítas reconheceram que a notabilidade crescente de sua empresa era resultado direto de seus serviços únicos e de alta qualidade. Municípios por toda a Europa os soterravam de pedidos para a abertura de novas escolas, pedidos que provavelmente continuariam enquanto a reputação da Companhia permanecesse solidamente impecável. A mesma dinâmica explicava o sucesso do recrutamento pelos jesuítas: sua fama de seletividade, padrões altos e resultados espetaculares eram justamente o que atraía os candidatos mais talentosos. Os jesuítas certamente teriam conquistado mais recrutas a curto prazo se reduzissem seus padrões. Mas a tática teria danificado severamente sua capacidade a longo prazo de atrair os recrutas que realmente desejavam, os que chamavam de *aptissimi*, a palavra em latim para "os melhores entre os melhores" talentos da Europa e outras partes. Refreando um crescimento excessivamente agressivo e rejeitando práticas de recrutamento "por baixo", mantiveram tanto sua reputação quanto sua trajetória de expansão tão ascendente. Ou, paradoxalmente, os jesuítas continuaram a crescer rapidamente por não crescerem rapidamente *demais*.

O *case* dos jesuítas, aproximando-se agora do seu quinto centenário, seria instrutivo para inúmeras empresas iniciantes que deram espetacularmente com os burros n'água depois de surtos meteóricos de crescimento. Mas o que tudo isso tem a ver com autoconsciência, o primeiro princípio jesuíta de liderança e o tema deste capítulo?

Tudo.

A CONEXÃO ENTRE AUTOCONHECIMENTO E SUCESSO

Nem Loyola nem seus sucessores perderam tempo discutindo crescimento sustentável ou a vantagem de ser o primeiro a investir no setor. Certamente se preocupavam em preservar o futuro da empresa e em aproveitar as muitas oportunidades urgentes à sua volta. Mas tudo indica que seu foco principal não eram estratégias grandiosas abrangendo toda a empresa, e sim a estratégia simples de formar jesuítas de qualidade, um a um, ou aquilo que hoje chamaríamos de *moldar líderes.*

O projeto final de Loyola era transportar a visão jesuíta para uma série de regras e procedimentos fortes o suficiente para reger essa empresa novata. O resultado foi um documento de 250 páginas, as *Constituições* dos jesuítas. *Dois terços* do livro foram monopolizados por uma série de parâmetros para selecionar e treinar recrutas; todos os outros aspectos da vida dos jesuítas foram relegados a apenas oitenta páginas: regras para o trabalho, métodos de governança, critérios para a escolha de gerentes, parâmetros para a criação de novas empreitadas, e assim por diante. Supondo que Loyola não tenha perdido o fôlego depois de completar a seção sobre os recrutas, a mensagem implícita nesse livro desigual é óbvia: o sucesso contínuo depende de se transformar recrutas em líderes. Resolva esse problema e os líderes que tiver formado resolverão todos os outros.

A formação de uma liderança no estilo dos jesuítas pouco tem a ver com habilidades técnicas ou treinamento vocacional. Os jesuítas acreditavam em um treinamento direto no trabalho, como se jogassem os recrutas no lado mais fundo da piscina para aprenderem a nadar. Os administradores despachavam jesuítas novatos em viagens marítimas de dois anos até a Ásia, confiantes de que cada um acabaria adquirindo, com sucesso, as habilidades necessárias para o seu trabalho: fluência na língua local, assimilação numa cultura estranha e até mesmo, se necessário, habilidade para operar um astrolábio, criar um mapa ou construir um canhão. Os viajantes não levavam consigo manuais de instrução tratando de todas as contingências previsíveis. Em vez disso, tinham a habilidade mais importante para vicejar em ambientes desconhecidos e desafiadores: a autoconsciência.

Mais de quatrocentos anos depois, a ênfase intransigente dos jesuítas sobre a autoconsciência está sendo validada. É verdade que será difícil encontrar relatórios anuais de grandes empresas saudando a autoconsciência de seus funcionários com o mesmo orgulho reservado para uma ótima relação custo-benefício. Mas os estudiosos começaram a apontar uma conexão forte entre o autoconhecimento maduro e sucesso.

Peter Drucker tem sido um pioneiro nos estudos sobre administração e liderança por mais de três décadas. Ele tem escrito com muita persuasão sobre as ramificações de nossa economia em transformação, particularmente o deslocamento provocado pela tecnologia em direção a uma "economia do conhecimento". Não faz muito tempo que trabalhar, para a maioria das pessoas, envolvia seguir ordens e cumprir as tarefas designadas. Os patrões distribuíam as tarefas que se encaixavam numa rotina corporativa ordeira e bastante previsível. Hoje não é tanto assim. As funções no trabalho têm ficado mais *auto*geridas, com um quadro geral pouco previsível. Há bem menos supervisores para passarem instruções. Empresas têm cortado impiedosamente níveis da cadeia de comando, eliminando gerências no nível médio em busca de eficiência. Os gerentes que sobrevivem assumem responsabilidades por áreas de controle cada vez maiores e não têm tempo para tomar conta dos subordinados. Nos escritórios, na maior parte do tempo, os funcionários estão por conta própria, priorizando e cumprindo suas responsabilidades de forma independente. Além disso, em um mercado mais competitivo e em transformação, as empresas devem responder com urgência, de maneira cada vez mais rápida; isto descentralizou mais ainda as tomadas de decisões. No mundo atual dos negócios, "quem hesita está perdido". Empregados que antes seriam repreendidos por não passarem suas decisões pelos gerentes, hoje correm mais riscos de serem penalizados por não demonstrarem tanta iniciativa.

Drucker enfocou as implicações *humanas* desse deslocamento. Como os trabalhadores podem ser bem-sucedidos num ambiente desses? Atributos que antes eram essenciais apenas para os diretores principais agora se tornaram essenciais para *todos*. Ninguém mais é bem-sucedido – ou mesmo *sobrevive* – simplesmente seguindo ordens. Cada funcionário é cada vez mais um autogerente, tomando decisões por conta própria. Além do mais, com esse ritmo acelerado de mudanças, as tarefas e os papéis evoluem constantemente, exigindo avaliações contínuas e a capacidade de aprender à medida que se vai fazendo as coisas.

Quem cresce num ambiente assim? Os que conseguem aprender, inovar, exercer um bom julgamento, assumir responsabilidade por suas ações e riscos. Esses atributos não são como a capacidade técnica exigida de um bom advogado, contador ou vendedor. Eles vêm da autocompreensão, não de um treinamento vocacional. Como Drucker argumentou na *Harvard Business Review*, nesse ambiente novo "não se planeja carreiras de sucesso. Elas se desenvolvem quando as pessoas estão preparadas para se valer das oportunidades, conhecendo seus pontos fortes, seu método de trabalho e seus valores."[8] Claro, é impossível ter sucesso em qualquer função sem as habilidades técnicas ou vocacionais que ela demanda. Mas, se antes essas habilidades bastavam para uma fórmula de sucesso, os funcionários hoje devem *também* ser capazes de avaliar suas forças, suas fraquezas e quão bem seu estilo de trabalho os prepara para um meio profissional acelerado, constantemente em mudança. Em outras palavras, precisam tornar-se autoconscientes. Drucker destaca dois seguidores dessa prática e oferece a sua própria avaliação generosa de como o poder exercido por eles, com autoconhecimento, serviu às suas respectivas companhias:

> João Calvino e Inácio de Loyola (...) incorporaram [autoavaliações contínuas] nas práticas dos [seus] seguidores. De fato, o enfoque imperturbável sobre desempenho e resultados que esse hábito produz explica por que as instituições fundadas por esses dois homens, a Igreja Calvinista e a Ordem dos Jesuítas, em menos de trinta anos dominaram a Europa.[9]

Alguns historiadores contestariam a alegação de Drucker de que os jesuítas e a Igreja Calvinista chegaram a dominar a Europa em menos de trinta anos, mas sua tese central é menos discutível. O ritmo das transformações nas corporações e nas sociedades está *sim* acelerando, e os indivíduos, em suas vidas pessoais ou profissionais, estão sendo forçados a tomar mais decisões, e a tomá-las mais rapidamente, com informações incompletas, menos orientação e poucos precedentes relevantes. Navegar bem por tais cenários transformados e em transformação é um teste para sua autoconfiança, sua capacidade de julgamento, sua habilidade em aprender e sua facilidade de tomar decisões.

A vasta pesquisa de Daniel Goleman no campo da autoconsciência gerencial resultou em dois best-sellers, *Inteligência emocional* e *Trabalhando com a inteligência emocional.* O enfoque de Goleman recai sobre os motivos e meios pelos quais alguns executivos de alto escalão são bem-sucedidos enquanto outros fracassam.

Sabemos o que esperamos que os líderes façam: estabelecer diretrizes e uma visão, motivar equipes para correr atrás de metas, derrubar obstáculos e produzir mudanças para melhor. A maioria das corporações tem um processo para identificar funcionários espertos, talentosos e ambiciosos e que tenham o potencial para assumir papéis de liderança. Mas esses processos de seleção nem sempre funcionam bem. Muitos astros em ascensão se destroem antes de atingirem seu potencial. Ninguém realmente compreende como alguns indivíduos de talento tornam-se líderes de sucesso enquanto outros naufragam, por que o primeiro aluno da classe raramente é o primeiro na vida, ou por que o executivo júnior mais promissor poucas vezes chega a CEO. Goleman dedicou sua pesquisa a esse enigma e suas conclusões têm implicações que vão além do mundo dos executivos de alto escalão. Quanto mais alto o papel de um funcionário dentro de uma organização, *menos* essenciais tornam-se as habilidades técnicas e intelectuais, comparadas com o pacote de atributos que Goleman chama de inteligência emocional. "Quando comparo os líderes que são estrelas com os de desempenho médio, nos altos escalões, quase 90% da diferença nos seus perfis podem ser atribuídas a fatores ligados à inteligência emocional e não a habilidades cognitivas."[10] Mas o que vem a ser "inteligência emocional"? No entender de Goleman, compreende cinco competências centrais:

- Autoconsciência: a capacidade de reconhecer e compreender suas emoções, seus ânimos, seus impulsos.

- Autorregulamentação: a capacidade de controlar ou redirecionar impulsos e ânimos inoportunos; a intenção de não julgar previamente, de pensar antes de agir.
- Motivação: uma paixão pelo trabalho por razões que vão além de status ou dinheiro.
- Empatia: a capacidade de compreender a estrutura emocional de outras pessoas.
- Traquejo social: uma competência de administrar relacionamentos e construir redes de contatos; a capacidade de encontrar pontos em comum e angariar apoio.[11]

Releia a lista. Quantas empresas entrevistam candidatos de acordo com os critérios acima? Quantas tentam desenvolver esses atributos nos funcionários? E quando empresas identificam "futuros líderes", quantas o fazem com base nessas habilidades humanas?

As respostas a essas perguntas – ao menos até há pouco – eram nenhuma, nenhuma e nenhuma. O trabalho de Goleman apresenta uma conclusão óbvia: não é de admira que empresas obtenham resultados erráticos ao selecionar e formar seus líderes, pois a maioria está procurando pelas habilidades erradas. As estrelas das corporações, com suas carreiras ascendentes, geralmente se distinguem pelo intelecto afiado, mas não é o que as prepara para serem *líderes*. Buscar líderes com base nas habilidades erradas é um chute no escuro: é como escolher cantores de ópera baseando-se nas suas tacadas de golfe.

Bem, *há* uma companhia conhecida pelo potencial de inteligência emocional dos candidatos e, mais importante, que aperfeiçoou um programa para gerar isso em seus recrutas. Na verdade, essa companhia já fazia isso há 450 anos. O que chamamos de autoconsciência entre os jesuítas alinha-se perfeitamente com a noção de inteligência emocional colocada por Goleman. Não há nada de surpreendente nisso. Tanto Goleman quanto os jesuítas queriam identificar os traços pessoais que são essenciais para uma liderança bem-sucedida.

O resumo de cinco itens feito por Goleman descreve o "o quê", os comportamentos centrais e os atributos pessoais característicos dos possuidores de inteligência emocional. A postura dos jesuítas leva isso a um passo além, identificando não só o "o quê", mas também o "como": um programa para partilhar essas habilidades. Algo insubstituível e essencial para esse processo eram os Exercícios Espirituais. Cada recruta jesuíta emergia de seu mergulho de trinta dias no programa com poderes pessoais inestimáveis, incluindo:

- A capacidade de refletir sistematicamente a respeito de fraquezas pessoais, especialmente aquelas que se manifestam como tendências habituais
- Uma visão do futuro, um sistema de valores e uma visão do mundo integrados entre si
- Um respeito profundo por outras pessoas e por toda a criação;
- Uma apreciação de si mesmo como um ser amado e importante;
- A capacidade de se abstrair das distrações do cotidiano a fim de refletir, e o hábito de fazer isso diariamente
- Um método para considerar escolhas e tomar decisões

A maioria dos gerentes adoraria contratar candidatos que demonstrassem evidências dessas seis credenciais. A questão é que elas não aparecem nos currículos e não sabemos como avaliá-las nas entrevistas. Tampouco consideramos que seja papel das empresas incuti-las. Apontar que a falta de autoconsciência num gerente imprudente está pondo em risco o progresso de sua carreira é algo que cabe em uma avaliação anual de desempenhos. Mas apontar a esse mesmo gerente o caminho para uma maior autoconsciência? Isso é coisa de grupos de autoajuda, não de empresas.

O resultado dessa postura incompetente, descuidada e fortuita em relação à autoconsciência é óbvio. A maioria das grandes empresas tem históricos notoriamente fracos no quesito identificação de futuros líderes. Astros em ascensão são dignificados para logo suas carreiras estagnarem ou degringolarem, e raramente por falta de esperteza e conhecimen-

> A maioria das grandes empresas tem históricos notoriamente fracos no quesito identificação de futuros líderes.

to técnico, pois geralmente foi isso mesmo que fez deles astros em ascensão. Suas carreiras saem dos trilhos porque eles nunca compreenderam suas fraquezas e, portanto, nunca realmente as enfrentaram. Fraquezas que, tipicamente, surgem no momento de correr riscos, nas questões de gerenciamento ou ao interagir com outras pessoas e fazer julgamentos – em outras palavras, na hora de ter habilidades e coragem administrativa que advêm de uma autoconsciência madura. Ou seja, eles nunca adquirem a capacidade de aprender em tempo real, de processar constantemente novas informações e ajustar o rumo.

Tamanho desperdício de talento era inaceitável para Loyola. Já era difícil encontrar os *aptissimi*. Em vez de, simplesmente, ficar *esperando* que os iniciantes talentosos tivessem as habilidades humanas integrais ao sucesso duradouro, ele tinha confiança suficiente na natureza humana para crer que essas habilidades pudessem ser adquiridas. E tinha um processo revolucionário para que isso acontecesse.

CAPÍTULO 6

Os Exercícios Espirituais

Uma ferramenta de aperfeiçoamento para toda a vida

Sócrates, antigo filósofo grego, fez a mais veemente defesa do valor do autoconhecimento: "A vida cujas reações não são refletidas não vale a pena ser vivida." Embora poucos pensadores, atualmente, aceitem uma reprovação tão radical à falta de reflexão, não há dúvida de que o valor do autoconhecimento, mais do que nunca, está sendo redescoberto. A auto-consciência, sempre acalentada pelos filósofos, poetas, psicólogos, escritores e outros tipos "reflexivos", está sendo fomentada como uma ferramenta indispensável para o sucesso, mesmo no duro meio das diretorias de corporações. Os executivos estão empregando uma ampla série de ferramentas na busca da maior percepção de suas forças, suas fraquezas, seus valores e suas características de personalidade, desde sessões com personal executivos até maior abertura para feedback de seus subordinados, passando pelo indicador de tipos de personalidade Myers-Briggs e pelo teste de Enneagram. Até astrólogos e gurus de aperfeiçoamento pessoal têm na sua plateia, atualmente, executivos ansiosos pelo autoconhecimento.

Nenhuma empresa valoriza tão profundamente o autoconhecimento quanto os jesuítas. É o alicerce do seu modelo de liderança. Em vez de escolher aleatoriamente entre diversas maneiras de se alcançar a autoconsciência, a Companhia criou e promoveu uma ferramenta universal para todos os jesuítas: os Exercícios Espirituais.

Os Exercícios foram desenvolvidos por Inácio de Loyola, baseados em sua própria busca da consciência pessoal e espiritual. Ele registrou não só o que havia aprendido como também as práticas reflexivas que o levaram a essas descobertas. Resumiu as práticas mais efecazes em algo que pode ser considerado como um "manual" da autoconsciência.

Não é um livro para ser lido: não se obtém a autoconsciência lendo como outros o fizeram, mas através de uma reflexão voltada para a *sua* própria experiência. É impossível subestimar a importância dos Exercícios Espirituais na cultura dos jesuítas. Eles sintetizam a visão da Companhia e funcionam para cada jesuíta como sua experiência primordial de desenvolvimento pessoal. Empenhar-se nos Exercícios é a experiência unificadora da vida dos jesuítas, compartilhada por recrutas de Roma à Índia, da geração dos fundadores aos calouros do presente ano. Os jesuítas, às vezes, referem-se a si mesmos como "homens dos Exercícios", celebrando implicitamente a camaradagem nascida por frequentarem um campo de treinamento espiritual em comum, mas, mais crucialmente, sinalizando sua lealdade a uma visão e a valores que são compartilhados. Os Exercícios foram concebidos para ajudar indivíduos a escolherem ou a confirmarem uma direção para suas vidas. Contudo, acabam sendo também uma ferramenta corporativa igualmente poderosa: basta se referirem aos "Exercícios" que os diretores dos jesuítas já contam com um manancial de boa vontade e de energia, além de lembrar os recrutas de que eles possuem um sistema de valores unificador.

Loyola batizou-os de Exercícios Espirituais porque eram ações a serem realizadas, não regras para serem lidas ou estudadas. "Assim como caminhar, viajar a pé e correr são exercícios físicos, o nome de Exercícios Espirituais é dado a qualquer meio de preparar e dispor nossa alma para que se livre de todas as suas aflições desordenadas."[1] Quem os fizesse tornava-se *la persona que se ejercita*, "a pessoa que se exercita", não alguém lendo passivamente sobre as experiências e conclusões de Loyola, mas um atleta espiritual malhando seus recursos interiores.

Um "diretor" experiente e imparcial guia cada participante, não ensinando, mas ajudando o recruta a interpretar suas próprias experiências. O diretor não coloca suas opiniões, mas é um vaso receptor que "não deve inclinar-se em nenhuma direção e sim (...) permanecer como o ponteiro de uma balança em equilíbrio".[2] Qual o motivo dessa postura de não interferência? Um dos primeiros manuais para esses diretores apontava que "a experiência nos ensina que todos os homens se comprazem mais, e são levados mais, pelo que descobrem por si mesmos. Portanto basta apontar com o dedo para o veio na mina, e deixar cada um cavar por si".[3] Loyola percebeu intuitivamente aquilo que os terapeutas competentes sabem a respeito da autodescoberta, e o que cada chefe qualificado compreende sobre a motivação: os interruptores estão do lado de dentro.

Os Exercícios exigem total empenho intelectual, emocional e espiritual, monopolizando, assim, foco e energia pelos trinta dias de sua duração. Isso implica nenhum contato com a família, com amigos ou colegas de trabalho; nenhum envolvimento com o trabalho; nenhum material de leitura a não ser textos espirituais; nada de conversas casuais (mesmo as refeições devem ser em silêncio). Por que se privar de tantas atividades cotidianas? Simplesmente porque hábitos e as ocupações do dia a dia transformam-se facilmente em preocupações, encobrindo pensamentos, aborrecimentos, imagens e ideias que distraem e bloqueiam a introspecção genuína. Essa era a convicção de Loyola no século XVI, *antes* da proliferação de telefones, celulares, e-mail, aparelhos de rádio, televisores, revistas, jornais, aparelhos de fax, outdoors, relógios de pulso, carros, trens, aviões e ônibus. É fácil divagar, distraído em uma corrente incessante de ruídos de fundo. Loyola purgou as distrações a fim de liberar tempo e espaço psíquico.

Os Exercícios exigem total empenho intelectual, emocional e espiritual, monopolizando, assim, foco e energia pelos trinta dias de sua duração.

E, assim, cada recruta é deixado a sós consigo mesmo. Durante um mês, cada dia é organizado em torno de quatro ou cinco meditações de uma hora. O resto do dia é liberado para uma sedimentação interior de reflexões, memórias, pensamentos, impulsos e convicções que podem estar há muito esquecidos, não foram suficientemente ruminados, foram mantidos longe da superfície ou simplesmente foram enterrados sob o lodo das preocupações cotidianas.

Entretanto, apesar de o ritmo diário dos Exercícios permitir bastante tempo para introspecções livres, seu progresso não é nada aleatório. Ao contrário, as meditações sobre acontecimentos das escrituras ou situações imaginárias conduzem implacavelmente em direção ao objetivo de capacitar um comprometimento humano de alta qualidade, totalmente engajado. Claro, o comprometimento *pessoal* de Loyola era com o trabalho da Igreja, e o enfoque e a temática dos Exercícios são predominantemente cristãos. Mas eles funcionam como uma ferramenta de liderança, não por estarem fundamentados em uma visão religiosa do mundo, mas porque constroem os recursos pessoais necessários para comprometimentos humanos poderosos, bem-sucedidos, escolhidos livremente; comprometimentos de *toda* espécie: com objetivos religiosos, mas igualmente com o trabalho, com aspirações para sua vida, com relacionamentos pessoais. Durante um mês, os aprendizes se desconstroem a fim de erguer sólidos alicerces pessoais de autoconsciência, inventividade, heroísmo e amor.

O ALICERCE DA AUTOCONSCIÊNCIA: "DOMINAR-SE E ORDENAR SUA PRÓPRIA VIDA."[4]

Os exercícios mergulham, imediatamente, os aprendizes em uma banheira de água gelada com uma autoavaliação dolorosamente franca, "para que eu possa perceber a desordem em minhas ações, a fim de (...) corrigir-me e colocar-me em ordem".[5] Recrutas apertam o cinto e partem para uma viagem ao fogo do inferno-e-enxofre, através de visões, sons, cheiro de inferno, "para ver com os olhos da imaginação as imensas labaredas e, por assim dizer, as almas dentro dos corpos repletos de fogo. (...) Na minha imaginação ouvirei os urros, as lamúrias, os gritos e as blasfêmias. (...) Pelo meu olfato perceberei a fumaça, o enxofre, a imundície e as coisas pútridas."[6]

Esse episódio meditativo ocorre mais ou menos no dia *dois*; certamente um punhado de recrutas a essa altura lamenta ter concordado em passar por isso durante trinta dias. Contudo, a imagística de Loyola reflete a mentalidade religiosa de uma época bem diferente. Ao fim do século XX, muitos reduziram Satanás a um status metafórico, mas para os europeus do século XVI ele era um inimigo real e terrível. Os Exercícios do tempo de Loyola retratavam um mundo onde quem não estivesse vigilante, os preguiçosos, os que não refletissem, poderiam cair nas garras ladinas desse inimigo.

Se há algo surpreendente aqui, não é tanto o retrato chocante que Loyola pintou do inferno, mas sua mensagem poderosa: os aprendizes não serão abandonados encolhidos, miseráveis e indefesos contra a investida satânica. Recrutas são exortados a brandirem seus porretes e entrarem na batalha pessoal contra o que Loyola chama de "o inimigo de nossa natureza humana". Esse inimigo não é páreo para alguém que "ordenou" a sua vida. Como alguém ordena a sua vida? Primeiro, fazendo um levantamento de suas fraquezas ("aflições desordenadas"). Basta essa autodescoberta para o astuto, porém covarde, inimigo da natureza humana se escafeder, pois o inimigo é como "um falso amante" e o que mais teme é que suas maquinações sinistras venham à tona.

Nós, os sofisticados modernos, tendemos a desmerecer tudo isso como a relíquia arcaica de uma era romântica e supersticiosa. Mas essa imagística traz uma sacada valiosa. A cultura contemporânea substituiu "Satanás" por toda espécie de demônios pessoais, psicológicos e societários como a causa de nossos deslizes. Esses demônios incluem os vícios, as fraquezas, os meios de comunicação, uma infância mal-amada, o azar, a pressão de seus pares, a cobiça, o medo do sucesso, o narcisismo, costumes sociais relaxados, patrões estúpidos e assim por diante, e adiante, e mais adiante. Mas quer seja personificado (como Satanás), psicologizado ou explicado de outra forma, o "inimigo de nossa natureza humana" *existe*. No fundo, a realidade do ser humano é que todos ficamos aquém do nosso potencial máximo e, geralmente, por motivos identificáveis. Como Loyola observa, o inimigo da natureza humana realmente teme ser descoberto. Enquanto nossas fraquezas permanecem guardadas no armário, ou nem são reconhecidas, não temos nenhum poder sobre elas. O processo de arrastar nossas fraquezas e arejá-las em plena luz do dia, muitas vezes doloroso, é o primeiro passo para adquirirmos o poder de dominá-las. Essa autoavaliação do que Loyola chama de aflições desordenadas é uma busca interna, identificando o que um freudiano chamaria de "apegos que impedem um funcionamento efetivo do ego". Os veteranos do Alcóolicos Anônimos chamariam o processo de "inventário moral destemido", enquanto outros simplesmente o reconhecem como "fazer um levantamento de quem eu sou, onde quero ir e o que está me segurando".

O ALICERCE DA INVENTIVIDADE: "NOS TORNARMOS INDIFERENTES"[7]

Certa vez um colega perguntou a Loyola quanto tempo levaria para se recuperar caso o Papa chegasse a dissolver a Companhia de Jesus. A resposta de Loyola deve ter chocado o colega e, logo entrou para o folclore dos jesuítas: "Se eu me recolher em oração por um quarto de hora, ficarei feliz, e mais feliz do que antes."[8]

Talvez houvesse uma pitadinha de pose em sua resposta. Loyola construíra o que se tornava rapidamente a organização religiosa mais influente e bem-sucedida do mundo. Ele conseguiria assistir ao seu desmonte e sair assobiando depois de meros quinze minutos em oração?

Com pose ou não, Loyola mandava uma mensagem inequívoca e fundamentada nas lições dos Exercícios. Os jesuítas alcançaram o que hoje chamaríamos de inventividade – um misto de ousadia, adaptabilidade, rapidez e boa capacidade de julgamento – somente por cultivarem, de início, a atitude que ele chamou de "indiferença".

Os aprendizes eram apresentados à indiferença imaginando três homens distintos, cada qual tendo adquirido, por meios legítimos, a fabulosa soma de 10 mil ducados, e considerando em seguida as reações variadas de cada um diante dessa riqueza recém-obtida. Todos os três sentiram mais do que um desconforto insistente com seu apego crescente à fortuna. *Há mais coisas na vida do que o dinheiro... Mas é tão gostoso ter dinheiro.* De repente, parecia impossível viver sem ele. Os primeiros dois sujeitos pouco ou nada fazem para se livrarem da fortuna que os induzia a um apego tão descomedido. O que o terceiro sujeito fez com os 10 mil ducados? Este é o fecho da meditação, é a pessoa que devemos emular, então a resposta parece óbvia: ele distribui generosamente o dinheiro para os pobres e comemora piedosamente, certo?

Errado. O modelo exemplar para a indiferença dos jesuítas livra-se do *apego* ao dinheiro, "mas de tal forma que não resta nenhuma inclinação nem por ficar com o dinheiro nem para dispor dele".[9] Em outras palavras, a questão não é o dinheiro. O problema é se apegar, escravizando-se, ao dinheiro ou a qualquer outra coisa. Apegos descomedidos embaçam a visão das pessoas. No início, eu poderia estar buscando um emprego lucrativo para que pudesse ser o mantenedor da minha família, mas em algum ponto o dinheiro em si virou meu objetivo, e minha família ficou negligenciada, em segundo lugar. Os fins se confundiram com os meios. Somente tornando-se indiferente – livre de preconceitos e apegos e, portanto, livre *para escolher qualquer forma de ação* – os recrutas podem tornar-se flexíveis estrategicamente. O jesuíta desprendido se libera para escolher estratégias levado apenas por uma motivação: atingir sua meta duradoura de servir a Deus ajudando almas.

Meditação nada tem a ver com dinheiro, tem a ver com o apego ao dinheiro. Compreender apegos pessoais significa revirar suas próprias pedras para ver o que sai de baixo. E o apego ao dinheiro geralmente é uma pomada para alguma outra coceira debilitante no ego: tenho pavor de falhar; preciso me sentir importante e ser o centro das atenções; estou inseguro quanto ao meu verdadeiro talento e valor.

> Somente tornando-se indiferente – livre de preconceitos e apegos e, portanto, livre para escolher qualquer forma de ação – os recrutas podem tornar-se flexíveis estrategicamente.

Era isso que Loyola *realmente* procurava: os temores internos, as motivações, os apegos que podem controlar decisões e ações. Pense no presidente de empresa que provoca uma fusão, contra todas as avaliações, porque seu ego cresceu junto com os rendimentos da empresa... Ou que se afasta de uma fusão brilhante porque ele e o presidente da empresa correspondente não conseguem estabelecer acordos que caibam nos seus egos enormes. Imagine o jesuíta do século XVI relutante em ir para a China, agarrando-se à segurança de trabalhar no seu próprio meio rodeado por amigos... Ou o profissional do século XXI recusando uma oportunidade de carreira maravilhosa por motivos semelhantes. Considere o microempresário controlador incapaz de repassar autoridade para seus subordinados... Ou a pessoa atolada num relacionamento destrutivo por medo de ficar sozinha. Todos são conduzidos por seus apegos assim como viciados são conduzidos pelo álcool, o sexo ou as drogas.

Essas pessoas não são indiferentes. Não estão fazendo escolhas livremente; seus apegos descomedidos estão no controle. Como resultado, acabam não escolhendo o que irá melhor servir a elas, à sua empresa, aos seus colegas ou às suas famílias.

A indiferença é o estofo da inventividade. Quando os primeiros jesuítas alcançavam a indiferença, Loyola geralmente os soltava no mundo, para liderarem a si mesmos. "Em tudo, muito desejo uma completa indiferença; então, com estas obediências e abnegações supostas por parte dos sujeitos [isto é, os jesuítas individuais], muito me contento em seguir suas inclinações."[10]

O ALICERCE DO HEROÍSMO: *MAGIS*

Loyola descreveu os jesuítas indiferentes como "uma balança em equilíbrio", parado, considerando todas as alternativas estratégicas.

Eles não permanecem estáticos por muito tempo.

Em outra meditação, os recrutas imaginam um rei se preparando para uma batalha. Suas ambições não são modestas: "Meu propósito é conquistar todas as terras dos infiéis." Convoca seus seguidores: "Quem deseja vir comigo terá que se contentar com a mesma comida que eu como. (...)

Da mesma forma, cada um deve trabalhar comigo durante o dia e vigiar durante a noite (...), para que depois cada um possa tomar parte comigo na vitória, assim como cada um compartilhou a labuta."[11]

A meditação continua com "Cristo, o eterno rei" no lugar do rei terreno e empreendendo uma batalha *espiritual* igualmente ambiciosa. Sua causa é descrita como sendo tão motivadora, tão inspiradora, valendo tanto a pena, que "todos os que tiverem razão e julgamento se oferecerão de todo coração para esta missão".[12] A meditação prossegue: "Aqueles que desejarem (...) distinguir-se totalmente no serviço [irão] mais além."[13]

Mais além do que entregar-se de todo coração? Como é possível?

Estritamente, não é possível. Ninguém pode oferecer-se mais do que de todo coração. Mas assim como os grandes atletas disputam "além de si" em momentos decisivos, os jesuítas aprendem através da meditação sobre os dois reis, e de outros semelhantes, que é possível oferecer mais ainda. Um jesuíta heroico não está só "parado" em equilíbrio, mais do que isso, está "retesado". E somente metas heroicamente ambiciosas o inspirarão a dar o bote. A vitória total é sempre a meta. E vitória total exige mais do que compromisso total: requer ir mais além do que servir de todo coração.

Os primeiros jesuítas captaram essa garra agressiva, essa energia implacável, num lema com uma única palavra extraída de outra parte dos Exercícios: *magis*, que em latim quer dizer "mais". Os jesuítas são incentivados a sempre "escolher e desejar" a opção estratégica que *mais* os aproxima de suas metas. Mas esse lema simples capta um espírito mais amplo, um vigor inquieto, imaginando se não há nenhum outro projeto maior para ser realizado ou alguma maneira melhor de atacar o problema em questão.

A motivação é pessoal. E os exercícios de meditação transformam as metas da Companhia de Jesus em metas pessoais. A meditação sobre os dois reis apresenta um convite, não uma ordem. Aceitar o convite é uma decisão pessoal. Além disso, a meditação metafórica não possui uma forma específica. Não explica o que se deve fazer para atingir a meta heroica. *Esse* detalhe vem à medida que cada recruta dá forma, mentalmente, à sua missão e adapta *magis* às suas circunstâncias, não só durante os Exercícios, mas por toda a sua vida.

O que o motivaria tanto que faria você que se entregar de todo coração para consegui-lo?

Poucos conseguem responder a essa questão. Muitos jamais se perguntaram isso. Mas fazer-se essa pergunta, e conseguir uma resposta, praticamente garante um engajamento motivado e imaginativo.

O ALICERCE DO AMOR: "LEVADO A UMA PROFUNDA GRATIDÃO, POSSO ME TORNAR CAPAZ DE AMAR"[14]

Depois de completar os Exercícios Espirituais, a que tipo de mundo retorna o recruta energizado?

Os Exercícios mencionados previamente podem sugerir um lugar de muito perigo. Os recrutas fizeram um inventário de suas fraquezas para se armarem contra o "inimigo da natureza humana". Foram convocados a se alistarem numa batalha de alto risco para conquistar "todas as terras dos infiéis".

Uma meditação final de integração, a Contemplação para alcançar o amor, devolve o recruta ao mundo. Um comentarista considerou-a "a obra-prima dos *Exercícios Espirituais*".[15] Os primeiros Exercícios levam cada recruta a voltar-se para dentro de si. Mas o Exercício culminante conduz seu olhar para fora a fim de contemplar o mundo no qual irá realizar seu potencial:

- Primeiro: o amor deve se manifestar mais por atos do que por palavras.
- Segundo: o amor consiste numa comunicação mútua entre as duas pessoas. Isto é, a pessoa que ama comunica e entrega à pessoa amada o que ela tem...
- Considerarei como Deus habita nas criaturas; nos elementos, dando-lhes a existência; nas plantas, dando-lhes vida; nos animais, dando-lhes sensações; nos seres humanos, dando-lhes inteligência; e finalmente, como desta forma ele

também habita em mim, dando-me existência, vida, sensações e inteligência...

- Considerarei como Deus labuta e trabalha por mim em todas as criaturas sobre a face da Terra; ou seja, ele age à maneira de quem labuta. Por exemplo, trabalha nos céus, nos elementos, nas plantas, nas frutas, no gado e em todo o resto, dando-lhes sua existência, conservando-os, contribuindo para suas atividades vegetativas e sensitivas, e assim por diante. Então refletirei a respeito de mim mesmo.[16]

O recruta é catapultado de volta a um mundo carregado de amor. Esse amor incita à ação: "o amor deve se manifestar mais por atos do que por palavras". E a mesma energia que percorre cada recruta, "dando-lhe existência, vida, sensações e inteligência", está também operando "nos elementos, nas plantas, nas frutas, no gado e em todo o resto".

Essa meditação baseia-se numa visão teológica do amor divino derramado sobre o mundo. Mas nada a seu respeito recende a um argumento teológico seco. Raramente um conceito abstrato como amor – muito menos *amor divino* – foi tão condensado em imagens físicas, concretas, cotidianas. Loyola pretendia que isso tivesse um impacto concreto e diário sobre os recrutas: eles eram feitos da mesma substância que as pessoas e as coisas à sua volta; eram todos iguais, todos imbuídos do mesmo valor, todos carregados com a mesma energia e o mesmo potencial. Os recrutas tinham laços não só com sua família e seus amigos, mas igualmente com todos que trabalhavam para, com e em volta deles, mesmo os imbecis, os competitivos, os preguiçosos e os que não tomavam banho regularmente. Era uma visão de mundo, uma lente visando colorir a mentalidade e cada ação de um recruta.

"O amor deve se manifestar mais por atos do que por palavras." Esse princípio simples torna-se uma espécie de mantra para os que absorvem o significado da Contemplação para alcançar o amor. O sentido dessa meditação não é o recruta vangloriar-se da noção confortável e aconchegante de que ele – junto com toda a criação – recebe o derramamento do amor divino (embora não haja nada de errado com essa sensação revigorante). O sentido está na ação desfechada por esta percepção. Apreciar a si mesmo como uma pessoa amada, com potencial e dignidade únicos, inevitavelmente afeta a maneira como o recruta vive a sua vida. Incute nele a vontade de aproveitar ao máximo seus dons e evitar desperdiçá-los pela preguiça, dissipação, pouca autoconfiança ou por andar pela vida sem rumo. Esse princípio influencia também o seu relacionamento com outros: a meditação o deixa convencido de que *eles também* têm dignidade e potencial. Merecem um respeito profundo como indivíduos, pois a humanidade compartilhada tem seu significado. E, para professores, gerentes, técnicos, mentores, pais e amigos, expressar o amor através de atos, não de palavras, significa ajudar os outros a descobrir e colocar em prática seu potencial.

Para professores, gerentes, técnicos, mentores, pais e amigos, expressar o amor através de atos, não de palavras, significa ajudar os outros a descobrir e colocar em prática seu potencial.

OS *EXAMEN:* "AO ACORDAR", "APÓS A REFEIÇÃO DO MEIO-DIA" E "DEPOIS DO JANTAR"

Os recrutas que absorvem bem os Exercícios são devolvidos ao mundo como líderes autoconscientes, engenhosos, amantes, heroicos. Mas não há jornada introspectiva de um mês, não importa quão intensa ou sofisticada seja, que consiga fortalecer alguém por toda uma vida. Imersos no mundo, com o "pau quebrando" à sua volta, os jesuítas – como quaisquer outros – correm o risco de se afastar de suas metas e de seus valores diante das pressões, distrações e demandas da vida cotidiana.

Loyola antecipou isso e certificou-se de que os Exercícios pudessem ser usados também como uma ferramenta de acompanhamento diário, para manter o foco sobre os valores recém-assumidos. Os Exercícios foram elaborados especificamente para pessoas imersas num estilo de vida atarefado num mundo em constante transformação. Cada dia, "ao acordar", os jesuítas devem se lembrar de suas principais metas pessoais. E duas vezes ao dia devem fazer um breve *pit stop* mental, o que chamam de *examen*. Cada *examen* começa repassando a visão positiva e amorosa do mundo expressa na meditação culminante dos Exercícios: "O primeiro item é dar graças a Deus nosso Senhor pelas graças que recebi."[17] Aí, se faz um *replay* mental do dia até então, "efetuando uma prestação de contas do ser em relação à questão específica que se deseja corrigir e aprimorar. Deve percorrer o tempo, hora a hora ou período a período, desde o momento em que despertou até o presente exame."[18]

Em outras palavras, o recruta repassa em sua mente todos os acontecimentos do dia, as oportunidades e os desafios que se apresentaram e como reagiu a eles, quer suas escolhas e atitudes o tenham aproximado de seus objetivos ou o tenham afastado mais ainda.

Esse hábito de autorreflexão é tão poderoso quanto simples. Metas ambiciosas ficam administráveis quando repartidas em metas menores. Deixar de fumar pelo resto de sua vida é uma proposta intimidante, mas deixar de fumar pelas próximas horas é uma meta administrável. Querer ser mais afirmativo a fim de impulsionar sua carreira é uma aspiração vasta e maldefinida, mas avaliar se você foi afirmativo na reunião que terminou há uma hora é uma maneira de enfocar essa aspiração com a precisão de um laser.

Além disso, os *examen* criam um *loop* de feedback contínuo. Novas informações relevantes novas são incorporadas e avaliadas em tempo real; a pessoa se lembra dos principais objetivos a cada manhã, não a cada seis meses, e extrai lições aprendidas com seus sucessos e fracassos *duas vezes* por dia, não uma vez por ano. Por fim, o mais importante: os *examen* funcionam bem com pessoas ocupadas. Poucas pessoas estão dispostas a reservar um dia por ano para uma autorreflexão, mas *qualquer pessoa* pode arranjar cinco minutos três vezes ao dia para isso.

A *autoconsciência*, o primeiro dos quatro pilares da liderança jesuíta, é o alicerce dos demais. A *inventividade* – inovação confiante e otimista – gira em torno da indiferença, a liberdade para apreender e reagir a um mundo

> Poucas pessoas estão dispostas a reservar um dia por ano para uma autorreflexão, mas qualquer pessoa pode arranjar cinco minutos três vezes ao dia para isso.

em transformação. O *amor*, engajando as demais pessoas com apoio e positividade, flui de uma visão do mundo estabelecido através da Contemplação para alcançar o amor. E o *heroísmo* advém do espírito do *magis*, uma reação reflexiva para manter-se motivado por metas pessoais ambiciosas.

A autoconsciência adquirida durante os Exercícios é um prelúdio à ação. Isolado do mundo, vivendo uma experiência metaforicamente como num deserto, cada recruta ressurge mais comprometido, mais engajado. Assim sendo, nosso enfoque passará dos Exercícios introspectivos em si para vermos como eles capacitaram os primeiros jesuítas e o que nos ensinam hoje a respeito de liderança.

CAPÍTULO 7

"O mundo inteiro é nosso lar"

Como a inventividade atiça a inovação, a criatividade e uma mentalidade global

E*stá bem. Estou pronto...*

Se Francisco Xavier disse algo mais sobre o que lhe fora requisitado, não chegou a ser registrado. Apenas *pues sus, heme aqui.*[1]

Xavier estava prestes a se tornar a personificação da inventividade. É bem provável que o termo *inventividade* significasse pouco para ele e seus colegas no século XVI. Em nenhum momento a palavra *inventividade* aparece nos estatutos ou na correspondência dos jesuítas. Mas cada um deles reconheceria imediatamente as atitudes e o comportamento característicos da inventividade como sendo cruciais ao seu *modo de proceder*, sua maneira de fazer as coisas. Inventividade é estar pronto para cruzar o mundo de uma hora para outra atrás de uma boa oportunidade, como Xavier estava prestes a fazer. É a disposição para improvisar sem roteiro e inventar maneiras imaginativas de encarar problemas que paralizaram outras pessoas, como Matteo Ricci demonstrou na China. E é abraçar com criatividade novas ideias e culturas estrangeiras, como Roberto de Nobili demonstrará neste capítulo.

O que distingue a inventividade dos jesuítas não é tanto o comportamento resultante dela. Afinal, os teóricos da liderança há muito louvam as virtudes descritas aqui: imaginação, adaptabilidade, criatividade, flexibilidade e capacidade de responder prontamente. A marca característica da inventividade dos jesuítas é o que torna possível esse comportamento. Loyola não apenas incentivou recrutas a serem adaptáveis e criativos; certificou-se, através dos Exercícios, que os recrutas adotariam o semblante, as atitudes e a visão do mundo que tornam possíveis a adaptabilidade e a criatividade.

Existem dois ingredientes vitais na inventividade dos jesuítas. A indiferença os liberta dos preconceitos, apegos, temores e das visões estreitas que podem obstruir a busca entusiasmada por novas ideias e oportunidades. E a última meditação dos Exercícios – a Contemplação para alcançar o amor – imbui os recrutas de uma visão otimista sobre um mundo repleto de amor divino. A inventividade brota quando a liberdade pessoal para aproveitar as oportunidades está ligada a um otimismo e uma confiança profunda de que o mundo está cheio delas. Imaginação, criatividade, adaptabilidade e respostas rápidas tornam-se as chaves para encontrar e destravar essas oportunidades. Os Exercícios equiparam os primeiros jesuítas como Xavier com o dom da inventividade; Loyola depois os soltou no mundo e deixou que liderassem.

A inventividade brota quando a liberdade pessoal para aproveitar as oportunidades está ligada a um otimismo e uma confiança profunda de que o mundo está cheio delas.

UMA EMPRESA PEQUENA COM GRANDES PLANOS: O JESUÍTA QUE ASSUMIU A ÁSIA

A primeira grande oportunidade além-mar para os jesuítas veio de um país que assumia o posto raro de estrela no palco do mundo. O pequeno Portugal há muito definhava na periferia literal e litorânea da Europa. Mas se sua localização remota excluía o país da faixa principal do comércio, fornecia uma plataforma de lançamento ideal para as viagens que exploravam o oceano Atlântico. Expedições portuguesas e espanholas não desperdiçaram essa oportunidade. Em 1488 Bartolomeu Dias, o explorador português, alcançou a ponta sul da África; quatro anos mais tarde, Colombo fincou a bandeira espanhola nas Américas.

À medida que as duas nações empreendiam uma campanha agressiva de conquistas na Ásia e nas Américas, o equilíbrio do poder na Europa passava por um realinhamento fundamental. O pequenino Portugal deixou de ser pequeno. E, num momento raro de sanidade, embora passageiro, Portugal e Espanha decidiram que o mundo poderia ser grande o bastante para as duas nações. Em vez de mergulharem de cabeça num confronto desastroso, fizeram um acordo. Um acordo elegantemente simples, encantadoramente ingênuo e incrivelmente arrogante. Seus diplomatas concordaram em dividir o mundo entre eles a partir de um ponto 370 léguas a oeste das ilhas de Cabo Verde. (Por acaso, nenhum dos países sabia, nem remotamente, onde ficava esse ponto.)

Desse ponto de partida imaginário e indefinido, Portugal e Espanha traçaram uma linha circundando o globo pelos polos Norte e Sul, dividindo o mundo ao meio. Metade do mundo foi para Espanha, metade para Portugal. Mais simples do que isso, impossível. Portugal saiu desta com direitos exclusivos para colonizar terras recém-descobertas ou a serem descobertas a leste da linha demarcatória, com exceção das já ocupadas por príncipes cristãos. Nada mal para um país com metade do tamanho do estado norte-americano de Idaho e cuja população na época era a mesma de Idaho hoje em dia.

Todas essas terras "a serem descobertas" estavam ocupadas há milênios, claro, mas de alguma forma esqueceram-se de incluir seus "príncipes não-cristãos" quando distribuíram os convites para o evento de negociação. Não foram os únicos a serem esnobados: nenhuma outra potência europeia tampouco foi convidada. O fato de nenhuma outra nação reconhecer a validade desse tratado não foi surpresa. Mas, em vez de cederem a negociações multilaterais, prolongadas e trabalhosas, Portugal e Espanha convenceram uma autoridade mais alta a abençoar o acordo. Em troca do compromisso de cada país em propagar o cristianismo pelas terras conquistadas, o Vaticano aprovou seu Tratado de Tordesilhas.

Quase cinquenta anos após a ratificação do tratado, o rei João III de Portugal recebeu relatórios a respeito de "certos clérigos letrados de vida exemplar", vindos de um membro da corte em Roma que conhecia a equipe de Loyola de Paris.[2] Era exatamente o tipo de homens que o rei queria para suas expedições às Índias, em busca de "especiarias e almas", e instruiu sua delegação em Roma para que os contratasse. O embaixador do rei requisitou seis jesuítas para Loyola. Este, abordando com humor a questão de sua lamentável falta de pessoal, respondeu: "E o que Vossa Senhoria deixará para o resto do mundo?"[3]

Se Portugal era um azarão na corrida para dominar o mundo, a Companhia de Jesus não dava nem para a saída. Na realidade, os jesuítas não eram nem uma "companhia", pois ainda buscavam uma aprovação papal formal para sua carta-patente. Loyola não estava sendo insolente em sua resposta ao embaixador português. Sua "companhia" inteira consistia de *dez* jesuítas habilitados, e só seis destes estavam em Roma na ocasião. Mesmo assim, era uma oportunidade que nenhuma companhia iniciante e ambiciosa poderia deixar passar. Vinte por cento da empresa (dois jesuítas) foram designados para a Índia. Um deles adoeceu na véspera da partida. Informado da necessidade de substituir seu colega doente, Xavier respondeu no ato: "Está bem. Estou pronto." Ou então: "Esplêndido. Sou o homem perfeito para isso", como as gerações posteriores de jesuítas relataram.

Dentro de 48 horas tinha remendado um par extra de calças, visitado o Papa para receber sua bênção, ajeitado a sua vida e partido.

Dentro de 48 horas tinha remendado um par extra de calças, visitado o Papa para receber sua bênção, ajeitado a sua vida e partido.

O primeiro herói jesuíta

Francisco Xavier é retratado aqui redigindo sua carta de despedida para Loyola, supostamente na ilha no litoral da China onde faleceu. A gravura baseia-se num esboço de Rubens, o pintor que estudou em faculdades jesuítas.

IMPROVISANDO NO ATO

Ainda bem que Xavier não elaborara uma estratégia antes de partir, pois quaisquer planos logo teriam ficado ultrapassados. O companheiro de Xavier não passou da primeira parada, em Lisboa. O mesmo rei João, que depois se jactaria de sacrificar seu reino para trazer os jesuítas a Portugal, começou a pôr isso em prática insistindo para que Simão Rodrigues permanecesse ali em vez de viajar até a Índia. Xavier teve que prosseguir viagem sem seu companheiro jesuíta.

Rodrigues perdeu a festa que era um cruzeiro em alto mar no estilo do século XVI. Uma viagem prevista para seis meses durava mais de um ano. Mais de quatrocentos passageiros e tripulação torravam sob condições insalubres enquanto o navio morrinhava nas calmarias da costa de Guiné. Passageiros acometidos de escorbuto sofriam com as gengivas sangrando e cambaleavam sobre as pernas inchadas, rezando por um alívio do sol equatorial inclemente, isto é, até as chuvas realmente caírem. O biógrafo de Xavier costurou trechos de sua correspondência, além de outros, para descrever o que acontecia em seguida:

> As tempestades tropicais não trouxeram alívio. A água das chuvas era morna e tóxica. Se deixada em repouso por uma hora antes de ser bebida, enchia-se de vermes; se a chuva caísse sobre a carne pendurada, esta criava vida com as larvas; se caísse sobre as roupas, elas também ficavam cobertas de larvas e mofo e se não fossem lavadas imediatamente na água do mar começavam a apodrecer. (...)
>
> A comida também estragava fácil. A água potável ficava amarela e fedia. Provocava tantas náuseas que quem bebesse dela tinha que prender o nariz ou fechar os olhos ou manter um pano em frente à boca, e mesmo assim a bebiam a fim de saciar a sede medonha que atormentava a todos.[4]

Bem, pelo menos Xavier sobreviveu. É o melhor que se pode dizer sobre essa viagem, uma façanha considerável quando se leva em conta que apenas metade das embarcações com destino a Goa, na Índia, completava o percurso de ida e volta em segurança.

Xavier permaneceu tanto tempo em trânsito que perdeu a chance de tornar-se o primeiro jesuíta a trabalhar fora da Europa continental. Bem depois de sua partida, dois outros jesuítas saíram para uma missão além-mar e quando voltaram, com o rabo entre as pernas, o navio de Xavier ainda estava a três meses de distância da Índia. É verdade que a viagem dos dois era mais curta: até a Irlanda, para arregimentar a resistência contra a imposição do protestantismo por parte de Henrique VIII. Um deles teve a astúcia de comprar um *kilt* na Escócia antes de cruzar o mar da Irlanda. Aparentemente seria preciso mais do que indumentária nativa para impressionar os chefes dos clãs irlandeses, e os sentimentos de decepção foram mútuos:

"Chegamos a conhecer alguns dos chefes, como MacQuillan e O'Cahen, e alguns outros. Mas nossos olhos foram abertos para o fato de que a moléstia das disputas internas neste país é insanável (...) devido a um meio de vida selvagem e bárbaro, pior do que bestial, no qual mal dá para crer se não tivesse realmente sido visto."[5] Os dois nada conseguiram, mas o simples fato de terem retornado vivos foi uma façanha que impressionou os escoceses calejados, que os receberam de volta da Irlanda selvagem como heróis, pois "não acreditavam que nos veriam novamente antes do dia da ressurreição".[6]

Nem Xavier nem qualquer outro europeu sabiam o que estariam enfrentando quando chegassem a Goa. Ninguém lhes deu um *briefing* sobre a Ásia. Quem poderia fazê-lo? As próprias cartas de Xavier foram a primeira correspondência do Extremo Oriente a ser publicada na Europa. O mapa da Ásia encontrava-se num fluxo constante à medida que exploradores e mercadores anotavam novas descobertas. Xavier acabou devotando seus esforços mais substanciais ao Japão, um país ainda a ser descoberto pelos europeus quando seu navio içou âncora em Portugal.

O rumo prudente para Xavier teria sido permanecer em Goa, a capital administrativa do emergente império de Portugal na Ásia. O vasto subcontinente indiano teria oferecido um começo bastante ambicioso para as operações multinacionais dos jesuítas. Afinal, toda a Companhia de Jesus na época caberia, apertadinha, em torno de uma grande mesa de jantar. Mas Xavier operava seguindo uma lógica mais ambiciosa. Longe de se entocar na Goa colonial, continuou constantemente em movimento. Rumou ao sul até o golfo de Mannar, na Índia, e depois viajou para o leste percorrendo as rotas do comércio de especiarias até Malaca, Java, Amboina e Morotai.

NOVOS NEGÓCIOS EM UM NOVO MUNDO

As passagens de Xavier não eram meras visitas de reconhecimento. Quando ele terminou sua viagem, a pequena Companhia de Jesus estava ligada a uma rede de entrepostos onde hoje ficam a Índia, a Malásia, a Indonésia, o Japão e o porto de Ormuz no golfo Persa. Não foi apenas *onde* ele foi; foi *o que* fez nesses lugares. Enquanto os jesuítas na Europa ainda discutiam se deveriam entrar no ramo do ensino, chegou uma carta de Xavier descrevendo com entusiasmo uma escola que fundara para educar tanto as crianças nativas quanto os filhos dos colonizadores portugueses. Era a primeira escola desse tipo operada por jesuítas e, talvez, a primeira escola do gênero no mundo. Xavier lançou essa escola sem nem consultar o quartel-general jesuíta em Roma e sugeriu que seus acanhados colegas na Europa tentassem eles também o campo da educação.

Quando ele terminou sua viagem, a pequena Companhia de Jesus estava ligada a uma rede de entrepostos onde hoje ficam a Índia, a Malásia, a Indonésia, o Japão e o porto de Ormuz no golfo Persa.

Não foi menos agressivo em outras direções. Embora os jesuítas tenham adquirido a primeira imprensa da Companhia para seu Collegio Romano, fizeram-no pouco antes de Xavier. Ao final daquele ano de 1556 ele tinha uma imprensa funcionando em Goa, bem à frente dos jesuítas trabalhando em Paris, Veneza ou outros locais mais cosmopolitas.

Por força de sua própria imaginação e energia, Francisco tinha colocado a Ásia – e por extensão todas as atividades além-mar – como prioridade da companhia. Considere, por exemplo, que todos os dez cofundadores tivessem estudado em Paris, e quatro fossem de nacionalidade francesa. Contudo, alguns anos após a chegada de Xavier em Goa, trinta jesuítas – tanto expatriados europeus quanto nativos da Índia – trabalhavam ali, enquanto apenas treze foram designados à familiar Paris. Qual multinacional moderna, americana ou europeia seria capaz de fazer algo semelhante?

Quando desembarcou em Goa, Xavier *era* a presença jesuíta na Ásia. Criou uma autêntica história de sucesso à base de "se eu construir, eles virão". Quando faleceu, mais de setenta jesuítas europeus e indianos atuavam pela Ásia, com uma longa fila de voluntários prontos para se juntarem a eles.

O estilo de vida itinerante e aventureiro de Xavier fornece um contexto para as viagens subsequentes de homens como Goes e Ricci. As gerações posteriores desbravaram trilhas novas, mas estavam apenas abraçando o legado de Xavier. E o estilo jesuíta de desbravamento, do qual Xavier foi pioneiro, era bem mais imaginativo do que simplesmente pôr o pé na estrada. Muito antes de Ricci mirar a corte imperial de Pequim, o instinto de pensar grande fez Xavier viajar, por todo um inverno, através do Japão rural até a corte do imperador em Miyako (Kyoto). A intenção de Xavier era não só apresentar suas credenciais, mas também vender a ideia do primeiro intercâmbio acadêmico entre Oriente e Ocidente da história: trazer professores da Universidade de Paris e de outras universidades europeias para a Universidade Imperial de Hiei-zan, no Japão, e enviar professores do Japão para a Europa. Antes de Xavier, nenhum europeu pusera os pés em Kyoto. Que loucura, que "cara de pau" – ou que combinação de ambos – o convenceu de que poderia mesmo chegar vivo à capital, quanto mais conseguir uma audiência imperial e a aprovação de seu intercâmbio acadêmico?

Xavier voltou de Kyoto de mãos vazias, sua petição por um bate-papo com o imperador foi sumariamente repelida. Sem problemas. Logo daria a volta por cima, com seu radar inquieto dirigido para uma oportunidade nova.

> As pessoas da China que vi até agora são de uma inteligência penetrante, de uma mente altiva, mais ainda do que os japoneses, e trata-se de um povo muito dado aos estudos. O país é abençoado com toda espécie de bens, e muito populoso, repleto de grandes cidades com casas de pedras muito bem trabalhada, e, como todos proclamam, é muito rico em toda espécie de sedas. (...)
>
> Penso que neste ano de 1552 partirei para o lugar onde reside o rei da China.[7]

Xavier deixou reforços no Japão, sediados num templo budista abandonado. Essa equipe japonesa logo percebeu que Xavier calculara mal o poder do imperador e de sua corte, que o verdadeiro poder estava com o xógum. E, duas gerações depois de Xavier, um jesuíta português, o linguista João Rodrigues, descobriu a chave para atrair o interesse e os favores do xógum. Não era nada tão nobre quanto intercâmbios acadêmicos ou debates astronômicos. Pelo contrário, foram os serviços de Rodrigues como agente comercial: quando navios portugueses entraram no porto de Nagasaki para adquirir cargas de seda chinesa, depararam-se com um intermediário escolado nos métodos europeus e que negociou um acordo justo para os japoneses. Era o jesuíta João Rodrigues, adido comercial do xógum Tokugawa Ieyasu.

Xavier nunca chegou à China. Morreu na ilha de Sancian (Shangchuan), a uns 50 quilômetros da costa. Passaram-se anos antes que cartas anunciando sua morte alcançassem a sede dos jesuítas em Roma, depois de percorrer novamente a jornada de milhares de quilômetros que começou com "Está bem. Estou pronto". Meses depois da morte de Xavier – e meses antes da notícia chegar a Roma –, Loyola redigiu uma carta para seu amigo e cofundador da Companhia, convocando-o de volta a Roma. Um final pungente e irônico para a história de Xavier. Pela carta de Loyola fica evidente que Xavier não fora o único jesuíta visionário em ação. A Companhia jesuíta composta de dez pessoas espalhara-se por quatro continentes em menos de uma década.

> Sabes também que o bem da Índia muito depende do tipo de homens que for enviado para lá. (...) Poderias avaliar quais os adequados e quais os inadequados, quem iria para um local e quem iria para outro. (...)
>
> Acima de todas essas razões, que visam ao bem da Índia, sinto que poderias atiçar o interesse do rei [de Portugal] pela Etiópia. Por tantos anos ele tem estado a ponto de fazer algo nesse sentido, mas nada chegou a ser feito. A partir de Portugal poderias também ser de muito auxílio nas questões do Congo e do Brasil.[8]

Embora possa parecer uma sugestão grosseira, a morte de Xavier certamente acabou sendo benéfica para os jesuítas, pela maneira e o momento em que morreu. Independente do que poderia ter conseguido realizar na China, a mitologia em torno dele foi muito mais valiosa para as gerações de jesuítas que o sucederam. E sua morte à beira da costa chinesa formou o fecho perfeito para o seu "Está bem. Estou pronto". Suas cartas, copiadas, circularam entre as casas dos jesuítas e criaram um impacto eletrizante. Um administrador jesuíta em Coimbra, Portugal, relatou que toda a sua equipe ficara tão energizada depois de ler as cartas que "teria pouca dificuldade em transferir o grupo inteiro para a Índia".[9]

Antes de Xavier, a visão dos jesuítas existia praticamente apenas no papel. Agora eles tinham um herói autêntico para dar vida a essa visão. Enviado para a Índia, mas assumindo sozinho toda a Ásia, Xavier exibiu a ambição sagrada tão valorizada pelos diretores jesuítas; partindo para a Ásia imediatamente ao ser incumbido da missão, demonstrou a indiferença que os jesuítas eram incentivados a cultivar; e moldando a direção de sua Companhia como achava melhor, revelou aquele instinto empresarial tão prezado.

Manifestou sua inventividade quando, lépido, deixou o Japão por uma oportunidade mais promissora na China, algo que se manifestou também, séculos depois, quando industriais e financistas deram a mesma guinada estratégica, deixando a economia pós-bolha do Japão, no início da década de 1990, para dedicarem-se a oportunidades comerciais que surgiam na China e no Sudeste Asiático emergente. Xavier mostrou sua inventividade adaptando-se inspiradamente a circunstâncias inesperadas, assim como o pesquisador da 3M ao sacar que aquela leva defeituosa de cola, que não colava permanentemente, poderia servir para alguma coisa, nascendo daí o *post-it*.

DEIXANDO AS TRADIÇÕES RELIGIOSAS CLÁSSICAS

Os primeiros jesuítas tiveram, então, uma demonstração de que seu modelo funcionava. Nenhuma ordem religiosa tentara algo parecido com aquilo. Os valores estratégicos dos jesuítas – agilidade, mobilidade, respostas rápidas e flexibilidade – eram o oposto de tudo que as companhias religiosas tinham incorporado. Para viver esses valores jesuítas, Loyola abandonou quaisquer práticas religiosas que o obstruíam, como as *rezas* ou, mais precisamente, rezar de acordo com as tradições monásticas. Para apreciarmos os saltos inovadores dos jesuítas com seu modelo empresarial, devemos mergulhar um pouco na história de como funcionavam as organizações religiosas, mostrando como a Companhia de Jesus distanciou-se radicalmente das normas.

Abraçar o mundo em vez de retirar-se dele

Não é de se admirar que a disciplina da vida religiosa no cristianismo do século XVII não servisse às prioridades dos jesuítas. Eles abraçavam o mundo e se entregavam à sua vida cotidiana, vivendo em suas cidades e centros culturais; viajando e trabalhando junto com seus povos. As tradições da vida religiosa naquele tempo tinham suas raízes no impulso *oposto*. Em vez de correr para abraçar o mundo, os pioneiros da vida religiosa caminhavam rapidamente na outra direção. Santo Antônio do Egito, no século III, abandonou sua vila aos 20 anos e passou a vagar pelo deserto, vivendo sozinho, até morrer aos 105 anos de idade. Na cristandade, outros seguiram seu exemplo, alguns levando seu desejo pela solidão a extremos criativos. Theodoret, um monge sírio, escreveu sobre um eremita que viveu dez anos acima do chão numa tina suspensa entre duas varas. Sua comida subia por um balde amarrado numa corda e, provavelmente, outras matérias des-

Eles abraçavam o mundo e se entregavam à sua vida cotidiana, vivendo em suas cidades e centros culturais; viajando e trabalhando junto com seus povos.

ciam da mesma maneira – espera-se que em baldes diferentes. São Simeão Estilita criou uma variação sobre esse tema. Atormentado por multidões que buscavam por um conselho espiritual, Simeão ergueu num eremitério uma série de pilastras, a última das quais com 20 metros de altura, para que pudesse viver seus 37 anos finais na solidão. Como era de se prever, o estratagema não funcionou. Simeão e outros "estilitas" nele inspirados tornaram-se atrações turísticas espirituais, chegando a atrair imperadores bizantinos aos seus ermos para dar uma olhada.

Por mais estranhos que possam ter sido esses eremitas, o estilo de vida típico dos religiosos primitivos era mais prosaico e comunal. Centenas de monastérios pontilhavam a paisagem do século XV, da Europa ao Egito e Norte da África. Abrigavam pessoas que pensavam da mesma forma, abandonando os prazeres do mundo em troca de estudo, oração e trabalho manual. Mas, além da austeridade, a maioria das comunidades monásticas estavam ligadas apenas por suas próprias tradições locais e a orientação de um (o que seria de se esperar) abade sábio.

São Bento, um italiano do século VI, vivenciou toda a gama desses tradicionais estilos de vida monástica antes de ser o pioneiro de um novo enfoque. Enojado com os costumes carregados de vícios de Roma, sua cidade natal, Bento retirou-se para um eremitério. Como São Simeão, sua reputação logo atraiu aqueles em busca de sabedoria. Mas, ao contrário dos estilitas, Bento foi persuadido a deixar seu eremitério para reformar um mosteiro que se desvirtuara sob uma sucessão de abades degenerados. Quando sua liderança rígida mostrou-se mais do que os monges estavam dispostos a aturar, fizeram o que quaisquer monges desgarrados, desgostosos e decididos fariam: tentaram envenenar sua comida.

Rezando no caos e não na calmaria

O resistente Bento sobreviveu com seu apetite pela reforma dos monastérios, agora mais aguçado. Reuniu alguns companheiros mais resolutos e estabeleceu um mosteiro novo em Monte Cassino, na Itália, onde foi o autor de uma "regra" de cinquenta páginas que acabou se tornando o protocolo dominante para o monasticismo ocidental. Os monges de Bento reuniam-se para uma reza comunitária sete vezes por dia, em horários fixos, começando pelas Matinas às duas da manhã; e continuando, em intervalos regulares, até antes de se recolherem depois das Completas, às sete da noite. Essa tabela só era modificada para acomodar as alterações de luz das estações. O sol no verão nasce mais cedo, então, a hora designada para as orações matinais (laudes) era mudada para mais próximo do ofício das duas, "após um intervalo bem curto, durante o qual os irmãos podiam sair para suas necessidades naturais".[10] Bento merece ser parabenizado: seu livro de regras tinha apenas cinquenta páginas, mas cobria as contingências diárias mais prementes da vida.

Que importa como um punhado de monges estabelecia sua rotina diária? Não muito, hoje em dia, mas era importante para uma Europa que caía na escuridão mais profunda de sua Idade das Trevas. Hordas de bárbaros subjugaram um Império Romano dissipado e suas cidades mergulharam na decadência. A educação pública, as bibliotecas e a própria alfabetização tornavam-se memórias distantes de uma era mais civilizada. A chama do saber bruxuleava, e os estudiosos e copistas dos monastérios estavam entre os pouquíssimos portadores de tochas evitando que a luz se apagasse inteiramente. Assim, as práticas dos monastérios adquiriram tamanha importância que três séculos depois de Bento, o Sacro Imperador Romano Luís I – conhecido como Luís, o Piedoso ou Luís, o Debonaire – sentiu necessidade de convocar todos os dirigentes da Igreja Católica para debaterem a disciplina monástica e em seguida ordenou que todos os monastérios do seu império adotassem a regra de Bento.

O decreto foi seguido por todos? Quem sabe? As notícias chegavam lentamente no século IX. Alguns mosteiros remotos pouco sabiam de Luís, o Piedoso *ou* de São Bento, quanto mais que o primeiro era seu imperador e que o segundo tinha composto o que agora era uma regra monástica válida para todos. Mas, sendo reconhecida universalmente ou não, a visão de Bento quanto à vida religiosa influenciou fundamentalmente as práticas monásticas por séculos, até os tempos de Loyola.

O impulso pessoal de Bento de afastar-se de Roma – e do mundo – marcou profundamente essa visão. As comunidades beneditinas eram ilhas autocontidas e autossustentáveis. Produziam suas próprias roupas, seus próprios alimentos e outras necessidades. Elegiam seus próprios líderes, com cada monastério funcionando de maneira autônoma. Não havia um superior responsável por todos os estabelecimentos beneditinos em determinado país, quanto mais em todo o mundo. A regra também não gerou um impulso expansionista ou missionário para se estabelecer novas filiais. Pelo contrário. Bento escandalizou-se com os giróvagos da Europa, monges desgarrados "mendigando de província a província, hospedando-se em diferentes monastérios. (...) Dedicam-se a saciar suas próprias vontades e cedem aos fascínios da glutonice."[11] Para remediar isso, cada monge beneditino jurava ser "estável", vivendo o resto de seus dias no mosteiro no qual entrava. A estabilidade beneditina era um complemento claro ao regime monástico de orações comunais diárias em horas fixas. Séculos mais tarde, Loyola e os jesuítas não dariam muito valor à estabilidade ou às orações comunais em horários estabelecidos. As rezas dos jesuítas eram individuais, reguladas por cada um e feitas no decorrer das atividades. Como os *examen*.

Mas o modelo de Bento era bastante adequado para a Idade das Trevas agrária na qual foi introduzido. Afinal, não era como se os monges pudessem ir às compras na cidade mais próxima. Ao se retirarem para um monastério, não sentiriam falta de uma cena urbana, movimentada. O comércio entrara em colapso. Havia poucas cidades.

Mesmo assim, as cidades europeias acabaram por readquirir vida. O crescimento da nova economia do continente não foi algo tão excitante se comparado com a recente bolha das empresas de informática (que descansem em paz). Mas as cidades lentamente recuperaram seu fôlego, graças em grande parte aos mercadores de tecidos dos séculos XII e XIII, aos tecelões que estes empregavam e aos carpinteiros, pedreiros, banqueiros, navegadores, vendedores de alimentos e outros que atendiam às necessidades mundanas. Essas comunidades urbanas que se reerguiam tinham necessidades religiosas, sociais e espirituais também. Os monges beneditinos não estavam bem posicionados para lidar com as necessidades dessa população, enclausurados como estavam, muitas vezes distantes dos centros urbanos emergentes. Era preciso um novo modelo para uma nova era. E dois grandes reformistas monásticos apareceram para providenciá-lo. Enquanto a Europa entrava no século XII, São Francisco de Assis e São Domingos abriram passagens nas paredes dos monastérios, por onde experimentaram novos enfoques sobre a vida religiosa.

Francisco de Assis renunciou à fortuna substancial da família para seguir o comando proclamado no Evangelho segundo São Mateus: "Não levem nos bolsos nem ouro, nem prata, nem moedas de cobre. Nesta viagem não levem sacola ou túnica a mais, nem sandálias ou bengalas para se apoiarem, pois o trabalhador é merecedor do seu alimento." (Mateus 10:9-10). Francisco levou ao pé da letra a passagem do evangelho. Seus primeiros seguidores viviam o dia a dia sem estocar alimentos ou guardar pertences, como pregadores itinerantes dependendo da comida que lhes fosse oferecida. Reservar dinheiro para uma intempérie não era uma opção: seus frades eram proibidos até de *tocar* nas moedas. Embora ele nunca tivesse tido a ambição de fundar uma grande ordem religiosa, o apelo carismático de Francisco atraiu milhares de pessoas que passaram a levar uma vida simples e pobre, encontrando a presença de Deus em todas as coisas naturais.

Buscando um crescimento mundial em vez de manter a tradição monástica

A história lembra-se de Francisco pela sua piedade simples e por ter assumido integralmente a pobreza religiosa, mas ele poderia ser lembrado também como o fundador da companhia mais necessitada de um bom gerente administrativo. Francisco concebeu uma irmandade pequena, sem muitas amarras e estruturou sua ordem de acordo com essa visão. *Cada* franciscano tinha autoridade para receber membros novos entre suas fileiras. Por quais critérios? Ninguém se preocupava com esses detalhes. Quando novos membros novos se inscreviam na ordem não havia um sistema de noviços organizado para treiná-los. Essa abordagem funcionou enquanto Francisco administrou o equivalente a um botequim de esquina, mas o mesmo estilo improvisado não se prestava para gerir uma companhia da mesma escala que um McDonald's.

Os primeiros franciscanos realizavam convenções com todos os seus membros, concílios anuais para discutirem questões estratégicas. Isso funcionava bem com uma pequena irmandade, mas em 1221 mais de 5 mil frades se aglomeraram em Assis para algo que certamente era mais circo que debate estratégico. Chegaram de toda parte da Europa, muitos depois de meses de viagem, cada um sem responder a uma cadeia de comando clara a não ser a liderança de Francisco, cada um treinado informalmente pelo monge ou pelos monges que o acolheram. Não se admira que os concílios resultassem improdutivos.

Para seu grande crédito, Francisco e o fundador da ordem dominicana (São Domingos) refizeram o foco da vida religiosa. No cerne da visão de cada homem estava o compromisso com os problemas urgentes de um cristianismo que se urbanizava. Seus membros saíam às ruas diariamente para pregar ou ensinar. Mas permaneciam atrelados ao monastério, mantendo o cronograma rígido de Bento, com as rezas comunais em horas fixas. O impulso de se envolverem ativamente no mundo inspirou seus esforços, mas cada ordem penava para encaixar esse impulso no modelo monástico que haviam herdado, afastado do mundo. Não foi uma adaptação natural.

Os dois reformistas também lidaram com a questão da "gerência global", contrastando com os mosteiros beneditinos totalmente autônomos. Os dominicanos elegiam um mestre-geral, mas sua autoridade era balanceada por um sistema de contrapartidas que faria a festa dos redatores da Constituição dos EUA. Cada comunidade dominicana elegia seu próprio líder e cada região administrava suas próprias questões. Assim, o mestre-geral não possuía a autoridade abrangente de um CEO moderno. O ministro-geral dos franciscanos, por sua vez, usufruía de uma autoridade mais substancial, mas sem a infraestrutura organizacional necessária para exercê-la com eficácia.

Autoridade amplamente distribuída e lideranças eleitas democraticamente minaram o potencial corporativo pleno dos dominicanos, e uma "subadministração" por parte dos franciscanos os enfraqueceu. Nenhuma ordem conseguiu ou mesmo tentou inventar um modelo administrativo ou de liderança talhado especificamente para uma companhia moderna, proativa, móvel, em larga escala, como Loyola depois faria. Para sermos justos: nenhum deles *pretendia* construir uma companhia moderna de larga escala. Domingos, Francisco e seus seguidores, sem dúvida, estavam bem satisfeitos com o que haviam criado: uma vida equilibrada de serviços ativos complementada pela oração contemplativa. O lema dos dominicanos, elegantemente simples, transmitia com eloquência a essência dessa postura diante da vida, do trabalho e da oração: "contemplar e dar aos outros o que foi contemplado."

Bem, Inácio de Loyola *tinha* a intenção de construir uma companhia moderna, proativa, móvel, em larga escala, embora não usasse exatamente esses termos. Enquanto Domingos e Francisco esticavam o pano da vida religiosa tradicional para tentar cobrir suas ambições mais ativistas, Loyola decidiu pela necessidade de um tecido inteiramente novo. Mil anos depois de Bento e trezentos depois de Francisco e Domingos, Loyola começou a redigir as Constituições dos Jesuítas. O produto final incorporava ideias das três tradições monásticas, mas dentro de um modelo tão radicalmente diferente dos precedentes que estes ficaram quase irreconhecíveis.

A primeira coisa a ser deixada de lado foi o próprio princípio organizador da vida nos monástica: as orações comunais diárias em horas fixas. A prioridade dos jesuítas era o trabalho de campo, engajado, fundamentalmente incompatível com as amarras da obrigação de correr para casa a toda hora, todo dia, para orações comunais. As comunidades dos monastérios oravam em comum em múltiplos horários fixos a cada dia; os jesuítas de Loyola oravam indiretamente, alternando as orações entre suas obrigações de trabalho. Foi uma ruptura radical com a maneira de se fazer as coisas até então, um salto engenhoso que abriu espaços para se aproveitar oportunidades não planejadas e não antecipadas para "ajudar as almas".

Um ministério baseado nas oportunidades, não em definições rígidas

Antes dos jesuítas, as ordens religiosas geralmente restringiam suas missões a áreas específicas de serviços ou a tipos determinados de trabalho. Domingos articulara uma missão claramente voltada para "pregar e ensinar", mas Loyola recusou-se a restringir seus jesuítas. As oportunidades evoluíam com o tempo, e mesmo em 1540 as necessidades da Alemanha protestante diferiam bastante das do Japão não cristão. Então Loyola articulou uma missão bem aberta: "O objetivo e a finalidade desta Companhia é, *viajando pelas várias regiões do mundo,* seguindo as ordens do [Papa] ou do Superior da própria Companhia, pregar, ouvir confissões e usar *todos os demais meios possíveis para ajudar as almas*" (destaque do autor).[12] "Ajudar as almas" incluiria o quê? Aparentemente, tudo que fizesse sentido para um jesuíta consciente e para seus superiores, de viagens expedicionárias à elaboração de mapas a pesquisas astronômicas. Em vez de especificar as ocupações que seus jesuítas deveriam exercer, Loyola apenas advertiu que evitassem afazeres que os amarrassem ou limitassem sua flexibilidade estratégica: "Da mesma forma, pois os membros da Companhia devem estar prontos a qualquer hora para ir a uma ou outra parte do mundo (...), menos ainda devem se encarregar das religiosas mulheres (...) ou encargos semelhantes que não sejam compatíveis com a liberdade necessária à nosso modo de proceder."[13] Bem, o politicamente correto não era exatamente uma marca registrada do século XVI.

Os cofundadores asseguraram esse estado de prontidão permanente comprometendo-se a se mobilizarem imediatamente mediante um pedido do Papa, "sem qualquer desculpa (...), indo a qualquer parte onde [o Papa] julgue ser oportuno enviá-los (...), quer entre os fiéis ou os infiéis".[14] Colocando-se explicitamente à disposição do Papa, ficava impossível voltar atrás, o que reforçou a flexibilidade. Gostassem ou não, quando o Papa batesse à porta, tinham o compromisso de ir.

Claro, empresas não se tornam estrategicamente flexíveis e prontas para mudanças apenas por repetir essas metas através do manual da empresa. Se fosse tão simples, as corporações da América estariam recheadas de lideranças ágeis e cheias de recursos. É fácil falar em abraçar as transformações; é bem mais difícil vivê-las, arriscando sua carreira com táticas que não foram testadas ou deixando seu lar e os amigos rumo a missões em lugares distantes. As meditações sobre a indiferença nos Exercícios Espirituais prepararam mentalmente os primeiros jesuítas para esses e outros desafios, trazendo à tona as amarras que poderiam obstá-los. Os jesuítas não só falavam de prontidão para mudanças como formaram recrutas que vivenciariam isto.

Caso não conseguisse absorver plenamente a mensagem, cada aprendiz passava por um teste: era despachado numa peregrinação de um mês, "o homem cristão contra os elementos". Os aprendizes partiam de mãos vazias, mendigando por comida e hospedagem pelo caminho, seu desafio simbólico e inconfundível: seja um homem de recursos, móvel, criativo, livre de amarras e capaz de operar independentemente. Por isso tantos jesuítas desenvolveram gosto pela exploração. Quando Jacques Marquette juntou-se com Louis Jollet para explorar o rio Mississipi, não era a primeira viagem de Marquette. Como parte de seu noviciado, ele fizera uma peregrinação de um mês e 300 quilômetros entre Nancy e Trier, ida e volta. Sim, caminhar pelo nordeste da França era consideravelmente mais tranquilo do que remar em uma canoa passando por manadas de búfalos para ir se encontrar com líderes tribais Ilini. Mas as bordoadas emocionais dos Exercícios e a peregrinação de um mês causavam muito mais impacto sobre os aprendizes do que um manual corporativo recomendando desenvoltura e flexibilidade.

Encontrando Deus no mundo, não atrás de paredes

Loyola virara a própria estrutura de vida religiosa de ponta-cabeça. Enquanto os monges beneditinos pronunciavam um voto de *estabilidade*, permanecendo num único monasteiro durante suas vidas, os jesuítas assumiam um compromisso com a *mobilidade*. O lugar-tenente de Loyola, Jerônimo Nadal, tomou de assalto a Europa moldando o estilo de vida e a mentalidade que distinguiam os jesuítas: "[Jesuítas] compreendem que não conseguirão construir ou adquirir casas suficientes para estarem sempre próximos dos locais de combate. Sendo este o caso, consideram que estão em sua casa mais agradável e pacífica quando estão constantemente em movimento, quando viajam através da terra, quando não possuem lugar para chamar de seu."[15] O sentimento amigável com o mundo é inconfundível. Longe de reagir com melindres diante das mudanças, ou de fugir do mundo, o jesuíta ideal abraça a vida em movimento como sua "casa mais agradável e pacífica". Ou, como Nadal disse para outra equipe: "Deve-se observar que na Companhia existem tipos diferentes de casas e moradias. São elas: a casa do noviciado, a escola, a casa manifesta e *a jornada, e através desta última o mundo inteiro torna-se [nosso] lar*" (destaque do autor).[16]

Agilidade, mobilidade, imaginação e flexibilidade eram as metas. Os obstáculos eram cortados pela raiz, mesmo que fossem as práticas mais associadas à vida sacerdotal. Nadal descreveu uma bronca particularmente desagradável que recebeu de Loyola: "No dia seguinte, [Loyola] me repreendeu severamente na presença de outras pessoas; e, daí em diante, não fez muito uso de meus serviços."[17] Qual fora a ofensa extraordinária? Nadal atendera à solicitação dos jesuítas espanhóis que queriam rezar por uma hora e meia a cada dia e seu patrão, um místico, um santo, ficara apoplético ao saber que Nadal deixara os espanhóis ficarem rezando tanto. Loyola insistiu: "Um homem verdadeiramente mortificado necessita de apenas um quarto de hora para se unir a Deus em oração."[18]

Seu argumento não era que os jesuítas não devessem se dedicar às orações, mas que o sucesso em sua missão de ativistas dependia de encontrarem maneiras de permanecer recolhidos às orações sem se abstraírem de suas ações. Ou, como Nadal colocou ao propor Loyola como modelo a ser seguido, os jesuítas devem ser *simul in actione contemplativus* ("contemplativos mesmo em ação"). Outro colega foi mais direto: "É inacreditável a facilidade com que o nosso Pai [ou seja, Loyola] consegue se recolher no meio de uma onda de questões."[19]

> Os obstáculos eram cortados pela raiz, mesmo se fossem as práticas mais associadas com a vida sacerdotal.

Qual era a chave para a habilidade de Loyola em se transformar? Como tantas coisas, essa técnica remontava aos Exercícios. Loyola abandonara as rezas comunais fixas, mas em troca de estratégias para manter o foco e a compostura num estilo de vida atarefado. Os breves *pit stops* mentais dos *examen* diários permitiam alterações de foco em tempo real.

Mas a concentração é inútil sem um ponto focal. O investimento inicial que cada recruta fizera na compreensão de suas fraquezas, no estabelecimento de sua visão do mundo e no cultivo da indiferença era igualmente vital. Assim, sabia instintivamente pelo que procurar quando alterava o foco. Avaliava seu desempenho nas últimas horas de acordo com metas essenciais, com as fraquezas que habitualmente o derrubavam e com as amarras que bloqueavam a indiferença. Depois da sintonia mental e espiritual, voltava à corrida.

A Contemplação para alcançar o amor era igualmente essencial para um recolhimento em meio à onda de questões. Era o que primeiro harmonizava os recrutas com a presença divina ao seu redor. Os jesuítas não julgavam necessário se reunirem numa capela a cada poucas horas para recordar o tipo de mundo em que viviam. Em vez disso, sua visão de mundo – sua lente, seu enfoque para com os outros – já fora estabelecida através dos Exercícios, permitindo que cruzassem o dia com seu radar focado em "encontrar Deus em todas as coisas". O que isso quer dizer? Exatamente o que está escrito: Loyola disse aos jesuítas que encontrassem Deus "em todas as coisas, por exemplo, em conversar com alguém, em caminhar, observar, provar, escutar, pensar e em tudo que fizerem".[20]

As páginas anteriores retrataram a evolução em câmera lenta da vida religiosa, a jornada por dez séculos dos monges de Bento aos frades de Francisco até os jesuítas engajados no mundo de Loyola. Se a vida religiosa evoluiu lentamente, assim também o mundo medieval que espelhava: os jesuítas de Loyola não teriam lugar na era agrária e feudal de Bento, ou mesmo no século XIII de Francisco.

O mundo de hoje se transforma num passo mais frenético; os administradores modernos se orgulham não só de serem capazes de lidar com mudanças, mas de *provocarem* mudanças para se aproveitarem das vantagens competitivas dos mercados em constante alteração. Mas pode ser que não sejamos tão bons em administrar mudanças como pensamos. Em 1982 Thomas Peters e Robert Waterman publicaram *In Search of Excellence: Lessons from America's Best-Run Companies* [editado no Brasil como *Vencendo a crise: como o bom senso empresarial pode superá-la*]; a obra é um marco que teve vaga assegurada nas listas de best-sellers por mais de três anos. As receitas destes autores para se atingir a excelência corporativa resistem bem vinte anos depois. Infelizmente, o mesmo não pode ser dito quanto a muitas das empresas que eles elogiaram como sendo "as mais bem-administradas dos Estados Unidos". Peters e Waterman peneiraram rigorosamente as corporações da América e declararam que 36 empresas haviam passado por "todas as qualificações de desempenho extraordinário" durante os vinte anos em que durou sua pesquisa. Algumas dessas 36 ainda reluzem. Outras lutam por suas vidas corporativas. Não são mais paradigmas de excelência e, sim, material para *cases* analisando como boas empresas se dão mal (Kodak, Kmart). Ainda outras são fantasmas apagados na memória, baixas nas aquisições forçadas por grandes corporações (Amdahl, Chesebrough-Pond's, Raychem).

Peters e Waterman não fizeram escolhas descabidas. Selecionaram empresas excelentes... para 1982. Mas a excelência – como a liderança que a gera – não é um platô fora do tempo, pois uma vez alcançada jamais é perdida. Os milhares que perderam seus empregos, à medida que essas empresas que antes eram exemplos se desintegravam, não precisam ser lembrados de que o mundo moderno é tumultuado e está em constante mutação; e que para se ter sucesso nesse mundo os indivíduos precisam cultivar habilidades pessoais que lhes permitam sobreviver num ambiente permanente de transformações. Sobreviver em meio a mudanças não é uma preocupação exclusiva do mercado de trabalho: as mesmas transformações culturais, sociais e tecnológicas que convulsionam os locais de trabalho acarretam uma série interminável de ameaças e de oportunidades em todas as facetas da vida. A capacidade de se adaptar, de criar e de ter respostas rápidas são habilidades *pessoais* essenciais para o século XXI.

Loyola e seus colegas compreenderam a urgência em moldar uma equipe jesuíta criativa, que se adaptasse às mudanças, para o século XVI; certamente essas mesmas habilidades são ainda mais essenciais no turbulento século XXI. Contudo, os astros corporativos da turma "Em busca de excelência" de 1982, que hoje estão apagados, indicam que as coisas são menos resilientes do que Francisco Xavier, que cruzou a Ásia no século XVI. Por quê? Talvez não nos empenhemos com tanta energia para montar os blocos pessoais e internos da inventividade, como fizeram os jesuítas.

Cerca de sessenta anos depois de Xavier ter deixado a Índia, outro jesuíta chegou lá. Roberto de Nobili levaria a inventividade jesuíta a limites que chamariam a atenção de um Vaticano receoso. Não seria a primeira nem a última vez que isto aconteceria na história dos jesuítas.

O JESUÍTA DE VERMELHO: AS INOVAÇÕES DE ROBERTO DE NOBILI

Nada passava despercebido na obsessão de Loyola pela inventidade e flexibilidade, nem mesmo as vestimentas. Outras ordens religiosas orgulhosamente exibiam hábitos de vestuário distintos como sendo "as cores de seu time". Loyola, por sua vez, optou por um traje sacerdotal comum, "em conformidade com os usos da região onde se vive".[21] Referia-se às nuances na vestimenta dos padres católicos Europa afora. Na mente de Loyola, o estilo de traje deve ter sido apenas um item menor na sua preocupação maior de que os jesuítas se misturassem às culturas locais e não se destacassem. Mas mesmo Loyola deve ter se surpreendido com a maneira afirmativa pela qual seus jesuítas aventureiros interpretaram o "em conformidade com os usos da região onde se vive" quando se viram trabalhando em meio a sacerdotes não cristãos que trajavam tudo, menos o preto sacerdotal.

Multiculturalista inovador

Este esboço de Roberto de Nobili, o nobre italiano que virou *sannyasi*, foi feito por seu colega jesuíta Baltasar da Costa. Embora o esboço tosco de Da Costa não possa ser comparado aos retratos de jesuítas executados por mestres como Rubens e Del Conte, ainda assim capta os esforços exaustivos de De Nobili em se adaptar à cultura do país anfitrião.

Os jesuítas devem ter chegado à Ásia já preparados para experimentações culturais, dadas as questões persistentes em suas cabeças. A missão de sua empresa exigia que usassem *de todos os meios possíveis* para ajudar as almas. Cada aprendiz havia meditado sobre os 10 mil ducados para se livrar das amarras pessoais controladoras e para cultivar a indiferença. Líderes como Nadal haviam reforçado a mensagem de que "estão em sua casa mais agradável e pacífica quando estão constantemente em movimento", mensagem que os deixava prontos para mudanças. Não causa admiração que muitos tenham descartado rapidamente os modos culturais da Europa no século XVI a fim de ficarem "em conformidade com os usos da região onde se vive". Poucos testaram tanto os limites culturais quanto um ex-nobre e jesuíta italiano de 28 anos que chegou à cidade de Madurai, no sul da Índia, em 1606.

O *pedigree* de Roberto de Nobili seria extraordinário em qualquer lugar, menos numa Companhia de Jesus que já ostentava uma farta coleção de europeus nascidos em berços de ouro. Sobrinho-neto de um Papa e filho de um general do exército papal, De Nobili renunciou ao seu título como conde de Civitella a fim de permanecer um jesuíta. De que mais abriu mão para entrar na vida jesuítica? Uma herança considerável, certamente; provavelmente um *palazzo* nas estâncias toscanas da família; e talvez o posto de cardeal caso tivesse seguido uma carreira sacerdotal convencional.

Em vez de ostentar a indumentária de cardeal num *palazzo* da Toscana, em 1610, De Nobili encontrava-se numa choupana de grama a uns poucos graus acima da linha do Equador. Trajando um manto vermelho-ocre, a cabeça completamente raspada, salvo por um pequeno tufo de cabelo, e a testa marcada com pasta de sândalo, De Nobili consumia sua única refeição diária de arroz temperado com ervas... E não a complementava com vinho dos vinhedos Montepulcianos pertencentes aos De Nobili. Nascido nobre em sua Itália nativa, De Nobili a princípio se apresentara como um membro da casta dos rajás, de acordo com as práticas de seu país adotivo, uma estratégia calculada para livrar-se da pecha de "intocável" que os indianos invariavelmente conferiam aos seus colegas missionários, dificultando para sempre os seus esforços. Mas, à medida que De Nobili mergulhava na cultura de seu país anfitrião, foi ajustando sua estratégia. Passou a pendurar três fios distintos de algodão branco do ombro à cintura, marcando-se assim como um membro da casta dos brâmanes (sacerdotes). Além disso, adotou a dieta austera e o regime disciplinado de um *sannyasi*, um ser religioso que "abandona tudo".

O *sannyasi* De Nobili convenceu o mestre brâmane Sivadarma a ser seu tutor nos Vedas, as escrituras dos hindus. Foi um recorde duplo: De Nobili não só foi o primeiro europeu a consultar a fundo os Vedas sagrados, como foi o primeiro europeu a dominar o sânscrito, a língua clássica da Índia hindu e a língua dos Vedas. Na verdade, foi um recorde triplo: De Nobili não estava ali apenas para aprender, mas para participar ativamente do discurso religioso. Então, depois de absorver os Vedas sânscritos, o *sannyasi* passou ao tâmil coloquial para redigir seu *Nitya Jivana Callapam* [Diálogo sobre a vida eterna]. Neste que certamente foi o primeiro tratado teológico escrito por um europeu numa língua indiana, De Nobili oferecia aos hindus sua interpretação sobre o caminho para se alcançar o conhecimento do verdadeiro Veda.

Alarmes dispararam em Roma quando chegaram notícias de que o ex-conde de Civitella se tornara um hindu e adorava ídolos, pois nem todo jesuíta – em Roma ou mesmo em Madurai – pensava de comum acordo sobre a interpretação que se deveria dar a "todos os meios possiveis" num mundo ardiloso e desconhecido. Algumas pessoas em Roma já estavam divergindo quanto a contendas bem mais prosaicas. Quando as notícias a respeito das atividades de De Nobili chegaram a Roma, os jesuítas burocratas estavam discutindo se os que ainda não tinham recebido a ordem poderiam usar a boina preta que estava se tornando uma indumentária obrigatória. O que pensariam se soubessem que De Nobili raspara a cabeça e vestia vermelho-ocre?

De Nobili não só foi o primeiro europeu a consultar a fundo os Vedas sagrados, como foi o primeiro europeu a dominar o sânscrito, a línga clássica da Índia hindu e a língua dos Vedas.

Os primeiros relatórios que chegaram a Roma não foram exatamente positivos, nem foram colocados de maneira simpática. Não era o próprio De Nobili que contava as novidades, mas seu colega Gonçalo Fernandes. Atuando sozinho em Madurai por onze anos antes da chegada de De Nobili, Fernandes havia conseguido atrair *zero* pessoas para o cristianismo. Com uma congregação composta por *ninguém*, devia ter bastante tempo para ficar escrevendo a Roma acusando De Nobili de se envolver com práticas supersticiosas. Os burocratas em Roma certamente ficaram escandalizados com os relatórios vindos da Índia, ainda mais quando ficou claro que Fernandes não era o único insatisfeito. O bispo da diocese de De Nobili na Índia também reclamava do jesuíta desgarrado.

PRÁTICAS CULTURAIS VERSUS EXPRESSÕES RELIGIOSAS

A maioria das grandes empresas multinacionais lida regularmente com crises semelhantes: um funcionário de baixo escalão atuando num mercado distante, relativamente sem importância, assume autoridade excessiva e passa tanto do ponto que chega a ameaçar a reputação da empresa. E a maioria das grandes empresas multinacionais tem uma política bem elaborada para lidar com tais situações: extirpar fora o membro – e quanto antes, melhor. Com que apoio em Roma poderia contar o iniciante De Nobili enquanto meditava seminu do outro lado do mundo? Sua sorte foi que o Superior na época, Claudio Acquaviva, viu o serrote prestes a ser usado e preferiu solicitar um informe de De Nobili a respeito da cultura indiana e de seus métodos missionários.

Como De Nobili, Acquaviva era da nobreza italiana, filho do duque de Atri. E, tal qual De Nobili – que, com seus trinta anos, desafiara as táticas dos mais velhos, mais experientes e inevitavelmente irritados jesuítas na Índia –, Acquaviva também era uma espécie de prodígio. Juntando-se a eles depois de uma ascensão meteórica pelas fileiras do Vaticano, Acquaviva eventualmente foi eleito o Superior mais jovem dos jesuítas, aos 37 anos. Quando a delegação informou ao Papa Gregório XIII sobre esta escolha, o pontífice de 79 anos, estupefato, emitiu um apoio pouco entusiasmado: "Santo Deus! Escolheram como seu governante um jovem que nem completou os quarenta!"[22]

Mas o papel de Acquaviva na controversa Índia seria ainda mais pungente e pessoal do que as similaridades superficiais entre seu histórico e o de De Nobili. Quando Acquaviva tornou-se jesuíta, especulava-se nos círculos nepotistas da Igreja que seu sobrinho Rodolfo simplesmente assumiria a vaga de Acquaviva na burocracia do Vaticano. Mas Rodolfo tinha ideias diferentes. Contra as objeções da família, anunciou sua intenção de também juntar-se aos jesuítas. Não era uma tentativa de assegurar a tutela de seu tio, bem-colocado na ordem, obtendo assim uma missão tranquila.

Pelo contrário: Rodolfo alistou-se na miserável viagem por mar até a Índia, uma aventura de mais de um ano, para chegar a um lugar onde o nobre nome de Acquaviva não contava muito.

Se ele esperava abrir mão dos luxos da nobreza para uma vida de serviços humildes, o destino lhe reservava uma surpresa irônica. Enquanto Claudio ascendia pelas fileiras jesuítas na Itália, chegaram notícias de que Rodolfo fora convidado para viver e trabalhar na corte imperial de Akbar, o imperador mogol. Permaneceu ali por quase quatro anos, fundando a embaixada jesuíta que Bento de Goes assumiria uns vinte anos depois.

Logo após Claudio tornar-se Superior dos jesuítas, os Acquavivas passaram por outra artimanha irônica do destino, e dessa vez foi amarga. Como Superior, coube a Claudio escrever a carta formal de condolências para seu irmão: Rodolfo Acquaviva fora assassinado na Índia junto com três colegas jesuítas. Relatos vagos e tardios indicavam que os assassinos deram vazão a uma indignação que vinha supurando quanto à destruição indiscriminada de santuários hindus, que fora a marca da subjugação de Goa pelos portugueses. Rodolfo e seus companheiros não tinham feito nada de errado: eram apenas símbolos de um ressentimento mais amplo – e justo.

Pode ser que a morte de seu sobrinho tenha feito com que Acquaviva, Superior dos jesuítas, tenha sentido um envolvimento pessoal na questão da Índia, pois optou pelo rumo menos político, tentando compreender a postura de De Nobili em vez de puni-lo sumariamente. Se era esse o momento para De Nobili recuar e conter seu radicalismo para salvar sua carreira, esqueceram-se de avisá-lo. Passara os anos anteriores estudando clássicos em sânscrito e redigindo tratados em tâmil, mas ainda se lembrava de como estruturar argumentos convincentes para a Igreja Latina. Nem Acquaviva nem seus conselheiros teológicos – e ninguém em toda Europa – viram algo como as 175 páginas de *Informatio de Quibusdam Moribus Nationis Indicae* [Relatório acerca de certos costumes da nação indiana]. Seus leitores devem ter se perguntado se este homem conseguira, de alguma maneira, retornar a Roma e penetrar escondido na biblioteca do Collegio Romano para garimpar argumentos de alta potência em fontes abrangendo tudo desde a mitologia romana a Jesus Cristo, de Santo Agostinho e

São Tomás de Aquino às leis hindus de Manu. As referências obscuras de De Nobili devem ter feito muitos dos principais teólogos da época coçarem a cabeça e recorrerem aos seus alfarrábios: "Tomemos como exemplo o testemunho de Bardeseres da Babilônia, autor altamente recomendado por Eusebius no sexto tomo de sua Propagação do Evangelho".[23]

Se suas referências eram por vezes obscuras, seu argumento central era bem direto. Ao contrário de muitos de seus detratores, De Nobili se dera ao trabalho de não só compreender a cultura indiana, mas perceber as distinções espinhosas entre a fé religiosa e seus adereços culturais. Dissecou tudo sistematicamente e adotou as práticas culturais do bramanismo: o *kutumi* (um tufo de cabelo sobre uma cabeça raspada), o *tilakam* (pasta de sândalo) e assim por diante. Debruçou-se sobre os clássicos do hinduísmo e consultou os brâmanes especialistas a fim de elucidar as origens e os significados adquiridos por essas práticas. Enquanto muitos europeus, por ignorância, presumiam que práticas desconhecidas eram supersticiosas, associadas à adoração de ídolos, De Nobili demonstrou que muitas de tais práticas eram modos tradicionais de identificação do status civil ou eram usadas como ornamentos, sem estarem imbuídas de significado religioso. De Nobili argumentou que instruía os convertidos a abandonarem as práticas religiosas tradicionais e abertamente supersticiosas do hinduísmo, mas que ele próprio adotara os sinais de status puramente civis e as práticas culturais não religiosas e permitia que seus brâmanes convertidos fizessem o mesmo.

Voltou-se, então, com toda carga contra seus detratores que sistematicamente obrigavam os convertidos a adotarem nomes europeus, usarem vestimentas europeias e, por outras formas, abandonarem todos os sinais de seu status dentro da sociedade indiana. De Nobili acusou esses detratores de condenar os convertidos, cruelmente e sem necessidade, a abrirem mão da respeitabilidade dentro de sua sociedade. Os indianos não-cristãos viam os convertidos como "degenerados, cortados da realidade de sua posição anterior e (...) privados de todas as vantagens civis. (...) [Os não-cristãos] não conseguiam compreender por que estipulamos como rígida condição para seguir a lei de Cristo que ninguém deveria se humilhar diminuindo seu status civil, nem abrir mão da dignidade e cada benefício do ser humano".[24]

Afinal, apontou De Nobili, "quanto a cosméticos e perfumes [como a marca de pasta de sândalo reservada aos indianos de casta alta], (...) o próprio Cristo, o mestre dos pregadores, permitia-se o uso de tais coisas".[25] De Nobili fechou seu *tour de force* com o depoimento de "108 brâmanes com o título de Doutor em seus diversos ramos de conhecimento", atestando que realmente não havia nenhum simbolismo abertamente religioso nas práticas que ele permitia que seus convertidos mantivessem. Destacou que estes doutores "não são nem cristãos nem catecúmenos (...) e nenhum deles recebeu dinheiro ou qualquer outra oferenda".[26] E assegurou aos seus superiores jesuítas que guardara cada assinatura dos doutores, "escritas sobre folhas de palmeira indiana", caso fosse necessário verificar seus depoimentos.

Nem mesmo seus críticos mais eruditos poderiam se contrapor a isso com uma resposta bem-informada. Não só a amplitude e a profundidade do seu conhecimento da teologia ocidental eram extraordinários, como os 108 brâmanes que consultou somavam 108 fontes especializadas a mais do que seus críticos chegaram a consultar. Nenhum de seus críticos tinha fluência em sânscrito, e os clássicos do hinduísmo que De Nobili citou eram livros ininteligíveis para eles.

Mesmo assim, as questões sobre as quais De Nobili se desdobrava eram e *são* profundamente complicadas. A prática cultural e a expressão religiosa não podem ser desbaratadas em dois fios totalmente distintos, como De Nobili tentou comprovar. E embutidas em seu enfoque missionário havia outras questões estratégicas controversas. Ele percebeu, por exemplo, que os missionários que o antecederam, ao comerem carne, usarem roupas de couro e serem ritualmente impuros (pelos padrões indianos), haviam se transformado em "intocáveis" aos olhos dos hindus de casta alta. Adotar o status de um brâmane, com seu regime cultural complexo, fazia parte de uma estratégia cuidadosamente elaborada por De Nobili para atrair primeiro os indianos de alta casta, apostando que as castas inferiores os seguiriam. Mas a estratégia envolveu De Nobili em práticas que ele preferia não ter que endossar: por exemplo, impedir que hindus de casta baixa tocassem nele ou preparassem sua comida. Por fim, não importa quão formidável a sensibilidade cultural de De Nobili fosse para seu contexto de século XVII, seu trabalho joga uma luz sobre uma questão que aflige ainda hoje os especialistas em missões no século XX: qual a fronteira entre um diálogo entre as crenças e um proselitismo agressivo?[27]

Pode-se afirmar com segurança que os críticos de De Nobili no século XVII não estavam preocupados com tais questões. Atacaram-no e outros jesuítas espalhados pela Ásia com argumentos que, vistos em retrospecto, apenas confirmam que eles tinham sensibilidades avançadas. Por exemplo, um missionário na China, que não era da Companhia, despachou para Roma um relatório escandalizado porque num quadro comissionado pelos jesuítas, Jesus estava *de sapatos*. A alegação foi levada a sério e os jesuítas tiveram que perder tempo respondendo à questão. A defesa deles era simples: os chineses consideravam andar descalço algo anti-higiênico. Como se poderia esperar que possíveis convertidos chineses respeitassem o Filho de Deus se Ele não tinha as boas maneiras mais elementares?

Outros missionários na China atacaram os jesuítas por se desviarem dos rituais formais de batismo na Igreja: "Os Padres [isto é, os jesuítas], ao batizarem as mulheres, deixam de aplicar saliva em suas orelhas, sal em suas bocas e óleo sobre seus seios e cabeça."[28] A acusação foi assumida. O padre superior da Companhia na China explicou: "Entre os chineses é algo altamente irregular e indecente expor o seio de uma mulher e tocar em suas mãos e em sua boca. Se existe a necessidade dos ministros do evangelho serem circunspectos em sua conduta em relação às mulheres, na China ela existe mais ainda."[29] Os jesuítas deixaram de lado aspectos do ritual europeu de batismo que consideraram tradicionais porém não essenciais, em deferência ao que consideravam como sendo costumes culturais importantes na China.

Acquaviva faleceu anos antes da questão dos métodos de De Nobili ser resolvida. Apesar de o Superior ter dado um parecer favorável à postura fundamental de De Nobili, suas mãos estavam atadas para lhe dar proteção, já que os afazeres de De Nobili numa choupana perto da linha do Equador tinham atraído a atenção de uma autoridade mais alta do que a um simples jesuíta geral. O próprio Vaticano se envolveu na questão e acabou por constituir um comitê teológico para conduzir uma investigação detalhada. Não era consolo para De Nobili o fato de seus colegas na China também estarem sendo postos no pelourinho por suas estratégias de aculturação. O que importava para o *sannyasi* italiano era que estava proibido de aceitar novos convertidos enquanto as investigações sobre seus métodos se arrastavam a passo burocrático. Mas, mesmo com De Nobili intimidado com essa investigação, haveria alternativas piores. O arcebispo português de Goa, Sá e Lisboa, primaz de todas as Índias, perdendo as estribeiras com esse jesuíta italiano arruaceiro em sua jurisdição, incentivou o Grão-Inquisidor de Portugal a atacar De Nobili. Mas as autoridades inquisitoriais concluíram que não tinham o direito de intervir numa questão diretamente sob recurso do Vaticano. Foi a sorte de De Nobili.

Mas essa sorte não era completa. O presidente da *troika* teológica que investigava De Nobili era o arcebispo Peter Lombard, de 70 anos. Esse irlandês havia participado de uma investigação papal anterior sobre outro italiano controverso, e aquele processo não acabara bem para seu réu, certo Sr. Galileu. Ao menos Galileu recebera a chance de participar do seu próprio inquérito. De Nobili, na longínqua Índia, não foi questionado pelo comitê, não pôde oferecer nenhuma informação, nem teve acesso ao seu relatório.

Pena que nunca teve chance de lê-lo. Caso tivesse feito isso, teria ficado agradavelmente surpreso ao ler a citação de *Cidade de Deus*, de Santo Agostinho, feita pelo arcebispo Lombard: "É uma questão de pouca importância na cidade de Deus quando aquele que adota a fé que traz os homens a Deus o adota com tal ou qual traje, ou com tal ou qual estilo de vida, contanto que viva em conformidade com os mandamentos de Deus."[30] O relatório do comitê foi confidencial, mas a decisão do Papa Gregório XV foi anunciada ao mundo em 1523, na bula papal *Romanae Sedis Antistes*, embora tenha levado algum tempo para essa bula chegar a Goa, vinda de Lisboa lentamente por navio: "Concedemos pela presente carta, em virtude da autoridade apostólica, aos brâmanes e outros gentios que tenham sido e que serão convertidos à Fé, permissão para usarem e vestirem os fios de algodão e [deixar crescer] o *kudumi* como sinais de distinção quanto a seu status social, a sua nobreza e outros ofícios."[31]

De Nobili, absolvido, voltou ao trabalho. Quando chegou aos 68 anos, estava praticamente cego e já passara da hora de sua aposentadoria. Isso se aplicaria à maioria das pessoas. Para De Nobili, era apenas o momento de começar uma nova carreira. Cruzou o estreito de Palk até a península do Ceilão (hoje Sri Lanka). Depois de ter maravilhado os brâmanes com seus tratados em tâmil e seduzido os teólogos papais com suas polêmicas em latim, De Nobili pôs seus talentos literários à disposição de uma plateia com menos discernimento, mas muito mais receptividade, escrevendo histórias infantis.

Aquele que fora o conde de Civitella faleceu na cidade indiana de Madras aos 79 anos, pouco depois do cinquentenário de sua chegada à Índia.

A VANTAGEM DA OBEDIÊNCIA

Pessoas independentes e criativas como De Nobili sugerem que os jesuítas estavam sempre prontos a se agarrarem de maneira inovadora às oportunidades que surgissem. Mas havia outro lado da ousadia e inovação. Os jesuítas assumiam votos de *obediência* a Deus, representado por seus patrões jesuítas e também pelo Papa. O jesuíta obediente ideal, de acordo com as *Constituições*, comportava-se "como se fosse um corpo sem vida que se permitisse ser carregado para qualquer lugar e ser tratado de qualquer maneira, ou como se fosse o cajado de um velho que funciona em qualquer lugar e de qualquer maneira que o portador deseja utilizá-lo".[32]

"Corpo sem vida" e "cajado de um velho"? Que imagens revigorantes! Não parece ser coisa de criatividade e inventividade. Aliás, como reconciliar a própria *ideia* de obediência com inventividade e criatividade? Afinal, um "corpo sem vida" ou um "cajado de um velho" não são muito flexíveis, estratégica ou literalmente. Na lista de atributos geralmente associados com obediência, a inventividade certamente estaria entre os últimos lugares.

Mas, na mente de Loyola, obediência era *totalmente* consistente com inventividade. A maioria dos inovadores cujo perfil publicamos aqui – Goes, Ricci, Clávio, Xavier e De Nobili – realizou seus heroísmos mais criativos *acatando* ordens, na ponta inferior daquele cajado de um velho.

Inventividade e obediência estrita são opostas, talvez, mas não para os escolados no modo de proceder jesuíta. Com seu simples "Está bem. Estou pronto", Xavier imediatamente fez suas malas e partiu para a Ásia como se fosse um "cajado de velho", supremo exemplo da obediência jesuíta. Mas chegando lá era um "empresário independente", com desenvoltura e confiança suficientes para montar uma estratégia para todo um continente sem orientação de sua sede: *Ah, te contei que me comprometi com um país novo que achei e que se chama Japão? Ou que estou me dedicando a um novo ramo de negócios: administrar escolas?*

Lembrem-se do desfecho da meditação sobre os três homens e os 10 mil ducados: a resposta ideal não era livrar-se do dinheiro e sim livrar-se do apego ao dinheiro "de tal modo que não exista disposição nem para guardar o dinheiro adquirido nem para dispor dele". No caso dos inovadores jesuítas, isso significava ser flexível o suficiente para emitir ordens, acatá-las ou traçar seu próprio rumo. O espírito da indiferença iluminou a obediência de maneira inteiramente diferente. Não tinha mais a ver com quem dava as ordens e quem as recebia; de um jeito ou de outro, a maior parte dos primeiros jesuítas – e a maior parte das *pessoas* – geralmente desempenha os dois papéis, até no decorrer de um mesmo dia. O principal era cultivar a liberdade – a indiferença – entre fazer um ou outro, e fazer ambos *bem* a fim de conseguir resultados. Os jesuítas são seres humanos, sabem que; poucas coisas sobem tanto à cabeça como dar ordens, e a maioria dos jesuítas gostava da sensação que isso lhes dava. Mas evitavam os cabos de guerra debilitantes, encharcados de ego,

O espírito da indiferença iluminou a obediência de maneira inteiramente diferente. Não tinha mais a ver com quem dava as ordens e quem as recebia. O principal era cultivar a liberdade entre fazer um ou outro, e fazer ambos bem a fim de conseguir resultados.

para poderem focalizar uma meta comum: tomar e implementar decisões bem-informadas que iriam "ajudar as almas".

A obediência propiciava *velocidade* para os empreendimentos dos jesuítas, permitindo que os administradores pudessem reconhecer oportunidades e reagir a elas de modo afirmativo. Loyola certamente estava pensando na capacidade de responder rapidamente quando redigiu esta preciosidade nas *Constituições*: jesuítas obedientes "devem estar prontos para deixar inacabada qualquer carta ou tudo mais de pessoal que se iniciou e aplicar toda a nossa mente e toda a energia que temos [para a tarefa requisitada por um superior]".[33] Para não restar dúvidas sobre o que isso significa, esclareço que ele não instruiu os jesuítas a deixarem inacabada exatamente uma carta de três páginas *(la carta)* para a mãe; exortou-os a deixar inacabada a própria letra (*la letra*) M na carta para a mãe. Certo, nenhuma corporação moderna extrairá votos de obediência do seu corpo de funcionários, não importa quão atraente sejam o salário e os benefícios. Mas qualquer pessoa no ambiente empresarial veloz e competitivo de hoje em dia reconhecerá imediatamente o poder de se ter membros de equipe prontos a acatar ordens, a dar ordens, a planejar seu próprio rumo... E fazer tudo isso com a maior presteza.

A CORAGEM DE DELEGAR AFIRMATIVAMENTE

Essa postura indiferente em relação ao exercício da autoridade começou pelo topo. As ordens religiosas fundadas antes de Loyola lhe deixaram como legado um cardápio de modelos de negócios centralizados e descentralizados. A regra de Bento aconselhava que "sempre que alguma questão importante precise ser resolvida", o abade deveria "convocar toda a comunidade" e solicitar um retorno de todos. Dominicanos e franciscanos convocavam delegados a Roma para congregações trienais de liderança global. Todas as três ordens – beneditinos, dominicanos e franciscanos – encorajavam uma democracia de base, dando poderes às comunidades locais para elegerem seus próprios superiores.

Loyola não tinha tempo para isso. Literalmente. No século XVI, Roma ficava a um mês de viagem de Madri, e ir e voltar significava perder dois meses, sem falar na perturbação de decisões adiadas e trabalhos interrompidos. A reunião importantíssima que elegeu Loyola como Superior foi uma boa indicação do que estava por vir: somente seis dos dez fundadores conseguiram comparecer. Os outros estavam em missões bem distantes consideradas mais importantes. Enquanto os delegados dominicanos e os franciscanos se reuniam em concílios gerais a cada três anos, os jesuítas congregaram apenas oito concílios nos seus primeiro cem anos.

Loyola tampouco toleraria eleições locais de superiores. O Superior dos jesuítas nomeava todos os administradores principais. Essa prática por si afetava profundamente toda a mentalidade da Companhia. Em vez de "repúblicas federativas jesuítas", aglomeradas de maneira solta, os jesuítas eram devidamente globais, com a autoridade irradiando de um forte eixo central para muitas pontas. Quando os líderes dos jesuítas avaliavam candidatos a líderes de equipes, a nacionalidade raramente era um fator importante. Em vez de uma comunidade de espanhóis ser necessariamente liderada por um conterrâneo, comunidades jesuítas poderiam ser encabeçadas por estrangeiros conciliadores ou astros em ascensão sendo preparados para tarefas ainda maiores pela frente.

O que faziam os líderes dos jesuítas com a vasta autoridade que as *Constituições* escritas por Loyola lhes concediam? Se fossem fiéis ao estilo de Loyola e ao *modo de proceder* da Companhia, delegavam essa autoridade àquele, no campo, que pudesse tomar as decisões mais rápidas e bem-informadas. O jesuíta Pedro Ribadeneira descreveu um tipo de chefe para o qual todos gostariam de trabalhar, seja no século XVI ou no século XXI, lembrando:

> a confiança que [Loyola] demonstrou naqueles a quem entregava algum caso importante, outorgando-lhes completa liberdade e crédito e lhes instituindo a autoridade para agir segundo a capacidade e o talento de cada um. E acrescentava às instruções que lhes passava: "Tu que estás no chão poderás ver melhor o que deve ser feito."[34]

Os que se sentissem à vontade no exercício da autoridade não eram contidos, mas recebiam mais poderes. Francisco Borgia fora duque de Gandia antes de juntar-se aos jesuítas. Dada a sua experiência administrativa, não surpreende que Loyola tenha endossado uma decisão dele antes mesmo de conhecê-la: "O que vier a julgar ser melhor aos olhos de Nosso Senhor, aprovo inteiramente. (...) Nesta questão temos somente uma vontade, mas tu, de onde estás, tens mais contato com essas questões."[35] Isso não foi um tratamento especial para com um lugar-tenente predileto. Uma carta semelhante para Simão Rodrigues revela o instinto habitual de Loyola em delegar afirmativamente: "Deixo tudo para teu julgamento e considerarei melhor o que vieres a decidir."[36]

O tratamento dispensado aos que refugassem o exercício da autoridade revela ainda mais. Quando Olivier Mannaerts, vacilante, recorreu a Loyola para decidir uma questão administrativa local, a bola foi passada de volta para Mannaerts: "Olivier, corte o terno de acordo com teu pano. Apenas nos informe como terás agido."[37] O destino, porém, foi ingrato. Quando Mannaerts criou coragem para "seguir seu impulso", criou tantos problemas que sua decisão foi pelo ralo. Ao confessar para Loyola sua trapalhada, não recebeu uma reprimenda, mas foi encorajado imediatamente a retomar as rédeas: "Espero que no futuro tu faças, sem escrúpulos, aquilo que teu julgamento lhe recomendar de acordo com as circunstâncias, não obstante as regras e os estatutos."[38] Encorajar Mannaerts através de sua fragilidade de iniciante compensou plenamente. Anos depois da morte de Loyola, Mannaerts assumiu o comando das operações dos jesuítas na Bélgica e nos Países Baixos, transformando uma região em ruínas numa operação de setecentos jesuítas administrando quase trinta faculdades.

Loyola solucionou o complexo desafio administrativo de construir equipes prestativas, inovadoras, empenhadas globalmente. Isso não exige apenas "muita delegação de autoridade", como indica a sabedoria convencional. A inovação e a curiosidade surgem quando os indivíduos usufruem de ampla latitude e apoio administrativo para assumirem riscos e promoverem experiências. Mas a agilidade e uma mentalidade global geralmente requerem o oposto: uma autoridade centralizada que possa pesar as oportunidades e mobilizar recursos rapidamente, de acordo com as oportunidades emergentes. Em outras palavras, a presteza, a inovação e um enfoque global só ocorrem quando grande parte da autoridade delegada coloca-se junto de grande parte da autoridade centralizada.

É certamente assim que Loyola e seus fundadores viam a questão. A obediência sagrada, que é a autoridade altamente centralizada levada ao extremo ("como se fosse o cajado de um velho") convive com a autoiniciativa liberada ("corte o terno de acordo com teu pano. Apenas nos informe como terás agido"). A indiferença fez com que funcionassem. Os jesuítas autoconscientes mantinham o foco sobre sua meta (ajudar as almas). Não pestanejavam ao confundir os *meios* com a própria meta. Acatar uma ordem hoje, planejar um rumo amanhã... – contanto que caminhassem na direção necessária.

A inventividade floresceu quando os jesuítas puseram uma camada do espírito que afirma que "o mundo todo é o nosso lar" sobre outra camada de atitude indiferente. A inventividade inspirou um otimismo confiante em que as soluções estariam à vista. Com um pensamento alternativo e imaginativo, homens como De Nobili e Ricci encontraram essas soluções, e várias vezes.

O DESAFIO PERMANECE: A INVENTIVIDADE NUM MUNDO EM TRANSFORMAÇÃO

"A questão urgente do nosso tempo é se conseguiremos fazer as transformações serem nossas amigas, não nossas inimigas."

Inácio de Loyola bem poderia ter dito algo assim ao lançar seus jesuítas numa Europa que mudara mais em cinquenta anos do que nos mil anos anteriores. Mas na verdade quem disse isso foi o ex-presidente americano Bill Clinton, em seu primeiro discurso de posse, quase 450 anos após a morte de Loyola. É improvável que Clinton, mesmo tendo sido educado em universidade jesuíta, estivesse ecoando conscientemente a mensagem que Loyola martelava em sua equipe: estejam prontos para as mudanças. Mas a observação do ex-presidente indica que, do século XVI aos dias de hoje, não melhoramos muito no trato com as transformações.

O que era a inventividade dos jesuítas? Nos termos de Clinton, fazer da transformação uma amiga ao invés de uma inimiga. A inventividade dos jesuítas é a capacidade de inovar, de absorver novas perspectivas, de reagir rapidamente diante de oportunidades ou ameaças e de abandonar estratégias que deixam de funcionar para abraçar outras. Como Loyola colocou, inventividade é estar à vontade viajando pelas diversas regiões do mundo e utilizar todos os meios possíveis para alcançar suas metas.

> A inventividade corporativa é cultivada e conquista uma pessoa de cada vez. A Companhia de Jesus abraçou as transformações porque jesuítas individualmente abraçaram as transformações.

Os jesuítas têm navegado pelas transformações desde muito antes da Revolução Industrial e prosseguiram através do *boom* da informática, de uma Europa monárquica a uma Europa democrática que assistiu ao nascimento e à morte do comunismo, de um mundo predominantemente católico predominantemente cristão a um mundo de multicredos a um mundo largamente secular.

Então quais ensinamentos podem nos passar?

Primeiro, que a inventividade corporativa é cultivada e conquista uma pessoa de cada vez. A Companhia de Jesus abraçou as transformações porque jesuítas, individualmente, abraçaram as transformações. Xavier o fez levantando-se e indo para onde fosse necessário, na mesma hora, confiante o bastante para tomar grandes decisões depois de ter chegado. De Nobili abraçou as transformações sendo imaginativo e destemido o bastante para ver o mundo por outras perspectivas e corajoso o bastante para confrontar a hierarquia em defesa de suas ideias. Loyola, alardeando a meta da flexibilidade, mas também dando substância às suas próprias palavras ao delegar o poder e fornecer generosamente incentivos pessoais para os subordinados que assumissem a autoridade delegada.

Os administradores jesuítas concentraram sua energia em libertar os recrutas de seus obstáculos pessoais para que alcançassem a inventividade. O refrão previsível? A autoconsciência é a sua pedra angular. Três aspectos da autoconsciência são essenciais na busca pela inventividade pessoal:

- Libertar-se dos apegos danosos, inspirando-se na indiferença.
- Conhecer seus elementos pessoais irredutíveis: os valores, as metas e os métodos de trabalho que não entram em discussão.
- Ter a confiança de abraçar novos focos e de explorar novas ideias ou perspectivas, nascidas de uma atitude que diz: "o mundo inteiro se torna o nosso lar."

A indiferença permitiu que o conde de Civitella trocasse a vida de um nobre italiano pela porção diária de arroz de um *sannyasi*. Mas a indiferença dos jesuítas não tem a ver, em última análise, com a dimensão *material* de trocar um estilo de vida europeu por outro desconhecido, num mundo novo. Tem a ver com as motivações, os temores e os preconceitos internos que impedem maior abertura e flexibilidade. A indiferença pode ser vista no ego saudável de Xavier, disposto a acatar ordens com a mesma disposição com que promove uma reviravolta e planeja seu próprio rumo. Loyola fornece essa imagem de maneira espelhada. O ex-militar, acostumado a comandar tropas, desenhou uma empresa que colocou a autoridade como elemento central. Entretanto, o mesmo Loyola libertou-se dos impulsos controladores que inibiam a delegação de poder e de atribuições. De Nobili fornece o exemplo mais relevante para nossos tempos modernos. Seu desligamento maior não foi das roupagens de uma vida de nobre, mas dos temores pessoais que tanto obstruem a iniciativa: medo de falhar, medo de cair em desgraça com seus chefes, medo de correr riscos... Sem falar no medo considerável de parecer um idiota completo na frente de seus pares. Correr riscos nos expõe inevitavelmente a alguns ou a todos esses temores naturais, e poucos se desligaram deles com tanta eficácia quanto De Nobili.

Há uma segunda dimensão da autoconsciência também essencial para a inventividade pessoal. Homens como De Nobili, Ricci e seus sucessores na Índia e na China testaram os limites da prática e da expressão cristã por maneiras que deixaram seus contemporâneos dos séculos XVI e XVII perplexos e muitos deles indignados. Sua confiança para agir assim veio não só de sua indiferença, mas também de sua habilidade em identificar seus elementos irredutíveis. Algumas pessoas fogem das mudanças, paralisadas pelo velho temor do que seja diferente. Outras vagam sem rumo de um conjunto de valores e princípios essenciais para outro. As duas reações – paralisia e zigue-zagues incoerentes – indicam o mesmo problema subjacente: a falta de valores e princípios básicos. O momento de analisar isso não é ao ser confrontado por escolhas complexas, quando se está estressado ou quando se está lidando com um problema ou uma oportunidade urgente. Aqueles que se sentam à mesa com uma compreensão forte de seus elementos irredutíveis podem buscar instintivamente as oportunidades adequadas aos seus objetivos maiores. Estar numa choupana de Madurai com seu *kutumi* e seu *tilakam*, não era um bom momento para De Nobili começar a refletir sobre seus valores cristãos básicos. Ele já tivera há anos essa discussão consigo mesmo, e de maneira mais intensa, quando junto com seus colegas, recrutas jesuítas, realizou seu mês de Exercícios Espirituais.

Atingir a indiferença e conhecer seus valores irredutíveis são apenas prelúdios ao que realmente dará vazão à inventividade. Quando Nadal disse aos seus aprendizes que o mundo inteiro se tornaria seu lar, estava incentivando mais do que a mobilidade em si. Estava declarando uma visão fundamentalmente otimista, esperançosa, aventureira e até mesmo brincalhona. Os líderes com uma atitude que encara "o mundo inteiro como sendo o nosso lar" estão sempre ansiosos para ver o há depois da próxima curva da vida. A inventividade se ampara na convicção de que a maior parte dos problemas tem solução, e que a imaginação, a perseverança e uma abertura para novas ideias irão descobri-las.

Se a inventividade ajudou os primeiros jesuítas a identificar estratégias arriscadas e contraintuitivas que os levaram para muito além da cultura tradicional da Europa, seu terceiro pilar de liderança – o amor – trouxe a coragem e a paixão para executar essas estratégias. Homens como Xavier e De Nobili assumiram riscos pessoais enormes ao executarem tarefas difíceis, muitas vezes solitárias. Esses jesuítas, e outros como eles, enfrentaram os desafios energicamente porque atuavam em ambientes carregados de confiança e apoio mútuo. O capítulo a seguir explora este terceiro pilar da liderança jesuíta: a energia, a coragem e a lealdade que os jesuítas encontraram numa empresa unida "mais por amor do que por medo".

CAPÍTULO 8

"Não recusem nenhum talento, nem qualquer homem de qualidade"

Como o amor descobre o talento e une as equipes

Inácio de Loyola exortou os administradores jesuítas a governarem "com mais amor do que medo". Francisco Xavier explicou que "Companhia de Jesus" significa 'uma companhia de amor e conformidade das mentes' e não de 'severidade e temor servil.'" O sucessor de Loyola como Superior, Diego Laínez, escreveu para os jesuítas na Índia: "Não me parece ser necessário vos escrever uma carta especial, pois sempre me comunico com vossos superiores a respeito de questões essenciais. (...) Contudo, eu almejava a satisfação de vos escrever e de falar convosco neste momento como marca de meu afeto por vós, que carrego em meu coração, inscrito e impresso sobre minha alma."[1]

As *Constituições* e a correspondência dos jesuítas fervilham com tais expressões. Os cofundadores estavam determinados a cultuar o amor como uma pedra angular de sua Companhia iniciante.

Por que isso? Seus sentimentos não eram meramente reflexos piedosos do grande mandato judaico-cristão para "amar o próximo como a ti mesmo". Ao incitar incessantemente sua equipe para uma visão generosa e abrangente do amor, Loyola e seus cofundadores utilizaram um princípio revigorante de liderança. O amor era a liga que unificava a Companhia de Jesus, uma força motivadora que energizava seus esforços. Mais profundamente, o amor era a lente através da qual os indivíduos jesuítas contemplavam o mundo à sua volta. Amar seus superiores, seus pares, seus subordinados, seus inimigos e aqueles aos quais serviam mudou não somente a maneira como os jesuítas viam os outros, mas *o que eles viam*. Sua visão

O amor era a lente através da qual os indivíduos jesuítas contemplavam o mundo à sua volta. Amar seus superiores, seus pares, seus subordinados, seus inimigos e aqueles aos quais serviam mudou não somente a maneira como os jesuítas viam os outros, mas *o que eles viam.* Sua visão tornou-se mais aguda, os olhos abertos para o talento em potencial.

tornou-se mais aguda, os olhos abertos para o talento em potencial.

Em suma, a liderança impulsionada pelo amor é:

- A visão para enxergar o talento, o potencial e a dignidade de cada pessoa.
- A coragem, a paixão e o compromisso para destravar esse potencial.
- O apoio mútuo e a lealdade resultantes e que energizam e unificam as equipes.

NÃO RECUSAR NENHUM TALENTO: O FORASTEIRO QUE VIROU LÍDER

O povo judeu tinha sido *expulso* da Espanha, a terra natal de Loyola, e Roma estava à beira de confiná-los em guetos. A maioria dos europeus não queria ser vista na companhia de um judeu, mas aqui estava o fundador dos jesuítas dizendo aos seus colegas de mesa que uma linhagem judia seria uma graça especial: "Pois imaginem! Que um homem possa ser parente sanguíneo (...) de Cristo nosso Senhor."[2]

Loyola foi criado na nação mais ativamente antissemita da Europa. Muitos americanos associam instintivamente os soberanos espanhóis Ferdinando e Isabela à viagem pioneira de Colombo para o Novo Mundo em 1492. Mas suas altezas assumiram outras iniciativas reais dignas de nota naquele ano. Finalmente haviam conseguido vencer os mouros a fim de unir a Espanha sob sua liderança. Uma liderança *cristã.* Os monarcas não perderam tempo e enfatizaram isso com um decreto de 1492 expulsando os judeus de seu reino. Diante de um ultimato para que se convertessem ou fugissem,

50 mil judeus espanhóis tornaram-se católicos, pelo menos em nome, e três vezes mais fugiram para a Itália, o norte da África e outros lugares.

Loyola estava estudando em Paris há cinco anos quando chegou Diego Laínez, filho de mercadores ricos de Castilha. Os dois se encontraram no primeiro dia de Laínez na cidade. O recém-chegado deve ter ficado aliviado ao encontrar um conterrâneo espanhol que percorria à vontade os becos do bairro universitário. Mas Laínez não precisou de ajuda por muito tempo. Quer navegando pelas ruas de Paris ou por tratados escolásticos, Laínez logo ultrapassou Loyola e mais tarde foi saudado por um dos cofundadores como sendo "imbuído de um intelecto singular, quase divino".

Mas havia algo ainda mais notável em Laínez, dentro das circunstâncias particulares do século XVI: era descendente de judeus. Seu tataravô se convertera ao cristianismo, e no código da época isso fazia de Laínez um *nuevo cristiano* (cristão-novo). Não era um elogio. Mesmo assim, *nuevo cristiano* era menos ofensivo do que a maioria dos outros rótulos afixados aos descendentes dos judeus convertidos ao cristianismo. Um termo menos técnico era bem mais popular: *marrano* (suíno).

O círculo de Loyola em Paris incluía menos de meia dúzia de pessoas quando Laínez, o *marrano*, juntou-se a eles. Xavier já era parte do grupo, assim como o português Simão Rodrigues, escolhido para acompanhar Xavier até a Índia, embora não tenha passado de Lisboa. Alguns anos depois, Loyola, Laínez, Xavier, Rodrigues e poucos mais fundaram a *Compañia de Jesus*, o que levou Laínez a percorrer um caminho improvável. Ele não poderia nem passar pela porta da maioria das outras ordens religiosas, que excluíam os cristãos-novos de suas fileiras. Mesmo assim, junto com Loyola e outros, estava fundando e administrando uma ordem religiosa. Além disso, logo Laínez destacou-se entre o grupo de líderes. Segundo Loyola, "a ninguém, nem mesmo a Francisco Xavier, a Companhia deve mais do que a Mestre Laínez".[3] Ninguém ficou surpreso quando Loyola incumbiu-o de chefiar os jesuítas na Itália, que não só era o centro nevrálgico do poder da Igreja, mas era de longe o maior e mais importante centro de operações dos primeiros jesuítas.

O que não significa que a tarefa fosse divertida. Xavier, nos rincões da Ásia, gozava de plena liberdade para elaborar a estratégia dos jesuítas para todo um hemisfério. O coitado do Laínez teve que dirigir uma operação nacional com seu patrão, Loyola, do outro lado do corredor. Dois líderes fortes compartilhando uma mesma cidade com atribuições que se sobrepunham não era uma fórmula ideal para relações cordiais. Loyola "esqueceu" de consultar Laínez, o chefe do país, antes de convocar um jesuíta talentoso de Veneza para Roma; Laínez prometeu a Veneza um substituto igualmente talentoso, da equipe de Loyola, sem consultá-lo.

Laínez passou a reclamar com os colegas que as interferências enxeridas de Loyola tornavam-se mais que uma ligeira irritação. (É um alívio saber que mesmo santos jesuítas, esclarecidos, eram presas das mesmas disfunções que animam a vida das corporações modernas.) Então, um dia, chegou uma carta para Laínez do secretário de Loyola. Loyola *era* o Superior, afinal, e falar mal do patrão abertamente era uma atitude tão temerária para uma carreira no século XVI quanto é no século XXI. A carta "esclarecia" o relacionamento de trabalho entre o chefe dos jesuítas e o gerente de sua filial na Itália:

> Nosso pai [isto é, Loyola] não está nem um pouco satisfeito com Vossa Reverência, e quanto mais porque as faltas daqueles que são amados são sempre mais sérias para aqueles que os amam. (...)
>
> E mais, ele me pediu para vos escrever e dizer a vós que cuide do seu próprio cargo, no qual, se o fizeres bem, estarás fazendo mais do que pouco. Não deveis ter o trabalho de oferecer a vossa visão dos assuntos pertinentes a ele, pois não deseja nada de ti, a não ser que lhe peça; e quanto menos agora do que quando assumistes, já que vossa administração de vossa própria província [a Itália] não tem feito muito para aumentar o vosso crédito em seus olhos. Examinai estes erros na presença de Deus nosso Senhor, e por três dias destine algum tempo de oração para este fim. Aí então escreva, se admitires que sejam erros e falhas. Escolha também a penitência

> que julgais merecer; escreva isso e envie-o para ele. Mas não faça a penitência nesse sentido antes de receberes a resposta de nosso pai.[4]

Laínez não precisou fazer uso de seu intelecto singular, quase divino, para perceber que era hora de reconhecer o erro. Em sua resposta, foi fundo em propostas excessivas para a penitência que julgava merecer.

> Eu agora escolho (...) que pelo amor de nosso Senhor tu me removerás da tarefa de cuidar de outras pessoas, retirarás minhas pregações e meu estudo, deixando-me apenas meu breviário [isto é, livro de orações], e me convocará para ir a Roma, mendigando no caminho, e me colocará para trabalhar na cozinha, ou servindo as mesas, ou no jardim, ou em qualquer outra coisa. E quando eu não servir mais para essas coisas, coloque- me na classe mais baixa da gramática e assim até a morte, sem nenhum outro cuidado por mim (em coisas externas), como eu disse, do que terias com uma vassoura velha. Esta penitência é minha primeira escolha.[5]

Loyola não estava disposto a acatar o pedido de um Laínez ultraescrupuloso para que mendigasse em sua viagem até Roma e fosse "trabalhar na cozinha, ou servindo mesas, ou no jardim". Numa empresa dedicada a "não recusar nenhum talento, nem qualquer homem de qualidade", Laínez não seria subutilizado. A raiva de Loyola provavelmente tinha passado bem antes de chegar a carta penitente de Laínez. Se Loyola chegasse a impor algum castigo, não seria nada tão drástico quanto as ideias extremadas que Laínez estipulara.

O talento de Laínez era tão evidente para seus colegas quanto era para Loyola. Quando Loyola faleceu, Laínez foi eleito seu sucessor.

UM COMPROMISSO COM A EXCELÊNCIA

Laínez, o conselheiro papal e administrador dos jesuítas na Itália, era somente o mais destacado numa longa linhagem de jesuítas cristãos-novos. Era a personificação de um princípio de Loyola, o de que as qualidades de uma pessoa eram mais importantes do que sua linhagem. Enquanto outras ordens religiosas desprezavam os cristãos-novos, Loyola os arregimentava como um ganho para os jesuítas: talento inconteste para uma empresa em crescimento. Ao revelar sua herança judia, Henrique Henriques foi expulso da ordem franciscana, pois as regras dos franciscanos não permitiam que descendentes de judeus ou de mouros fossem membros. Loyola logo o pescou, saltando alegremente sobre o obstáculo adicional de obter a aprovação do Vaticano, necessária para se admitir numa ordem religiosa alguém que fora desligado de outra.

Henriques mais do que compensou os esforços de Loyola. É um jesuíta muitas vezes esquecido, espremido entre os dois mais proeminentes heróis da Companhia na Índia: Xavier e De Nobili. Mas suas contribuições não foram menos vitais. Certo, Xavier abriu a Índia para os jesuítas, mas foi Henriques o autor do primeiro livro de gramática tâmil publicado na Europa, capacitando gerações de jesuítas a entenderem produtivamente o legado de Xavier. De Nobili testou os limites da expressão cristã incorporando a linguagem e a imagística dos clássicos hindus, mas foi o catecismo original em tâmil de Henriques que deu a partida na obra de De Nobili. É verdade que o tâmil de Henriques não era perfeito. Quando ele inocentemente (e ingenuamente) escolheu a palavra *misei* para "missa", deixou seu público tâmil, já confuso quanto à aparência física e os hábitos estranhos dos europeus, preocupado com esses pregadores ocidentais que insistiam constantemente no sacrifício sagrado do "bigode" (o significado de *misei* em tâmil).

Outro jesuíta que era cristão-novo, Alexandre de Rhodes, fez um esforço igualmente corajoso para dominar a língua vietnamita. Como seus colegas que o precederam no Japão, na China e na Índia, Rhodes entrou na Cochinchina (sul do Vietnã) pronto para uma aculturação. Mas ele deu uma contribuição fundamental para a cultura que o recebia, ultrapassando até as façanhas de Ricci. Ajudou a elaborar um roteiro da língua vietnamita em letras romanas para substituir os caracteres adotados do chinês, que eram usados até então. Séculos depois, essa escrita foi formalizada como *quoc ngu* (escrita nacional) dos vietnamitas. Ele recebeu uma homenagem póstuma por seus esforços reservada para pouquíssimos ocidentais: uma estátua celebrando Rhodes foi erguida no centro de Saigon (atualmente Cidade de Ho Chi Minh).

Não só nas distantes terras da Índia e do Vietnã, mas por toda a Europa, os jesuítas cristãos-novos estavam entre os maiores propagadores da visão e do estilo dessa empresa iniciante que crescia rapidamente.

Essa política na admissão de convertidos não passou despercebida. O administrador da faculdade jesuíta em Córdoba escreveu para a sede da ordem explicando por que os alunos não estavam entrando para os jesuítas depois de se formarem: "Aqueles que possuem a vocação [sacerdotal] entram para o monastério dominicano em San Pablo, onde, dizem, há uma comunidade de *caballeros*, ao passo que em nossa escola somente os judeus viram jesuítas. O preconceito quanto a isso é tão forte que sempre que alguém tem a ousadia de juntar-se a nós, é visto como alguém que recebeu o *san-benito* [isto é, a túnica amarela com a qual os oficiais da Inquisição vestiam os falsos convertidos do judaísmo]."[6]

Apesar da pressão, Loyola manteve o compromisso de recrutar os *aptissimi*, independente de sua origem. Quando o administrador dos jesuítas na Espanha reclamou que essa atitude liberal para com os candidatos judeus colocava em risco a reputação da Companhia na corte real, recebeu uma resposta curta e grossa do secretário de Loyola: "Se como consequência da atitude da corte e do rei julgares impossível admitir os convertidos na Espanha, mande-os para cá, contanto que sejam de bom caráter. Em Roma não nos preocupamos com as origens de um homem, apenas com suas qualidades."[7] A mensagem subjacente ficou clara, e a Espanha continuou a admitir os convertidos qualificados.

A tensão na Espanha era real e crítica, não sendo apenas invenção de um administrador local fraco e antissemita. Loyola foi muito pressionado pelo conde de Eboli, um dos principais cortesãos do país. Mas não cedeu: "Disseram-me que Vossa Excelência encontra-se insatisfeito por admitirmos tantos 'cristãos-novos' em nossa Companhia. A Companhia reserva-se o direito – e deve exercê-lo – de não excluir pessoa alguma. (...) Não pode recusar nenhum talento, nem qualquer homem de qualidade, quer seja 'cristão-novo' ou nobre cavaleiro ou outro qualquer, se seu comportamento religioso for útil e estiver em conformidade com o bem universal."[8]

As diretrizes que pautaram o sucesso da equipe de Loyola continuam relevantes hoje para qualquer empresa em qualquer ramo. Encontre o máximo possível dos melhores, os *aptissimi*. E receba todos os talentosos, quer sejam "nobre cavaleiro ou outro". O que distinguia a equipe de Loyola das demais não era apenas sua disposição em "contratar" os talentos que as outras ordens religiosas desprezavam, mas o fato de *enxergar* o potencial e o talento humanos onde os outros nem procuravam. O amor era a visão guia que lhes permitia isso.

A ESSÊNCIA DA LIDERANÇA MOVIDA PELO AMOR

Como poderia ser que a maior parte da cristandade olhasse para Henrique Henriques – ou mesmo Diego Laínez – e visse um convertido sem valor, e Inácio de Loyola enxergasse nele um recruta e colega em potencial? Ou que Loyola conseguisse desafiar de maneira tão impudente os poderosos da Europa e a mentalidade do seu tempo, declarando que seus jesuítas não poderiam "recusar nenhum talento, nem qualquer homem de qualidade, quer seja 'cristão-novo' ou nobre cavaleiro"?

Isso é a liderança movida pelo amor: a visão que leva a enxergar o talento, o potencial e a dignidade de cada um; a coragem, a paixão e o compromisso em destravar esse potencial; a lealdade e o apoio mútuos resultantes que energizam e unem as equipes.

Essa visão se formava primeiro durante os Exercícios, quando a meditação culminante lembra a cada jesuíta o seu potencial e a sua dignidade, a energia divina que lhe concede sua "existência, vida, sensações e inteligência; e indo além, tornando-o templo [de Deus]". A meditação então estimula cada recruta a considerar como essa mesma energia aviva todas as criaturas sobre a face da terra, "propiciando a eles sua existência, conservando-os (...) e assim por diante".

Em outras palavras, Loyola estava dizendo: olhe primeiro para si mesmo; depois considere os outros. Ninguém percebe os outros com precisão sem antes alcançar uma autoestima saudável. Aprecie seu potencial, seu talento único e sua dignidade humana fundamental. Depois olhe para os outros: seu direito inato é nada menos que a mesmíssima dignidade humana.

Outrossim, o amor não é apenas ver, mas fazer algo a respeito do que se vê. A Contemplação para alcançar o amor não só dota os jesuítas com uma visão de mundo, mas também com um compromisso para que façam dessa visão do mundo uma realidade viva, no dia a dia, para todos aqueles que encontrem: "O amor deve se manifestar mais por atos do que por palavras."

Amor como visão e compromisso? O que aconteceu com as lições mais simples que aprendemos no catecismo e na escola dominical, onde o amor implicava deveres menos complexos, como tratar bem o seu vizinho? O compromisso – no fundo, a *paixão* – de desenvolver o potencial humano vai além de ser bonzinho. Quando o potencial humano é desrespeitado, desperdiçado ou frustrado, o amor leva a confrontos. O amor deu coragem a Loyola para desafiar o conde de Eboli, e o amor compeliu os jesuítas a enfrentarem os colonizadores na América Latina, como veremos mais adiante. O amor, no mundo dos negócios de hoje, motiva o chefe que

O amor, no mundo dos negócios de hoje, motiva o chefe que reserva um tempo que às vezes nem tem para ajudar o funcionário prestativo a fazer melhor, para iniciar a conversa constrangedora que obrigará o sujeito mandão a se confrontar com seu comportamento desagradável.

reserva um tempo que às vezes nem tem para ajudar o funcionário prestativo a fazer melhor, ajudar o funcionário iniciante a planejar um rumo para sua carreira dentro da empresa, para iniciar a conversa constrangedora que obrigará o sujeito mandão a se confrontar com seu comportamento desagradável.

O amor às vezes leva a confrontos dentro de famílias ou de equipes. Apesar da avaliação generosa de que a ninguém "deve mais esta Companhia do que ao Mestre Laínez", às vezes não parecia assim para Laínez. Sua discussão com Loyola em torno de remanejamento de funcionários não foi, nem de longe, o único confronto com seu mentor. De fato, um Laínez exasperado certa vez reclamou com um colega: "Meu Deus, o que fiz eu contra a Companhia para que o santo [Loyola] me trate assim?"[9]

O *que* fizera ele? Nada mais, talvez, do que não estar à altura do enorme potencial que Loyola enxergava nele. O jesuíta Pedro Ribadeneira certa vez descreveu a postura gerencial de Loyola: "Para os ainda infantes na virtude, Loyola dava leite; mas, para os mais crescidos, casca de pão; ao passo que tratava os perfeitos com ainda mais rigor, para que avançassem a toda velocidade rumo à perfeição."[10] Essa descrição, embora um tanto piegas, capta a paixão inconfundível pela excelência que anima os líderes amorosos. Para Loyola, liderar era ajudar os outros para que "avançassem a toda velocidade rumo à perfeição". Ou, em outras palavras, um compromisso de fazer com que os outros percebessem todo o seu potencial humano.

É claro, a maioria dos chefes tiranos criaria autojustificativas semelhantes. Quem sabe, esses maníacos nos enlouquecendo estão apenas nos ajudando a avançar rumo à perfeição. Mas ninguém está dizendo que fazem isto por serem líderes movidos pelo amor. Por que Loyola seria diferente? Talvez porque sua motivação era *desenvolver* os outros, para que levassem adiante os propósitos dos jesuítas, não *usar* os outros para alcançar propósitos de seu próprio interesse. Outro trecho da carta penitente de Laínez para Loyola contém sua frase mais reveladora: "Verdadeiramente aceito no amor o que é dito no amor." E Laínez, como *qualquer pessoa*, atentou para o que foi dito no amor, ou seja, por chefes que inspiravam a confiança de estarem apoiando, não manipulando, seus subordinados. Mais importante do que aquilo que um chefe diz para extrair um desempenho melhor dos membros de sua equipe é a atitude que o motiva, como o secretário de Loyola aconselhou para um administrador jesuíta: "Para [uma crítica ou feedback] ser bem-sucedida, ajuda muito se a pessoa que corrige tiver alguma autoridade ou *agir com grande afeto, um afeto que possa ser reconhecido.* Se qualquer dessas qualidades estiver ausente, a correção não funcionará" (destaque do autor).[11]

O que distingue os tiranos dos líderes movidos pelo amor? "Um grande afeto" combinado com a paixão por ver os outros avançando "a toda velocidade rumo à perfeição." Uma liderança movida pelo amor não empurra os outros à frente sem se preocupar com suas aspirações, seu bem-estar ou suas necessidades pessoais. Tampouco é bancar o chefe bonzinho que deixa passar desempenhos fracos e que podem prejudicar as perspectivas a longo prazo de seu subordinado. Pelo contrário, os líderes movidos pelo amor anseiam por ver talentos latentes brotarem e ajudam que isso aconteça. Em termos mais prosaicos: quando é que crianças, estudantes, atletas e funcionários atingem seu pleno poder? Quando são criados, ensinados ou administrados por técnicos ou por pessoas que geram confiança, dão apoio e incentivo, descobrem seu potencial e estabelecem padrões altos.

Quando a liderança movida pelo amor cria raízes de maneira ampla, energiza os desempenhos e resulta em laços singulares que unem uma equipe. Os primeiros jesuítas estavam dispersos pelo mundo, não reunidos convenientemente dentro de paredes de mosteiros, como os monges beneditinos. Os jesuítas eram homens de opinião, bem-educados, talentosos, ambiciosos. Suas táticas direcionadas de cima para baixo levava-os a interagir com líderes acadêmicos, culturais e políticos influentes que competiam para tê-los como aliados. Em suma, para se manterem unidos, os primeiros jesuítas enfrentaram os mesmos obstáculos de qualquer grande empresa global hoje. Como foi forjada a unidade da corporação entre equipes talentosas distantes entre si e expostas regularmente a pontos de vista em competição? Foi inspirada por um vistoso folheto expondo as maravilhas da missão da empresa? Por um pacote de benefícios funcionando como algemas de ouro prendendo os jesuítas à empresa? Por um plano de compensações salariais com participação nos lucros? Por um boletim informativo mensal? Tudo isso talvez crie ligações com uma empresa, mas não dos tipos pretendidas por Loyola: laços fortes de afeto mútuo, que chamava de "união de corações". E essa união de corações começava pelos líderes:

> Entre outras qualidades, a boa reputação e o prestígio [do Superior] entre seus subordinados serão de grande valia; e assim também o fato dele ter amor por eles, e preocupar-se com eles, e manifestar esse amor e essa preocupação. (...)
> Uma ajuda adicional é ele ter um método de comando bem pensado e organizado; e buscar manter a obediência pelos subordinados de tal modo que o superior, de sua parte, faz uso de todo o amor, modéstia e caridade possíveis em nosso Senhor, para que os subordinados se disponham a ter mais amor do que medo em relação a seus superiores, embora ambos sejam úteis em determinadas ocasiões.[12]

Os jesuítas buscavam um ambiente de mais amor do que de medo. Loyola estava – e está – desafiando a noção predominante de que aqueles que são tolos o bastante para atuarem com todo o amor, modéstia e caridade possíveis serão devorados vivos. Nicolau Maquiavel resumiu eloquentemente esse ponto de vista, aconselhando os líderes: "Se tiver que escolher, ser temido é mais seguro do que ser amado." Enquanto a equipe de Loyola empenhava-se pela dignidade, pelo potencial e pelo talento humano, Maquiavel via a humanidade por outra lente: "Pois uma boa regra geral sobre os homens é que são ingratos, volúveis, mentirosos e falsos, temerosos do perigo e ávidos pelo lucro. (...) As pessoas preocupam-se menos em ofender um homem que se faz amado do que um que se faz temido: o motivo é que o amor é um elo de obrigação que os homens, por não prestarem, quebrarão toda

Os jesuítas buscavam um ambiente de mais amor que medo. Loyola estava – e está – desafiando a noção predominante de que aqueles que são tolos o bastante para atuarem com todo o amor, modéstia e caridade possíveis serão devorados vivos.

vez que julgarem que isto lhes será vantajoso; mas o temor envolve o medo do castigo, dos qual nunca conseguirão escapar."[13]

Os jesuítas não concordaram e seguiram pela estrada do amor, em direção ao seu grande sucesso, e para o benefício daqueles aos quais serviram.

O QUE OS PESQUISADORES DIZEM SOBRE A MOTIVAÇÃO

Quatrocentos anos depois de Loyola e Maquiavel, Douglas McGregor, psicólogo social, expôs uma variação sobre o conflito ideológico entre os dois. McGregor teorizou que o comportamento dos chefes em relação aos subordinados muitas vezes reflete atitudes subjacentes em relação à humanidade de modo geral. Os chefes pertencentes à "Teoria X" presumem, às vezes de forma pouco consciente, que os homens são fundamentalmente "preguiçosos e, portanto, devem ser motivados e controlados".[14] Os chefes pertencentes à "Teoria Y" presumem que os humanos "são basicamente automotivados e, portanto, precisam ser desafiados e encaminhados".[15] Para os chefes maquiavélicos da Teoria X, o desafio é *fazer com que trabalhem.* Para os gerentes loyolianos, o desafio é fazer com que *queiram* trabalhar.

Não é uma distinção teórica abstrata. A pesquisa de Paul Osterman, economista do MIT, o convenceu de que a Teoria X está prevalecendo nos locais de trabalho dos Estados Unidos. "Empresas estão descobrindo que podem alcançar suas metas mantendo certo nível de medo [de ser despedido] na força de trabalho e que isso leva as pessoas a trabalharem mais."[16]

Loyola, Maquiavel, McGregor, todos concordam com o seguinte: nossa visão básica do mundo – nossa visão da humanidade – inevitavelmente afetará nossos atos no dia a dia. Raramente nossas visões do mundo são colocadas tão claramente quanto as de Loyola ou Maquiavel, mas, mesmo sendo malformadas e pouco conscientes, determinam nosso comportamento. Se os humanos são "ingratos, volúveis, mentirosos e falsos, temerosos do perigo e ávidos pelo lucro", você os tratará de acordo, sempre alerta para os danos que podem causar se não forem controlados, arrebanhados, tocados ou microgerenciados por seus chefes. Mas se uma energia divina estiver lhes concedendo "existência, vida, sensações, e inteligência; e indo além, tornando-o templo [de Deus]", você irá apoiá-los, incentivá-los e mesmo – ouso dizer – amá-los.

As duas visões da humanidade estavam em questão quando uma pequena equipe de jesuítas chegou à região do Rio da Prata, na América do Sul.

UM TRIUNFO DA HUMANIDADE: AS REDUÇÕES NA AMÉRICA DO SUL

Diego de Torres Bollo estava simplesmente obedecendo à lei. Mas obedecer *àquela* lei implicava escolher um lado. E o lado que ele escolheu encaminhou os jesuítas por uma estrada sem retorno. Ao fim da viagem, milhares morreram e os jesuítas foram expulsos de um continente.

Em 1608, Torres chegou à região do Rio da Prata, recém-nomeado administrador de uma equipe em um remanso. A província dos jesuítas no Paraguai estendia-se por uma área de quase metade do tamanho da Europa continental, onde se localizam hoje: Chile, Argentina, Paraguai, Uruguai e partes do Brasil e da Bolívia. A essa altura, o Cone Sul das Américas decepcionara praticamente todos os colonizadores ávidos por ouro que passaram por lá. Os primeiros exploradores batizaram sua entrada de Rio da Prata (Rio de La Plata). Não só não havia ali muita plata, como não havia quase nada que interessasse aos europeus. Em Lima reluzia o ouro dos incas; Assunção (o primeiro povoado permanente na região do Rio da Prata) oferecia pouco mais que lama e mosquitos.

Quando Torres chegou, o sistema de *encomienda*, implantado para promover a colonização das possessões espanholas no além-mar, era parte intrínseca da cultura. Não era fácil para a Espanha convencer seus cidadãos a se fixarem na América do Sul. Depois de uma viagem perigosa por mar, os colonos se viam bem distantes da família e dos amigos, assim como diante de perspectivas econômicas incertas. O sistema de encomienda foi um dos poucos incentivos com os quais a coroa espanhola pôde acenar para interessá-los. Os *encomienderos* na América do Sul recebiam não só concessões substanciais de terras, mas também uma "encomenda": povos indígenas com os quais poderiam trabalhar essas terras por um período designado a cada ano. O sistema tinha algo para todos: para o *encomendero*, terra e mão de obra; para a coroa espanhola, um meio de convencer emigrantes a se estabelecerem nos territórios recém-colonizados; e, para os povos indígenas, proteção e evangelização.

Proteção contra o quê? Bem, contra seus inimigos. Claro, os indígenas e seus ancestrais tinham se protegido contra os inimigos locais durante séculos antes de os espanhóis chegarem. Os únicos inimigos contra os quais não tinham proteção eram os próprios colonos espanhóis. Era um exercício conveniente, embora estranho, dentro de uma lógica circular: as *encomiendas* no fundo eram uma proteção oferecida *pelos* colonos para os indígenas se protegerem *dos* colonos. Pior ainda, não demorou para que o período designado de trabalhos anuais passasse a ser de "tempo integral". O sistema de *encomienda* degenerou-se numa escravidão maldisfarçada. A favor da coroa espanhola, deve ser dito que esta logo respondeu com leis visando a eventual erradicação desse sistema.

A ênfase aí foi no eventual. Em 1609, o sistema ainda vigorava, e Torres declarou que iria obedecer a leis espanholas existentes há décadas, encerrando as *encomiendas* nas estâncias dos jesuítas e recontratando os trabalhadores indígenas como assalariados. Não foi um gesto de inocência ideológica. Torres estava desafiando um sistema que sustentava toda a economia da região e sabia disso. Ter sido um de seus primeiros atos como provincial jesuíta no Paraguai apenas aumentou seu impacto simbólico.

Ninguém aplaudiu. Na verdade, todos aqueles cuja sobrevivência econômica dependia das encomiendas ficaram furiosos. Torres escreveu que o magistrado local -fugiu, evitando certificar o ato do jesuíta, "como se temesse a ira dos cidadãos".[17] E os cidadãos mostraram seu descontentamento de forma bem direta, "cortando os donativos e os alimentos por diversos dias durante os quais broa de milho foi o cardápio do refeitório [dos jesuítas]".[18] E ficaria ainda pior.

Se Torres não fez amigos com sua grande estreia, não parece ter se importado com isso. Seu alvo não eram os mil ou 2 mil espanhóis ou mestiços vivendo em Assunção, Córdoba ou Buenos Aires, mas uma população cem vezes maior, espalhada por toda a região do Rio da Prata. Os guaranis, os guaicurus e outras tribos indígenas não viriam bater à porta dos jesuítas em Assunção ou outra parte. Então, Torres dispersou seus jesuítas pelos rios Paraguai e Paraná para encontrá-los. Depois de ganhar a confiança das tribos locais, cada equipe jesuíta trabalhava com uma tribo específica na construção de um pequeno povoado. Os jesuítas chamavam esses vilarejos de reducciones, por aspirarem "reduzir" o número de tribos seminômades e dar aos índios moradias permanentes. Um dos primeiros povoados foi batizado de "San Ignacio", nome que deve ter sido escolhido pelos jesuítas e não pelos guaranis.

Essas expedições eram perigosas? Provavelmente. Torres relatou a Roma que uma equipe atuava numa região ameaçada por selvagens "tão cruéis que devoravam os mortos em batalha e faziam flautas de suas canelas e taças de suas caveiras".[19] Porém, tudo é relativo. Os jesuítas podem ter considerado que quaisquer perigos ocultos nas selvas sul-americanas não eram nada comparados com o que tinham sofrido nas mãos de seus conterrâneos europeus. Durante toda a história das missões guaranis, por mais de um século, 26 jesuítas tiveram mortes violentas; mas, em apenas um ano, os europeus massacraram o dobro de jesuítas. Em 1570, um corsário huguenote interceptou um navio transportando jesuítas para o Brasil. Quarenta foram atirados ao mar, alguns decapitados antes, outros com os membros cortados fora. No fim, os piratas devem ter ficado entediados ou então exaustos de tanta carnificina: atiraram os últimos dos quarenta ao mar ainda vivos, para que tentassem nadar através do sangue espesso de seus colegas mortos e moribundos. Ou talvez tenham feito isso só pela curtição, aguardando divertidos o que iria acontecer quando o sangue atraísse animais predadores. Em 1571, uma dúzia de jesuítas viajando para o Brasil perdeu a vida para ataques piratas. Ao todo foram 52 mortos, o dobro dos que se foram nas reduções.

Claro, o número de jesuítas assassinados por ameríndios ou piratas europeus foi minúsculo comparado com o número de indígenas mortos por europeus. Os colegas de Torres sabiam que quem precisava de proteção eram os guaranis, não os próprios jesuítas. Então Torres tentou uma estratégia que equivalia a começar tudo do zero. Negociou com a coroa para que os povoados guaranis obtivessem proteção dos chamados europeus civilizados. Os jesuítas se instalaram junto com os guaranis em vilarejos recém-construídos subordinados diretamente à coroa espanhola e distantes do controle e da influência dos povoados espanhóis, bem como do sistema de *encomienda*.

Os jesuítas e seus parceiros guaranis conviviam bem? Na verdade, a visão dos jesuítas estava longe de ser perfeita. Quaisquer liberdades que as reduções ofereciam aos guaranis vinham dentro de um sistema paternalista que mal lhes concedia respeito humano e liberdade total. Mesmo assim, o experimento corajoso e visionário dos jesuítas estava a anos-luz da mentalidade e das práticas de seus contemporâneos do século XVII. Os livros de história têm louvado os esforços dos jesuítas, com os próprios títulos já contando o enredo: *O paraíso perdido* e *Uma arcádia que se foi*. Até mesmo Voltaire, longe de ser um amigo do que ele chamava de "aquele poder estúpido, a Igreja [Católica]", elogiou as reduções como "um triunfo da humanidade [que] expia os atos cruéis dos primeiros conquistadores".

Músicos, astrônomos e escritores: desenvolvendo o potencial humano

Antonio Sepp, tirolês, poderia atestar esse triunfo da humanidade. Sepp se formara numa escola da corte de Viena, Les Petits Chanteurs, junto com outros prodígios musicais, mas escolheu uma carreira inusitada: como jesuíta e como maestro de um conservatório numa redução. Anos depois de seus estudos, e num continente completamente diferente, Sepp relatou que seu conservatório em Yapeyú de los Reyes produzira "os seguintes futuros mestres da música: seis trompetistas, quatro organistas, dezoito cornetistas, dez fagotistas".[20] Isso tudo em *um ano*. Sepp, quando jovem, conhecera uma boa quantidade de músicos talentosos, então, presumivelmente, tinha base de comparação ao observar: "A característica genial [dos guaranis] é a música. Não existe instrumento que não aprendam a tocar em pouco tempo. E o fazem com a técnica e a delicadeza que se admira nos mestres mais prendados."[21] Bem, talvez faltasse objetividade a Sepp. Afinal, era o professor deles. Mas Sepp não era o único aficionado do talento guarani, nem era sua tutelagem a fonte da genialidade musical deles. Anos antes de Sepp pôr os pés na América do Sul, o governador de Buenos Aires relatou para a Espanha sobre uma trupe musical de Yapeyú: "Formidáveis em suas músicas e danças como se tivessem sido educados na corte de Vossa Majestade, e tudo isso em tão poucos anos."[22]

Buenaventura Suárez também testemunhou o triunfo da humanidade. Clávio, um grande astrônomo e matemático, imaginara seus protegidos jesuítas científicos "distribuídos por várias nações e reinos como joias cintilantes, para a grande honra da Companhia". Não foram apenas seus protegidos no centro astronômico de Pequim que transformaram essa visão em realidade. A meio mundo dali, Suárez, o primeiro astrônomo nascido na região, complementava o trabalho de seus colegas em Pequim com observações igualmente precisas dos céus no hemisfério Sul. De um observatório plantado no meio da selva, na redução de São Cosme, com lentes telescópicas confeccionadas de rocha cristalina polida, o jesuíta e sua equipe guarani registraram e trocaram cálculos com astrônomos na Suécia, Rússia e China.

Mas quem talvez pudesse testemunhar o triunfo da humanidade de forma mais eloquente seriam os guaranis, que pela primeira vez na sua história tinham uma língua escrita para assim fazê-lo. Muito antes de Buenos Aires ter uma imprensa, J.B. Neumann, um jesuíta austríaco, construiu a primeira prensa na região do Rio da Prata, com estrutura de madeira e tipos de latão. Mas antes que Neumann pudesse dar um formato às suas letras de latão, alguém precisava dar uma forma à língua. Antonio Ruiz de Montoya, um jesuíta mestiço, condensou dúzias de dialetos distintos em um padrão, unificando a linguagem guarani. Isso se tornou a base de uma das poucas línguas indígenas a serem reconhecidas formalmente hoje como uma língua nacional na América Latina. Os sermões e comentários em guarani de Nicolas Yapuguai fizeram dele o mais famoso de vários autores guaranis publicados.

O produto do amor: desenvolvendo o potencial humano

Mostramos aqui exemplos da arte criada pelos índios guaranis das reduções paraguaias. Com os jesuítas expulsos da América do Sul, a maioria desses povoados ficou abandonada e entrou em decadência. Suas ruínas e seus artefatos fornecem um testemunho silencioso, mas eloquente, das realizações sem paralelo dos artesãos guaranis e de seus colaboradores jesuítas.

Claro, as pessoas não vivem só de música, ciência e literatura. Os artesãos guaranis tinham tempo para produzir instrumentos musicais e equipamento de observatório, mas somente depois de escolherem locações, estudarem o terreno, fazerem a engenharia e construírem as moradias de suas reduções. Mais de trinta reduções abrigaram mais de cem mil guaranis por uma faixa enorme do que hoje são o Paraguai, a Argentina e o Brasil. Cada redução acomodava até mil famílias e os dois jesuítas que as serviam. Como a interação com os colonos não trouxera nada de bom para os guaranis, Torres instruiu suas equipes a "com coragem, prudência e tato evitar que [colonos] entrassem nas reduções".[23] Os guaranis tiveram, então, que tornar as reduções tão autossuficientes quanto possível.

As cartas de Sepp, o maestro de conservatório, descrevem comunidades vibrantes, autocontidas, em pleno funcionamento: "Depois dos doentes, visito os locais de trabalho: primeiro a escola, onde os meninos são instruídos na leitura e na escrita. (...) Visito também meus músicos, cantores, trompetistas, tocadores de oboé etc. Em certos dias, instruo alguns índios na arte da dança. (...) Depois disso vou entre os trabalhadores, os fabricantes de tijolos e de telhas, os padeiros, os ferreiros, os marceneiros, os carpinteiros, os pintores e acima de tudo os açougueiros, que matam de quinze a dezesseis cabeças de gado por dia."[24]

Sepp: padre, conselheiro, professor de música... e professor de dança? Havia algo que os jesuítas das reduções *não* faziam? Parece que não muito. As memórias de um jesuíta tcheco atuante nas reduções explicava como agir ao se deparar com onças-pintadas: "Direcione [um jato de urina] nos olhos de um tigre que esteja te ameaçando ao pé de uma árvore e estarás salvo: a fera imediatamente fugirá."[25] Pode ser que ele estivesse relatando crendices locais em vez de sua experiência própria... Mas quem sabe?

Infelizmente, os jesuítas não descobriram algo que detivesse também o mais virulento dos predadores dos guaranis: os colonos. Mesmo que os jesuítas tivessem realmente criado uma utopia, esta ficava bem no meio do que se tornara o inferno na Terra. A avaliação de Voltaire de que as reduções de certa forma expiaram "os atos cruéis dos primeiros conquistadores" foi um tanto ingênua. Os primeiros conquistadores há muito tinham partido quando as primeiras reduções foram fundadas, mas os atos cruéis ainda estavam por atingir seu mais alto patamar.

Foram os próprios jesuítas que, sem querer, montaram o cenário para o pior desses atos cruéis. Por toda a fronteira maldefinida estabelecida pelo Tratado de Tordesilhas, equipes de jesuítas em território português estavam servindo aos indígenas do Brasil com a mesma dedicação visionária dos seus colegas nas reduções. O ano de 1570 mostrou-se agridoce para os jesuítas no Brasil: o massacre terrível de quarenta de seus colegas vindos pelo mar, por piratas franceses, ocorreu no mesmo ano de um ousado golpe legislativo. Jesuítas contrários aos maus-tratos de índios no Brasil fizeram um *lobby* e levaram o rei Sebastião de Portugal a proibir praticamente toda a escravização dos indígenas na colônia. Confiou o bem-estar dos nativos aos jesuítas, que já haviam começado a criar comunidades agrícolas, as aldeias, para abrigá-los e fornecer-lhes trabalho. E foi mais além: os fazendeiros teriam que *pagar* pela mão de obra indígena, negociando salários com os administradores de cada aldeia.

Foi um decreto atordoante de tão impopular. O cultivo da cana-de-açúcar finalmente permitira que os colonos brasileiros, sofrendo há décadas, vislumbrassem algum indício de prosperidade. O decreto do rei agora ameaçava o motor daquela prosperidade, a mão de obra escrava que tornava lucrativo esse negócio. Mesmo *antes* do decreto real já era um deságio manter uma força de trabalho escrava adequada. Populações nativas por todas as Américas estavam sendo dizimadas pelo ataque de doenças importadas da Europa. Segundo uma estimativa, a população peruana caiu de 3 milhões para pouco mais de 1 milhão em apenas sessenta anos (1520-1580). Havia histórias semelhantes – embora não tão drásticas – por todo continente. A mão de obra gratuita definhava (literalmente) e agora o rei Sebastião estipulava que os indígenas do Brasil não podiam ser escravizados.

Décadas depois, porém, uma fonte de mão de obra que não fora prevista, mas que se revelou mais conveniente, caiu no colo dos grandes fazendeiros. O que os jesuítas brasileiros haviam tomado dos donos de escravos, os jesuítas paraguaios exibiam na frente deles. Os bandeirantes de São Paulo há muito caçavam tribos guaranis no território espanhol a leste do rio Paraná.

Era um trabalho ingrato, abrindo caminho por terras desconhecidas em busca de tribos nômades para capturarem como escravos. Mas, devido o sucesso das reduções no começo do século XVI, os bandeirantes deram com milhares de guaranis em comunidades estabelecidas dentro de seiscentos quilômetros do estado de São Paulo. A visão jesuíta de comunidades guaranis autossuficientes se esquecera de um ingrediente-chave: a defesa.

Veio a suceder uma ironia terrível. O sucesso dos jesuítas brasileiros em proteger grupos indígenas locais da escravidão apenas alimentou a busca por escravos em outros cantos: na África e nas colônias espanholas na América do Sul. E os esforços dos jesuítas paraguaios para libertar e acomodar os guaranis aumentou a vulnerabilidade deles aos ataques dos bandeirantes. Os bons padres, sem querer, tinham transformado os guaranis em alvos fixos para os caçadores de escravos que desciam de São Paulo. Entre 1628 e 1631, mais de 60 mil guaranis foram capturados e vendidos nos mercados de escravos brasileiros. Outros milhares foram mortos nas investidas de capturas de escravos ou nas marchas forçadas de volta, e outros tantos durante as evacuações forçadas das reduções nas fronteiras com o território português, organizadas às pressas pelos jesuítas.

Nenhuma ajuda veio para a administração colonial espanhola em Assunção. O que se ganharia protegendo os guaranis? Os vilarejos guaranis faziam pouco comércio com os colonos. Aliás, *competiam* com eles na exportação de erva-mate. Os únicos apoios possíveis estavam do outro lado do oceano: o rei espanhol e o Papa. E não dava para os jesuítas passarem um fax para a Europa requisitando uma ordem de cessar-fogo. Anos se passaram até que os jesuítas das reduções chegassem à Europa para expor a questão dos guaranis. Para o jesuíta Antonio Ruiz de Montoya, nascido na América do Sul e compilador do primeiro dicionário e da primeira gramática guarani, sua odisseia na Europa em favor dos guaranis foi pura perda de tempo. Escreveu, casmurro, para seus colegas na América do Sul: "Não é para mim toda essa balbúrdia, os beija-mãos, as cortesias, a perda de tempo, e, especialmente, ter minha mente ocupada por negócios, ansiedades e projetos que raramente levam a algum lugar. Em suma, Padre meu, descanso aqui como exilado. Não se passa um dia sem que para meu consolo imagino que já estejam me levando ao navio [para voltar à América do Sul]."[26]

Deprimidos ou não, os enviados jesuítas conseguiram seu objetivo, graças à assistência de colegas europeus que possuíam boas conexões. Com sua ajuda, conseguiram navegar pela diplomacia de Roma e pela corte espanhola. A bula papal *Commissum Nobis* relatou o tratamento brutal sofrido pelos guaranis e comandou o procurador-geral português a "proibir severamente qualquer um de reduzir à escravidão, vendendo, comprando, trocando, doando, separando de esposas e filhos, deprivando-os de suas propriedades, transportando-os para outros locais, privando-os da liberdade sob qualquer forma e mantendo em servidão os índios mencionados".[27]

No entanto ninguém em São Paulo tinha a mínima intenção de abrir mão da escravidão.

A promulgação da bula papal em São Paulo não resultou em remorsos nem em anuências, apenas reforçou as exigências para que os jesuítas intrometidos fossem postos para fora. Já haviam rasgado em tiras o decreto do rei Sebastião em 1570, que proibia a escravização dos indígenas nativos ao território português no Brasil, e agora os jesuítas redobraram aquela ofensa induzindo o Papa a declarar que os grupos indígenas em território espanhol também estavam fora do alcance dos mercadores de escravos portugueses. As sedes dos jesuítas no Rio de Janeiro e em São Paulo foram atacadas por colonos indignados. Como os colonos brasileiros ignoraram a bula papal, os resultados da diplomacia dos jesuítas foram só o fomento do ódio entre os escravocratas coloniais e a intensificação da febre escravocrata num frenesi sem precedentes. Menos de um ano após a publicação do decreto em São Paulo, um enorme contingente de quinhentos bandeirantes e 3 mil guerreiros tupis, seus aliados entre os índios, partiram em direção ao território guarani numa esquadra com centenas de embarcações.

Quando o amor significa guerra

Em retrospecto, o ataque dos bandeirantes comprovou que a diplomacia dos jesuítas era espetacularmente eficaz, embora não da maneira como o

Papa, o rei, ou os próprios diplomatas jesuítas haviam imaginado. Pois dessa vez não foram os guaranis, mas seus inimigos, que se tornaram alvos fixos. Se não fosse o incitamento papal, seria improvável que os bandeirantes montassem um exército tão numeroso quanto o que remou furiosamente rio Uruguai abaixo, rumo às terras guarani, e direto para uma emboscada. Os emissários jesuítas na Europa não eram os únicos membros da ordem atuando na questão. Nas reduções, seus colegas não esperaram por uma permissão papal para armarem os guaranis. O legado de jesuítas com experiência militar não terminara com Loyola e Goes: Domingos Torres, um jesuíta ex-soldado, bateu a poeira de suas habilidades dormentes e ajudou a reparar o único elemento que faltava na autossuficiência guarani. Sua milícia destruiu o exército dos escravocratas durante a batalha de uma semana em Mborore.

Se, com as reduções, os jesuítas e os guaranis criaram uma utopia, dessa batalha em diante as comunidades ostentaram as mesmas marcas não utópicas da civilização em outras partes. As milícias guaranis entraram em combate pelo menos cinquenta vezes no decorrer das décadas seguintes, lutando para defender seu modo de vida. Desbarataram regularmente incursões de mercadores de escravos e tribos hostis. Mas também lutaram a favor do governo da colônia espanhola, que acabou percebendo – mesmo cinicamente – que os guaranis eram uma barreira efetiva contra os avanços portugueses sobre o território espanhol.

As vilas guaranis floresceram por mais de um século depois de Mborore. Finalmente, em 10 de fevereiro de 1756, levaram a pior, quando tropas espanholas e portuguesas se juntaram sobre elas, numa das poucas *joint ventures* dos dois países desde que dividiram o mundo entre si no Tratado de Tordesilhas.

A instabilidade nas fronteiras da região ameaçava não apenas os guaranis como os interesses comerciais de Espanha e Portugal. Assim, em 1750, diplomatas se juntaram em uma negociação focada nas terras nativas dos guaranis. Os guaranis não foram convidados em torno do que seria o Tratado de Fronteiras de 1750, assim como não tinham sido convidados para

Tordesilhas. O novo tratado ratificava as pretensões espanholas sobre a região de Colônia, próxima a Assunção, enquanto cedia a Portugal uma extensão que cobria sete reduções. Mas não se pode dizer que o tratado não tenha levado os guaranis em consideração. Os negociadores lembraram-se da tribo, sim, em seu "Artigo XVI": "Os missionários devem partir com todas as suas propriedades móveis, levando consigo os indígenas para que repovoem territórios espanhóis. (...) Os vilarejos, com suas igrejas, casas, construções e propriedades e a titularidade da terra, serão dados aos portugueses."[28] Estranhamente, as duas potências coloniais tinham ambas encontrado dentro de si fortes motivos para odiar os guaranis pelo resultado inevitável de terem feito acordos desleixados e arrogantes em Tordesilhas.

Nem os guaranis nem os jesuítas viram muita justiça no tratado. Os guaranis se prepararam para defender as cidades que construíram em vez de desaparecem convenientemente para agradar os redatores do "Artigo XVI". As potências coloniais sentiram-se ultrajadas com os jesuítas e os guaranis bloqueando o que era, afinal, um tratado perfeitamente legal assinado por dois Estados soberanos. No fim das contas, Portugal e Espanha tomaram uma atitude. No dia 10 de fevereiro de 1756 essas potências encerraram sua campanha conjunta contra os guaranis com uma vitória gloriosa. Três espanhóis e dois portugueses foram mortos; cerca de 1.500 guaranis morreram.

A grande linha imaginária do Tratado de Tordesilhas que dividiu o mundo em dois voltou para assombrar os jesuítas também. Tordesilhas tinha subscrita a legitimidade das conquistas portuguesas, e estas permitiram que Xavier e seus colegas jesuítas dessem seu salto precário pelo mundo além da Europa. Mas na época da Guerra Guaranítica, os "clérigos letrados de vida exemplar", que tanto tinham impressionado o rei João III de Portugal, tinham se tornado um fator de muita irritação. Cresciam as fileiras de inimigos lesados pelos jesuítas, e o Superior da Companhia tinha preocupações maiores do que a defesa dos guaranis contra Espanha e Portugal. Setenta jesuítas encarregados das reduções se reuniram para elaborar protestos formais contra a maneira como as duas potências europeias estavam tratando os guaranis. Um século antes, a máquina diplomata dos jesuítas funcionara a favor dos nativos; desta feita, os jesuítas do Paraguai receberam mordaças e ordens de seu Superior para que desistissem.

Quando os negociadores de Tordesilhas assinaram seu tratado, em 1494, não faziam ideia do que haveria do outro lado do mar, na América do Sul. Estranhamente, os negociadores espanhóis em 1750 também não tinham atinado – ou não quiseram nem saber – o que exatamente tinham entregado de mão beijada a Portugal. Só começaram a perceber depois da tinta ter secado sobre o papel do tratado. O governador espanhol em Montevidéu fez seu primeiro *tour* da redução de São Miguel só depois do novo tratado de fronteiras ter sido assegurado. Ficou estupefato com o que viu: "Certamente nossos homens em Madri estavam fora de si para entregarem aos portugueses esta cidade da qual não existe maior no Paraguai."[29]

A utopia jesuíta-guarani sofreu um segundo golpe quando os próprios jesuítas foram expulsos da região, menos de uma década depois da Guerra Guarani. As reduções entraram em decadência. Alguns dos guaranis consentiram em serem realocados, muitos sumiram das reduções e reassumiram uma vida seminômade, outros foram capturados como escravos. Algumas das reduções tornaram-se cidades-fantasma, outras, bases para novas cidades sob a administração colonial espanhola ou portuguesa.

Contudo, mesmo um século depois restava o bastante para um visitante suíço discernir uma divisão clara na redução de Trinidad: "As casas do período jesuíta eram de pedra talhada, com telhados de telhas, ao passo que as edificações mais recentes eram de pau a pique."[30] As ruas de Trinidad eram pavimentadas e cobertas de arcadas, enquanto ruas de chão batido dominavam a capital, Assunção. Entretanto, mesmo que os guaranis tenham erguido coonstruções melhores que a de seus inimigos, não tinham os recursos para guerrearem melhor do que eles.

Em 1537, o Papa Paulo III havia condenado inequivocamente a escravidão no Novo Mundo, na bula papal *Sublimis Deus*. Sem dar margem a interpretações, começou com uma afirmativa bem básica: "Os índios em si são verdadeiros homens."[31] Poucos de seus leitores viram a coisa deste modo; os jesuítas pioneiros nas reduções viram.

As reduções atraíram jesuítas voluntários de mais de trinta países. Alguns eram nativos da América do Sul, como Antonio Ruiz de Montoya e Buenaventura Suárez, enquanto outros vieram de Espanha, Itália, Portugal, Áustria, Irlanda e duas dezenas de outros países. Cada um chegou com uma visão refinada pela Contemplação para alcançar o amor. Ao contrário da maioria dos colonos da região do rio da Prata, estavam dispostos a enxergar homens e mulheres verdadeiros como *verdadeiros* homens e mulheres, e a se comprometer, com coragem e paixão, a ajudá-los a explorar seu potencial humano.

COMO O AMOR CONSTRÓI UMA EMPRESA MELHOR?

Não vivemos no mundo romântico de sacerdotes heroicos construindo uma utopia em tempos distantes. Vivemos uma luta decididamente menos utópica: atravessamos cada dia, cercados de pessoas que se assemelham mais a Maquiavél que a Loyola. Vamos enfrentar os fatos: no mundo real, poucas pessoas estão correndo para levar avante a bandeira da liderança movida pelo amor. Somente malucos esquisitos ou empreendedores com reputações excêntricas ousam tagarelar sobre o amor nos ambientes corporativos antissépticos de hoje.

Uma rápida olhada pela prateleira dos livros sobre administração de empresas nos mostra guias descrevendo quase todo tipo imaginável de emoção humana relacionada com o comportamento no local de trabalho: agressividade, decepção, alegria, raiva, inveja, cobiça e assim por diante. Mas "amor" virou um palavrão, raramente aparece, e quando aparece é em trechos fugazes, um tanto envergonhados. Thomas Peters, autor de *Vencendo a crise*, aborda o tema em duas obras, mas de modo leve, brincalhão, sem conteúdo ameaçador. Em *A Passion for Excellence* [Paixão pela excelência], Peters enfatiza *amo muito tudo isso que faço*, saudando Ray Kroc, o empresário do McDonald's e suas "histórias de amor sobre hambúrguers". Em *O círculo da inovação*, dedica um capítulo inteiro ao tema "ame a todos, sirva a todos". Mas está citando o lema do Hard Rock Café, e o "todos" que devemos amar são os nossos fregueses (como faz o Hard Rock Café?). *Getting Employees to Fall in Love with Your Company* [*Faça com que seus funcionários se apaixonem por sua empresa*] tem um título promissor, mas advoga o que acaba sendo um caso de amor que só beneficia um dos parceiros. Contém cinco sugestões ótimas para conquistar a paixão dos funcionários, mas nenhuma para fazer a gerência corresponder a essa paixão. *The Guru Guide* [O guia dos gurus] colhe sacadas de mais de setenta superastros da consultoria administrativa. Um deles chega a ser creditado pela crença não convencional de que "liderança exige amor". Arrá! Chegamos ao que interessa. Infelizmente, alguém que queira acompanhar o desenvolvimento dessa ideia – ou até mesmo descobrir qual o guru que crê nela – lê mais trezentas páginas desse livro em vão.

Por que a imagística militar fornece metáforas confortáveis para o que fazemos o dia inteiro (peguem, por exemplo, *A arte da guerra para executivos*), enquanto qualquer "papo de amor" fica relegado à terceira divisão dos temas relacionados à liderança? Eis um motivo: já observamos que a própria noção de liderança tem sido contaminada cada vez mais pelo jargão corporativo. Os administradores de corporações e seus consultores ou conselheiros acadêmicos são os mais obcecados com a falta de liderança. E a mão de obra das corporações é a maior consumidora de literatura sobre liderança. Portanto, não surpreende que esteja tudo escrito numa linguagem que tenha apelo para uma plateia corporativa.

E o que tem apelo para as corporações nos Estados Unidos? Sejamos sinceros. Apesar de tudo que se alega sobre nossas sensibilidades esclarecidas e inclusivas, a cultura corporativa norte-americana continua sendo uma arena de machões, vivendo o tudo ou nada. É tão chocante, então, que nossos exemplos de liderança pisem duro, falem grosso e ostentem suas credenciais de macho? No topo da lista de gurus nos Estados Unidos, por uma ampla margem, estão os técnicos e superastros das equipes esportivas: Pat Riley, Phil Jackson, Coach K, Joe Torre e assim por diante. Encostados neles estão os líderes militares: Sun Tzu, Átila, Patton, Ulysses S. Grant,

Robert E. Lee e por aí vai. Este livro que você está lendo também é culpado de louvar um líder machão como exemplo a ser seguido. O próprio machismo de Loyola foi estabelecido aqui capítulos antes de eu começar a falar nessa coisa de amor. Lembrem-se, esse cara é durão. É o mesmo que levou uma bala de canhão em Pamplona e completou uma caminhada solitária da Espanha a Jerusalém.

Qualquer um, então, que tenha a ousadia de falar mesmo por alto sobre o amor, essa coisa de mariquinhas, tentará se estabelecer como uma figura irrepreensível. Quem melhor do que o lendário técnico de futebol, Vince Lombardi, aclamado universalmente por ser um homem com "H" maiúsculo? Pelo menos três obras distintas citam o mesmo trecho de um discurso proferido por Lombardi na Associação Americana de Administradores. E agora serão quatro. Lombardi enumera as qualidades dos líderes vencedores e conclui: "E mais uma: o amor. O amor de que estou falando é a lealdade, que é o maior dos amores. Trabalho de equipe, o amor que um homem tem pelo outro e o faz respeitar a dignidade do outro. O amor de que estou falando é a caridade. (...) O poder do coração é a força da sua empresa."[32]

Um jogador aposentado do Packers lembra como Lombardi exigia que cada jogador tratasse o colega de equipe: "Você tem que amar esse cara, e quem sabe esse amor vai te ajudar a ajudá-lo"

Seria uma retórica reservada para os discursos de Lombardi em jantares beneficentes entre uma partida ou outra? Não, Lombardi mandou esse mesmo discurso para executivos bem-trajados e para os grandalhões suados que compõem a linha ofensiva dos Green Bay Packers. Na verdade, com seu próprio time, dispensou os chavões, escancarando a versão Lombardi para "o amor deve se manifestar mais por atos do que por palavras". Um jogador do Packers aposentado lembra como Lombardi exigia que cada jogador tratasse o colega de equipe: "Você tem que amar esse cara, e quem sabe esse amor vai te ajudar a ajudar ele."[33] Como foi que Lombardi desenvolveu essa visão de liderança movida pelo amor? Provavelmente, com a sabedoria acumulada por anos como técnico, motivando equipes. Mas pode também não ser coincidência que Lombardi tenha estudado em faculdades jesuítas.

Bem, os especialistas e os bambambãs corporativos podem ter vergonha de promover uma estratégia de liderança que mobilize as pessoas com uma atitude positiva e de apoio (leia-se: amorosa), mas há muitos outros que não foram tão reticentes. De fato, os benefícios finais da liderança movida pelo amor parecem óbvios em todas as instâncias onde ocorrem interações humanas intensivas, *menos* no local de trabalho. A única "equipe" da qual praticamente todos participam é uma família. Poucos sugerem que uma família sem amor funciona de uma maneira tão eficiente quanto uma família amorosa, ou que seja tão motivadora, tão satisfatória, que dê tanto apoio. Nem ninguém argumentaria que escolas ameaçadoras ou brutalmente competitivas são as mais bem-sucedidas. Os alunos aprendem mais e produzem melhor em ambientes que promovem incentivos, solicitudes e apoios verdadeiros. Por que nos convencemos de que nossas necessidades adultas são tão diferentes? O princípio jesuíta da liderança movida pelo amor não propõe nada mais radical do que a absorção da sabedoria evidente contida nesses outros ambientes humanos.

Como o amor fez com que a Companhia de Jesus fosse melhor? E como o amor aprimora qualquer companhia?

Uma empresa que implementa uma liderança movida pelo amor:

- Não recusa talentos nem ninguém de qualidade: as empresas movidas pelo amor reconhecem, honram e contratam os talentos que outras desprezam ou desconhecem. Na época de Loyola, um Laínez, um Henriques, um Rhodes. Atualmente, aqueles com o *pedigree*, a cor da pele, o sotaque, o histórico ou a educação "errados".
- Avança velozmente em direção à perfeição: os chefes movidos pelo amor dedicam-se a desenvolver potenciais inexplorados, em vez de presidirem um escritório darwiniano à base do tudo ou nada.

- Atua com mais amor do que medo: os ambientes movidos pelo amor fazem com que as pessoas queiram trabalhar em vez de apenas fazer com que trabalhem.

O retorno real que isso proporciona é uma energia e uma lealdade catalisadas por ambientes nos quais há mais amor do que medo. Expressões como *trabalho de equipe* e *espírito de equipe* não chegavam a captar por inteiro a atitude reinante entre a equipe de Xavier na Ásia: "Estou assim chegando ao fim dessa missiva sem ser capaz de parar de escrever sobre o grande amor que tenho por todos vós como indivíduos e como grupo. Se os corações dos que amam uns aos outros (...) pudessem ser vistos nesta vida atual, creiam-me, meus queridíssimos irmãos, que vós se veríeis claramente no meu coração."[34]

Equipes cimentadas por tamanha consideração mútua nem precisam se esforçar para superarem outras organizações, aquelas que se conformam com o comportamento básico do trabalho em equipe: respeitar os colegas, ouvir seus pontos de vista, compartilhar informações proativamente, conceder aos outros o benefício da dúvida, ser mentor dos novatos. Qualquer um que tenha atuado numa equipe próxima, leal, onde as pessoas confiam nas outras – seja uma família, uma equipe esportiva ou um grupo de amigos – sabe que esses padrões mínimos de trabalho em equipe não podem ser comparados ao comportamento de equipes unificadas e movidas pelo amor. Ao contrário de locais de trabalho infestados de disputas e punhaladas pelas costas, os ambientes onde há mais amor do que medo *geram* energia. Nesses ambientes, os membros de equipe são apoiados por colegas querendo que tenham sucesso e que os ajudam a terem sucesso. Os indivíduos têm um desempenho melhor quando são respeitados, valorizados e recebem a confiança dos que se importam sinceramente com seu bem-estar. Loyola foi sábio ao perceber esse pacote de atitudes vencedoras como sendo a essência do "amor", foi seguro ao chamá-lo de amor, e ambicioso ao aproveitar seu poder energizante e unificador em favor da equipe dos jesuítas.

Assim como o amor uniu os jesuítas, também marcou profundamente a maneira como eles viam as pessoas às quais serviam. As reduções no Paraguai foram uma obra de amor dos jesuítas, não num sentido sentimental, mas precisamente porque o amor incrementou a capacidade daqueles jesuítas de perceber a dignidade e o potencial humano dos guaranis, e que estes estavam sendo agredidos e saqueados sob o sistema colonial da *encomienda*. O amor forneceu aos jesuítas a visão para enxergar o potencial que estava sendo desperdiçado; o heroísmo os empurrou para fazer algo a respeito.

Pouco antes de Xavier partir para a China no final de 1552, recebeu uma carta de Loyola. Mandou uma resposta:

> Deus sabe como minha alma foi consolada por receber notícias de tua vida e de tua saúde, que são tão caras para mim; e, entre muitas outras palavras sagradas e consolos de tua carta, li estas últimas que diziam: "Completamente seu, sem jamais ser capaz de te esquecer a qualquer momento, Inácio." Assim como li essas palavras entre lágrimas, estou escrevendo estas entre lágrimas, pensando no tempo passado e no grande amor que tu sempre me demonstraste e que ainda demonstras para comigo. (...)
>
> Tua caridade santa me escreve dos grandes desejos que tens de me ver antes de deixares esta vida. Deus nosso Senhor sabe da impressão que tais palavras de tão grande amor causaram em minha alma e quantas lágrimas me custarão a cada vez que delas me recordar.[35]

Não admira que Loyola considerasse insignificantes suas outras inovações organizacionais comparadas com a liderança movida pelo amor. O preâmbulo às *Constituições* repete isso, apontando aos jesuítas um princípio bem mais importante do que qualquer regra que possam encontrar em suas quase trezentas páginas: "O que, de nossa parte, ajuda mais [na preservação, na direção e no prosseguimento dos jesuítas] deve ser, mais do que qualquer outra constituição externa, *a lei interior da caridade e do amor*" (destaque do autor).[36]

Essa lei interior da caridade e do amor começa com uma visão. Muito antes do amor vem uma virtude corporativa que aprimora o desempenho da equipe. É uma postura pessoal de liderança. O líder movido pelo amor possui uma visão que enxerga e envolve os outros como eles são, não através dos filtros, preconceitos ou estreitezas culturais que os diminui. A Europa no início da modernidade via os ameríndios como "bestas da floresta incapazes de compreender a fé católica (...) selvagens esquálidos, ferozes e traiçoeiros, assemelhando-se a animais selvagens em tudo menos à forma humana".[37] Jesuítas vindos de mais de duas dezenas de países, movidos pelo amor, encontraram nos ameríndios, no lugar disso, a mesma energia divina que lhes concedia "existência, vida, sensações e inteligência" e fazia deles o templo de Deus.

Se a lei interior da caridade e do amor começa com uma visão, é completada pela ação: "O amor deve se manifestar mais por atos do que por palavras." Não é preciso um empreendimento na escala das reduções guaranis para conseguir o que Voltaire chamou de "um triunfo da humanidade". Inúmeros outros triunfos da humanidade ocorrem a cada dia quando pais, professores, técnicos e outras pessoas se dedicam com altruísmo ao desenvolvimento de terceiros.

Mas triunfos da humanidade também estão presentes em ações que hesitamos em chamar de amor: na dedicação de chefes a seus subordinados, na lealdade e no apoio de colegas de equipe. Os que preferem ajudar seus pares a assistir às suas quedas estão criando ambientes onde o amor é maior que o medo. E assim também todos os que fazem com que forasteiros se sintam bem-vindos, e que lhes dão apoio. Tais pessoas são motivadas por algo mais que um desejo de "fazer um bom serviço"; alguma motivação mais profunda, mais pessoal, os move, e suas interações no local de trabalho são apenas uma expressão de um compromisso ainda mais fundamental no respeito e apoio àqueles que encontram. Os que tratam os outros com amor e respeito estão abrindo o caminho para ambientes de mais amor do que medo, nos quais muito mais pessoas irão aproveitar a chance de atingir seu pleno potencial humano.

E todos sabem que tal liderança é necessária. Assim como são também os triunfos da humanidade, inclusive aqueles na escala grandiosa empreendida no Paraguai pelos jesuítas do século XVII. Por mais que sua visão contivesse imperfeições, enxergaram mais longe do que seus contemporâneos. E é isso que fazem os líderes movidos pelo amor. Enxergam mais além. Movimentam-se além daquilo que bloqueia nossa visão a fim de ver como seria um mundo mais justo, mais acolhedor. Apontam o caminho para um futuro onde homens e mulheres verdadeiros usufruirão de chances maiores para alcançarem seu potencial. E líderes guiados pela resolução de que o amor "deve se manifestar mais por atos do que por palavras" ajudam a criar esse futuro melhor.

Criar um futuro melhor: que tarefa! Quanta diferença pode fazer uma única pessoa?

Pergunte aos heróis.

CAPÍTULO 9

"Uma vida ininterrupta de atos heroicos"

Como líderes heroicos têm uma visão do impossível e o fazem acontecer

Numa empresa que chamarei de XYZ Telco, operadores de telecomunicações sindicalizados tiraram seus fones de ouvido e entraram em greve, citando o estresse do trabalho como queixa principal. A bronca começou nos atendentes de Serviço de Atendimento ao Consumidor (SAC), esses guerreiros na linha de frente cuja missão é aplacar a ira dos milhares que ligam todos os dias reclamando de cobranças indevidas, sinais ausentes e assistentes técnicos que não aparecem.

Como se esses atendentes aos consumidores não tivessem problemas bastantes, receberam como bônus alguns "novos procedimentos operacionais", elaborados sem dúvida por burocratas escondidos numa torre de marfim, bem isolados das realidades do trato com clientes possessos. Criados para incutir os valores da empresa – integridade, respeito, imaginação, paixão e serviço –, os novos procedimentos operacionais instruíam os atendentes do SAC a encerrarem cada telefonema com o script de uma pergunta: "Forneci, hoje, um serviço formidável para o senhor ou a senhora hoje?"

Supõe-se que os mestres em motivação que criaram essa pergunta esperavam que isso inspirasse o mesmo serviço formidável sobre o qual a pergunta se referia. Desnecessário dizer que só conseguiu desencadear torrentes renovadas de reclamações sobre os coitados no SAC que já estavam irritados. Não ajudou em nada os clientes, não angariou funcionários para a visão ou os valores da empresa. O presidente do sindicato local comentou: "Os funcionários compreendem a declaração de valores. Mas não sei se acreditam que a empresa esteja seguindo suas próprias palavras. (...) As pessoas olham para a declaração de valores e falam 'ah, sim'. É só um pedaço de papel."[1]

Havia uma coisa certa nesse quadro: muita coisa estava errada. A excelência não surge por acidente, então podemos pelo menos elogiar a direção da XYZ por buscar conscientizar seus funcionários que um serviço formidável era uma meta. Até aí tudo bem. Mas daí em diante as coisas vão ladeira abaixo. Para começar, o script a ser seguido. Quantos dos redatores que o criaram foram inspirados a realizar serviços formidáveis através de um memorando que os instruía a terem desempenhos? Nenhum, claro. Por que imaginaram que atendentes do SAC reagiriam de maneira diferente? Um serviço formidável pode ser a missão da *empresa*, mas não houve o processo de torná-la significativa para os funcionários individualmente.

Foram colocados ali para fracassar – ou pelo menos para se sentirem como fracassados – e não estavam em posição de ter sucesso.

Em segundo lugar, mesmo que os atendentes da XYZ tivessem abraçado entusiasticamente essa missão, não tinham o poder de fazer muita coisa a respeito. Os clientes irritados não achariam que receberam um serviço formidável, não importa o que os atendentes fizessem, porque eles não tinham os meios para solucionar problemas de estrutura. Foram colocados ali para fracassar – ou pelo menos para se sentirem como fracassados – e não estavam em posição de ter sucesso.

Por fim – e o mais danoso de tudo –, os diretores não davam exemplo quanto às ambições que pregavam. Os atendentes não viam seus diretores "seguindo as palavras da empresa", e com isso ficaram cínicos, chegando à conclusão lógica de que a declaração de valores era apenas um pedaço de papel.

LIDERANÇA AO MODO JESUÍTA

O desafio, seja para indivíduos, equipes ou empresas inteiras é como passar de um desempenho cínico, seguindo os passos automaticamente, para um desempenho motivado, até mesmo heroico. O que distinguia a equipe de primeiros jesuítas da XYZ Telco? Por que uma organização contava com tantos funcionários empolgados e convencidos de que estavam contribuindo para o "maior empreendimento existente no mundo hoje", enquanto a outra sofria sob uma má administração? Ambas as companhias buscavam um desempenho formidável em seus respectivos campos. Mas as semelhanças terminavam ali. A equipe dos jesuítas adotou alguns passos que a XYZ Telco não tomou para transformar sua aspiração em realidade:

- Primeiro, convidou os recrutas a transformarem uma aspiração da Companhia numa missão pessoal.
- Segundo, criou uma cultura na Companhia que enfatizasse o heroísmo, modelando eles mesmos essa virtude.
- Terceiro, deu a cada pessoa uma oportunidade para se valorizar ao contribuir significativamente para um empreendimento maior que seus próprios interesses.

A sacada prática mais poderosa de Loyola a respeito da liderança heroica foi a de que era *auto*motivada. Os Exercícios Espirituais capacitaram cada recruta a personalizar a missão da empresa. Convidado para "ir mais além" de um bom serviço, cada recruta fez sua escolha pessoal e respondeu de acordo. Ao contrário dos funcionários da XYZ Telco, o recruta jesuíta não recebia simplesmente a visão de sua Companhia. Além do mais, tinha que elucidar o que significava ir além de um bom serviço – o *magis* – nas circunstâncias concretas de sua vida. A dinâmica dos Exercícios destaca uma diferença-chave entre organizações heroicas e organizações-padrão: uma liderança distribuída amplamente e na qual cada pessoa considera, aceita, molda e transforma uma missão geral numa missão pessoal.

Claro, quem assume esse compromisso pessoal vai precisar de apoio. Os recrutas jesuítas encontraram esse apoio em reforços constantes vindos de cima. Os líderes jesuítas reforçavam incessantemente o compromisso com a excelência e com a ambição (sagrada). A exortação de Loyola para uma equipe em Portugal era típica: "Nenhum feito ordinário satisfará as grandes obrigações que tendes de serem excelentes. Se considerarem a natureza de vossa vocação, verão o que não seria reles em outrem ser reles em vós."[2] Seu colega Jerônimo Nadal retratou isso em termos mais concretos e permanentes para aprendizes na Espanha: "A Companhia quer homens que tenham habilidades possíveis em cada disciplina que a auxilia em seu propósito. Podei-vos tornar um bom lógico? Então seja um! Um bom teólogo? Então seja um! (...) e não vos satisfaça em sê-lo pela metade."[3]

Essas palavras energizam os jesuítas *apenas* porque viram os Loyolas, Nadals e outros servindo de exemplo para os sentimentos que pregavam. O compromisso pessoal evapora-se em cinismo quando, como na XYZ Telco, os indivíduos veem seus diretores dizendo as coisas da boca para fora. A primeira equipe de jesuítas ostentava uma série de heróis que botavam a mão na massa, que iam fundo nas coisas, e a Companhia certificou-se de que cada jesuíta ouvisse falar nesses heróis. O *esprit de corps* voava alto enquanto as cartas dos missionários, lidas em Roma, circulavam por todo o mundo dos jesuítas. Jesuítas no Brasil transmitiram o impacto de uma dessas cartas vinda do Japão, descrevendo como nem sua chegada no meio da noite conseguiu evitar que a lessem imediatamente: "De [meia-noite] até de manhã, não houve quem dormisse, pois o Padre Provincial pôs-se imediatamente a ler as cartas". Depois de devorar o que chamaram de "grandes notícias do Japão", os jesuítas do Brasil escreveram para a sede, implorando para que continuassem enviando tais relatórios e explicando que os "consolos" que recebiam pela leitura das façanhas dos colegas "excediam todos os demais".

Se tornar a missão algo pessoal e criar uma cultura de apoio às pessoas eram dois ingredientes da fórmula dos jesuítas para inculcar o heroísmo, havia um terceiro ingrediente: dar a cada indivíduo a oportunidade de contribuir de maneira significativa. Os jesuítas no Brasil não ficaram só sentados lendo sobre os feitos de seus heroicos colegas. Afinal, suas próprias cartas para Roma falavam de um trabalho tão satisfatório que eles sentiam como se estivessem "trabalhando para assentar os alicerces de casas que durarão enquanto o mundo perdurar". Haviam se comprometido a "ir mais além" de um bom serviço e, diferente dos funcionários da XYZ Telco, foi-lhes concedida uma oportunidade significativa para assim fazer. Os jesuítas acreditavam naquilo que Frederick Herzberg, psicólogo comportamental, mais tarde observaria: "Só se pode motivar alguém a cumprir uma tarefa se essa pessoa tiver uma boa tarefa a cumprir."[4]

Os jesuítas tinham muitas boas tarefas a cumprir, e surgiram heróis para cumpri-las. Primeiro vieram os que conceberam uma nova empresa revolucionária: Loyola, é claro, mas também Xavier e Laínez. Depois vieram os pioneiros científicos e culturais – Ricci, Clávio, De Nobili – e os exploradores como Goes e muitos outros: Pedro Pais, o primeiro a remar até a nascente do rio Nilo no lago Tana; Jacques Marquette, que mapeou a porção superior do rio Mississippi; e o "sábio, visionário" Jakob Baegert, que já em 1771 anteviu o futuro de seu longínquo posto avançado: "Tudo na Califórnia é de tão pouca importância que não vale a pena o trabalho de pegar uma caneta e escrever a respeito."[5]

Eram indivíduos comprometidos que aproveitavam oportunidades significativas para contribuírem com sua visão e seus próprios dons. Vieram de ambientes onde recebiam apoio dos colegas e onde seus chefes demonstravam o mesmo comprometimento. Poucas organizações tornaram-se tão ricas nesses traços que foram chamadas de heroicas ou visionárias. Alcançar esse platô de desempenho já é um desafio imenso; permanecer nesse platô é ainda mais difícil. Um instinto inquieto, contracultural, que desafia o *status quo*, estava embutido no heroísmo dos jesuítas. A energia inerente ao *magis* sempre apontou algum enfoque melhor para o problema em questão ou algum desafio mais nobre a enfrentar. O *examen* diário iluminava com clareza o comportamento ou os resultados que ficavam aquém das aspirações; os hábitos de autorreflexão dos jesuítas lhes negavam o luxo de "simplesmente ir na onda". E quando um caminho melhor se apresentava, sua postura de "viver com um pé na estrada", sempre prontos para mudanças, levava-os a entrar imediatamente em ação ao invés de ficarem embatucados com indecisões.

Um instinto inquieto, contracultural, que desafia o *status quo*, estava embutido no heroísmo dos jesuítas.

Os bons líderes compartilham essa postura inquieta, de eterno questionamento, que sempre os mantém adiante da curva. É o que os coloca em direção ao futuro, a soluções e oportunidades que outros podem não perceber, ou então serem tímidos demais para experimentá-los, ou não terem a energia para buscá-los. É o espírito tenaz, infatigável, perseverante de "me jogue porta afora e darei um jeito de entrar pela janela". Por mais revigorante que seja tal estilo de liderança, pode também ser bem difícil, como os jesuítas aprenderam.

Impávida diante de vários desafios que frequentemente sabotam possíveis líderes, uma equipe de jesuítas conseguiu realizar algo tão incrível que Pedro Ribadeneira jactou-se com o rei Felipe II da Espanha que "todo o bem-estar da cristandade e de todo o mundo" dependia de seu trabalho.

Ele falava dos professores de ginásio.

Se Ribadeneira estava convencido de que o bem-estar do mundo repousava sobre os ombros competentes dos professores jesuítas, não tinha ilusões edulcoradas quanto à vida nas trincheiras das salas de aulas. Fica claro por suas observações que os desafios cotidianos do ensino não mudaram tanto do século XVI para o XXI:

> É algo repulsivo, irritante e trabalhoso guiar, tocar e tentar controlar uma turba de jovens, naturalmente tão frívolos, tão inquietos, tão faladores e tão indispostos ao trabalho que mesmo seus pais não conseguem mantê-los em casa. Ocorre então [que] nossos jesuítas, envolvidos em ensiná-los, levam uma vida deveras estressada, com as energias gastas e a saúde danificada.[6]

Uma liderança heroica não consiste só em ensinar alunos num ginásio, mas enxergar além das bolinhas de papel para ver que o bem-estar do mundo inteiro depende do que você está fazendo. Liderança heroica é se motivar para um desempenho acima e além das expectativas, enfatizando o potencial mais rico de cada momento. Os jesuítas caracterizaram isso de maneira simples com o lema de sua empresa: *magis*. O impulso irrequieto para buscar por algo *mais* em cada oportunidade e a confiança de que se irá encontrá-lo. Não é o trabalho que é heroico; é a atitude que se tem para com o trabalho. Os jesuítas não eram heróis porque davam aulas para ginasianos; eram heróis porque deram um espírito de *magis* ao trabalho. E a *magis* se espalhou por todo o mundo jesuíta. Então não era só Ribadeneira que se via envolvido num empreendimento que mudaria o mundo; *todos* se viam assim. Observe o sentimento proferido por um jesuíta no Japão, sentindo-se não menos energizado em relação a um trabalho bem diferente: "Vossa Paternidade deveis compreender que este é, sem sombra de dúvida, o maior empreendimento que existe no mundo de hoje."[7] Ou por um jesuíta no Brasil: "Estamos trabalhando para assentar o alicerce de casas que durarão por quanto o mundo perdurar."[8]

Estavam todos iludidos? Não. Assim como nós, eles também reclamavam do trabalho monótono e enfadonho e dos colegas irritantes. Mas conseguiam também enxergar além dessas coisas, com uma visão dos resultados mais ricos possíveis para o que estavam fazendo. O espírito do *magis* transformou seu trabalho e seu produto. Por considerarem seu trabalho como o maior empreendimento do mundo, ele transformou-se nisso. A sua convicção e intensidade de espírito, multiplicadas através de milhares de oportunidades, construiu o maior e mais bem-sucedido sistema educacional do mundo.

COMO SURGIU O MAIOR SISTEMA EDUCACIONAL DO MUNDO

A Companhia dos jesuítas se pareceria mais com uma corporação tradicional se escrevêssemos que certa tarde em 1543 uma força-tarefa surgiu de uma sala de reuniões com um plano genial para dominar o mercado educativo mundial. Não foi exatamente assim. Apenas aconteceu. E a verdade é que mais sucesso comercial tem "apenas acontecido" do que qualquer consultor estratégico gostaria de admitir.

Para começar, os jesuítas tinham um problema. Os fundadores da Companhia tinham presumido ingenuamente que o sistema de ensino europeu produziria uma fonte inesgotável de candidatos que preenchessem suas especificações de recrutamento. Tenham em mente os candidatos que buscavam: os engajados espiritualmente, os superiores intelectualmente (entre os 1% da elite europeia), capazes de debater teologia em latim com os principais teólogos protestantes e explicar essas mesmas ideias para filhos de camponeses, os que assumem totalmente os compromissos, aqueles prontos em 48 horas para cruzarem o globo, igualmente à vontade atuando nos auditórios das universidades quanto nos hospitais tratando da praga, prontos para acatarem ordens ou elaborarem suas próprias estratégias.

Mas não havia tais candidatos sobrando. Alguma surpresa? Como os jesuítas depois descreveram em suas *Constituições*: "Os bons e letrados são poucos."

Haveria uma maneira fácil de resolver isso, reduzindo um pouco os padrões, mas essa não era uma opção para Loyola, que foi até o túmulo desejando que tivesse estreitado os padrões mais ainda. Apenas certos candidatos estariam no páreo, aqueles que um jesuíta chamou de *aptissimi*, "os melhores dos melhores". Deu num slogan de recrutamento memorável: *quam plurimi et quam aptissimi*, "o máximo possível do que há de melhor". E já que as instituições de ensino da Europa não produziam *aptissimi* suficiente, os jesuítas eventualmente passaram a moldar eles mesmos o material humano bruto. Mesmo sofrendo com falta de funcionários, decidiram resolver a questão da ausência de inscritos qualificados remanejando jesuítas das operações de campo – onde já havia um déficit de mão de obra – para o treinamento de novos recrutas. Não foi a solução comercial de maior apelo.

A mudança de escopo resultante de uma meta não alcançada

O que veio a seguir foi um caso clássico de mudança de escopo, pois as equipes da corporação encarregadas de executar um programa bem-definido – educar os recrutas jesuítas – viram sua missão crescer exponencialmente. O plano inicial lidava com o problema em questão sem drenar excessivamente os recursos jesuítas. Abriram comunidades residenciais para seus aprendizes dentro dos precintos de universidades em Paris, Louvain, Colônia e outros lugares. Os líderes jesuítas supervisionavam o desenvolvimento espiritual dos aprendizes, enquanto as melhores faculdades da Europa forneciam uma formação acadêmica. Questão resolvida. Bem, nem tanto. Mesmo nas melhores universidades da Europa, a qualidade do ensino parecia desigual para os líderes jesuítas que buscavam os *aptissimi*, e logo se percebeu a sensatez – e que não seria um fardo adicional tão mais pesado – de suplementar a educação universitária que os recrutas recebiam com cursos dados pelos próprios jesuítas.

E uma vez que começaram a ensinar seus próprios recrutas, a proposta do duque de Gandía não parecia um salto tão impossível: que passassem a ensinar seus recrutas em Gandía, absorvendo alguns de seus súditos não jesuítas também nas salas. Por que não? O que acrescentaria ao trabalho incluir alguns outros alunos em classes que já estavam sendo lecionadas mesmo? E a oferta do duque de financiar a escola foi uma boa notícia para uma empresa apertada de finanças. Mas *era* trabalho extra, sim, e levou a investida da educação jesuíta numa nova direção. Na época não havia universidade em Gandía. Então pela primeira vez os jesuítas estavam administrando todos os cursos, sem falar na própria administração da escola. Pouco mais de um ano depois, as autoridades municipais de Messina, na Sicília, propuseram o contrário: que os jesuítas abrissem ali uma faculdade para a juventude da cidade e incluíssem alguns de seus alunos jesuítas nas classes.

Portanto, o que começou como comunidades residenciais abrigando os recrutas jesuítas, acabou virando faculdades administradas por jesuítas, com o corpo docente de jesuítas, servindo a alunos leigos. Mudança de escopo. Essa meta não surgiu depois de um *brainstorm* do departamento estratégico (que nem existia); apenas acabou acontecendo. Mas devemos dar crédito aos jesuítas por terem tido a ousadia de reconhecer e ir fundo numa ideia vencedora, não importa como tenha surgido.

Reconhecendo e aprimorando uma boa ideia

Loyola aprovou a abertura de quase quarenta instituições de ensino durante os últimos dez anos de sua vida. Nenhum jesuíta tinha administrado uma escola. De algum modo a Companhia conseguiu colocar mais de trinta faculdades ou colégios funcionando antes da morte de Loyola: uma dúzia somente na Itália, outras em Lisboa, Paris, Viena, Louvain, Colônia, Praga, Ingolstadt e mesmo fora da Europa, em Goa e em São Vicente, Brasil. De repente, quase três quartos da mão de obra jesuíta estavam sendo investidas num negócio que não fora contemplado quando da fundação da empresa. No quadragésimo aniversário da Companhia, suas 150 faculdades formavam a espinha dorsal do ensino superior católico na Europa. A maior e mais influente rede de ensino superior no mundo era a dos jesuítas, e isso antes de alcançar a marca de mais de setecentos ginásios, faculdades e universidades em cinco continentes. Os historiadores da educação estimam que em meados do século XVIII, quase 20% dos europeus cursando o ensino superior clássico estudavam em instituições jesuítas.

Os especialistas diriam que os jesuítas foram a primeira entidade bem-organizada a entrar no vácuo desse mercado, e que seus líderes foram ousados o suficiente para apostar nessas oportunidades. Mas a liderança verdadeira veio das trincheiras, à medida que jesuítas motivados, numa região após a outra, passaram a ver as escolas como o meio ideal para causar um impacto diferenciado, de longo alcance, firmando ao mesmo tempo seu status e sua reputação local. Líderes tenazes lutaram para colocar as escolas de pé, arrancando fundos e patrocínios de nobres e comunidades locais e angariando recursos e apoio oficial por parte da administração central da Companhia. Os patrocínios eram a parte fácil, relativamente, pois à medida que a reputação dos jesuítas crescia, novos pedidos de escolas chegavam a Roma. A parte complicada era conseguir que a sede em Roma liberasse mão de obra.

O mercado educativo mostrou-se uma oportunidade perfeita para os jesuítas. O sistema existente estava fragmentado em todos os níveis. As escolas eram na base do pegar ou largar, pois não havia opções. A maioria das cidades e vilas europeias não tinha ensino básico ou secundário. Não existia praticamente nenhum sistema de acesso amplo, de ensino gratuito ou subsidiado. Quem estudava eram os poucos cujas famílias podiam pagar pelo ensino. Como resultado, menos de um terço dos meninos e menos de um décimo das meninas em idade escolar aprendiam mesmo as habilidades rudimentares da leitura e da escrita. Mas essas médias mascaram uma disparidade socioeconômica aguda: praticamente todos os filhos dos ricos tinham alguma escolaridade, contra praticamente nenhum dos mais desfavorecidos. Como os professores do ensino básico não estavam organizados em associações profissionais, não havia padrões mínimos estabelecidos para quem quisesse entrar na profissão. Nem havia acompanhamento ou supervisão de currículo por parte das autoridades locais. Quem conseguisse atrair alunos que pagassem, era professor. Mais de 80% dos alunos na Veneza do final do século XVI, por exemplo, eram servidos por operadores independentes montando escolinhas em suas próprias casas.[9]

Reformistas protestantes deploravam as inequidades e deficiências óbvias desses "não sistemas educacionais". Martinho Lutero cobrou das autoridades civis que organizassem uma rede de escolas primárias, argumentando sobre os benefícios que cidadãos amplamente educados trariam para o Estado. Mas os esforços dos reformistas enfocavam quase que só o ensino fundamental. As poucas redes de ensino implantadas em resposta a essas cobranças melhoraram bastante o ensino fundamental em algumas regiões. Mas essas redes raramente ultrapassavam fronteiras ou englobavam o ensino superior e, em todo caso, ao fim do século XVI continuavam sendo poucas e espaçadas.

Ao contrário dos professores do nível primário, quem quisesse lecionar nas universidades tinha que atender a padrões mínimos para exercer a profissão. Embora o professorado não exigisse o aprendizado de hoje, o privilégio de ter um posto numa universidade, sendo designado como "mestre", demandava anos de estudo universitário, com excelentes resultados nos exames. Desnecessário dizer que as exigências de qualidade para o exercício da profissão tinham relevância apenas para os afortunados que podiam frequentar uma universidade, e a característica principal do ensino superior naquele tempo era a sua escassez. Se apenas um quarto dos residentes nas cidades mais ricas da Europa chegava a ser alfabetizado, menos de 1% alcançava o ensino superior formal.

O mercado do ensino secundário – fragmentado, estagnado, com falta de pessoal e falta de líderes, e ainda enfrentando uma "competição ideológica" das comunidades protestantes – adequava-se perfeitamente às qualidades competitivas dos jesuítas. Sua organização global e presteza de reação eram duas vantagens evidentes. Formar um corpo docente para uma escola nova era um desafio intimidador mesmo para uma cidade que tivesse a vontade e os recursos para fazê-lo, ao passo que os jesuítas conseguiram formar equipes letivas para escolas novas realocando membros de outras escolas ou de outros projetos, ou então trazendo aprendizes. Os fundadores da faculdade na Sicília eram dez jesuítas representando cinco nacionalidades diversas.

Os reformistas protestantes priorizaram o ensino primário, então os jesuítas ocuparam um nicho praticamente destituído de concorrência. Numa Europa onde os currículos não batiam com as aulas dadas nem dentro de uma mesma escola, quanto mais de um país para outro, os jesuítas arquitetaram um plano global de ataque. As melhores práticas foram reunidas num *Ratio studiorum* (plano de estudos). A marca "jesuíta" passou a ser associada com padrões consistentemente altos, um bálsamo para os pais perdidos entre as dezenas de escolinhas independentes servindo às cidades grandes. Num ambiente onde nem associações nem autoridades civis estabeleciam padrões mínimos para se ingressar na profissão de professor, o treinamento rigoroso de cada jesuíta o deixava mais qualificado do que a média dos professores secundários. Em suma, as qualidades da Companhia de Jesus atendiam perfeitamente às necessidades da época. Nenhuma outra organização ostentava tais competências, e os líderes jesuítas exibiam sua tolerância para com riscos, sua criatividade e sua agressividade para tirarem o máximo dessas oportunidades.

A REDE PERFEITA

Mas por que *esse* ramo de negócios? Afinal, muitas ocupações se coadunariam com a missão abrangente dos jesuítas de ajudar as almas, e a educação era o único campo onde uma companhia ágil, bem-organizada, intelectualmente superior, poderia se sobressair.

Mergulharam com tanto empenho no campo da educação por perceberem como isso se encaixava em sua agenda mais ampla. Os jesuítas tinham a intenção de influenciar aqueles que causariam o maior impacto sobre a sociedade. Seus alunos, pela virtude do seu ensino, formariam a elite de suas respectivas comunidades e isso era uma imensa vantagem. Uma população católica mais bem-educada fortaleceria os esforços para conter o avanço do protestantismo, outra meta preciosa para as mentes jesuítas. O ensino superior apoiava a missão dos jesuítas de diversas outras maneiras. Reforçava as fileiras dos jesuítas letrados envolvidos nas disputas polêmicas com os reformistas protestantes; mantinha os jesuítas engenhosos na vanguarda científica e educacional; fornecia um respaldo acadêmico para as descobertas científicas, geográficas e culturais chegando constantemente dos postos jesuítas alocados na Ásia, na África e nas Américas.

Os estudantes concentravam-se nos centros urbanos emergentes da Europa, então os jesuítas situaram suas novas instituições em cidades-chave que se destacavam com o desenvolvimento dos primórdios da moderna economia europeia. As escolas jesuítas tornaram-se centros nevrálgicos da cidadania. Quando a infraestrutura de uma escola ficava pronta, suas instalações eram usadas também para outras atividades dos jesuítas. Assim, as igrejas, os centros de assistência social e outras entidades situavam-se, frequentemente, no coração das cidades principais, em contato com os cidadãos mais influentes da Europa.[10]

E, por fim, as faculdades aliviaram a questão da falta de pessoal por maneiras que os jesuítas não esperavam. Conforme previsto, os colégios permitiam que eles educassem seus próprios recrutas com um ensino de alta qualidade. Mas as escolas também reuniram uma fonte imensa de recrutas *em potencial*, jovens, impressionáveis. O deslocamento de jesuítas ex-

Assim, as qualidades dos jesuítas e seus interesses estratégicos coincidiram simbioticamente com as necessidades de uma época. A maioria dos sucessos comerciais estrondosos fundamenta-se no mesmo casamento feliz entre qualidades essenciais e demandas de mercado.

perientes para postos de ensino foi mais do que compensado pela quantidade de recrutas novos vindos das fileiras de formandos de suas escolas. Os jesuítas evitavam utilizar táticas de recrutamento excessivas, mas estavam longe de serem ingênuos quanto ao potencial de crescimento com tantos possíveis recrutas estudando bem debaixo de seus narizes. O mesmo Jerônimo Nadal que incentivou os diretores jesuítas a recrutarem *quamplurimi et quam aptissimi* (o máximo possível dos melhores entre os melhores) também aconselhou cada faculdade jesuíta a nomear "um promotor que ficaria especialmente encarregado de manter os olhos abertos para candidatos prováveis, além de orientar os que viessem lhe procurar".[11]

Assim, as qualidades dos jesuítas e seus interesses estratégicos coincidiram simbioticamente com as necessidades de uma época. A maioria dos sucessos comerciais estrondosos fundamenta-se no mesmo casamento feliz entre qualidades essenciais e demandas de mercado.

Mas outro pequeno detalhe valorizou em muito o apelo do produto: era de graça. Não só os jesuítas ofereciam o melhor ensino secundário da Europa, ofereciam-no sem custo. Não é de admirar que cidades clamassem por eles. Além de um punhado de projetos cívicos isolados, nada tão ambicioso, remotamente, fora tentado por qualquer outra empresa ou governo. Somente uma companhia enamorada de "metas heroicas" seria tola o suficiente para lançar um projeto tão vasto, tão novo e que demandava tanta mão de obra, embora tolhida por certa falta de fundos e de pessoal. E – como é característico dos heróis – sair como vencedora ao final.

Era de graça. Esse simples fato anunciava uma visão social revolucionária: mesmo os pobres deveriam ter a oportunidade de aprender. Até então, uma educação formal só estava disponível para os poucos cujas famílias pudessem pagar por ela. A desigualdade resultante servia para reforçar a estratificação social e econômica da Europa. Alegar que os jesuítas criaram a igualdade de condições para os que buscaram o ensino nas cidades com escolas jesuítas seria um exagero. Não ocorreram revoluções sociais ou triunfos da humanidade devido à abertura de suas faculdades. Nem os jesuítas se viam como revolucionários da sociedade. Estavam apenas ajudando as almas, movidos pela sua visão amorosa do mundo. Embora a sua rede fosse gigantesca em comparação com outros esforços privados, não passava de uma gota no oceano do analfabetismo e do ensino inadequado. Entretanto, as instituições propiciavam uma oportunidade única para muitas crianças pobres que não teriam sido educadas. Os filhos das famílias abastadas também usufruíam de uma oportunidade educativa única, experimentando o que geralmente era a sua primeira interação com os menos privilegiados e aprendendo uma lição pouco sutil sobre a igualdade entre os seres humanos.

A visão revolucionária dos jesuítas, no fim, passou a ser ameaçada pelo seu próprio sucesso. A rede de ensino expandiu-se rapidamente além das próprias previsões heroicas dos jesuítas. Loyola foi o responsável por incentivar essa expansão agressiva; e a maneira como ele e seus colegas lidaram com as consequências desse crescimento não sustentável traria implicações que os jesuítas podem não ter compreendido inteiramente. Se Loyola tivesse acompanhado o desenrolar dessas consequências imprevistas, talvez tivesse tratado a questão de outra forma.

A DIFICULDADE EM MANTER UMA VISÃO

James Collins e Jerry Porras, professores da Stanford Graduate School of Business, fizeram em 1989 um vasto levantamento de CEOs. Identificaram dezoito empresas de primeira linha entre diversas indústrias – o que chamaram de "empresas visionárias" – e as estudaram para concluir quais traços em comum as levavam a desempenhos consistentemente superiores. Publicaram suas conclusões no livro *Feito para durar: práticas bem-sucedidas das empresas visionárias.*[12] Dentre os hábitos de sucesso, destacava-se o comprometimento da empresa com missões extraordinariamente ambiciosas e extremamente difíceis de serem cumpridas. Os autores as chamaram de MECAs: metas enormes, complexas, audaciosas. Por exemplo, construir, no espaço de uma geração, o sistema educacional mais extenso, com o melhor ensino e do mais alto calibre do mundo. Algo bastante audacioso para uma companhia com constante falta de pessoal e que nunca abrira uma única escola.

Só havia um problema. Havia sim um E, um C e um A, mas nunca disseram nada sobre o M. Os jesuítas nem tinham a intenção de construir um sistema escolar. Uma vez que começaram, nenhum líder jesuíta decidiu que seria o maior do mundo. O que aconteceu é que os jesuítas atuantes pressionaram pela abertura de faculdades, pois com isso poderiam avançar em sua ambição corporativa de ajudar as almas. E, quando abriam uma escola, geralmente seu corpo docente fazia dela a melhor alternativa de ensino secundário em sua região.

Essa rede foi construída de baixo para cima, não como uma visão de cima para baixo. O que existia de visão geral, que abrangia a todos, era um lema no atacado: *magistri sint insignes*, "os professores devem ser extraordinários". E assim acabaram formando a melhor rede escolar do mundo, um professor extraordinário de cada vez, uma escola de cada vez. Foi a epítome do princípio jesuíta de liderança heroica. O resultado foi excepcional, mas foi sendo viabilizado pessoa a pessoa, cada uma absorvendo e moldando a missão da Companhia. Cada uma motivada por um espírito de *magis* a enxergar além do potencial de resultados comum e perguntar-se se não haveria algo mais, algo maior, que poderia realizar.

Que lição aprendemos sobre as MECAs com os antigos jesuítas? O heroísmo – e as metas que o acompanham – brota de *baixo para cima*, de líderes movidos pelo *magis*. Esse heroísmo não pode ser comprado, negociado, manipulado ou forçado. É oferecido livremente e passado adiante por indivíduos automotivados e entusiastas de seu trabalho. Os líderes de sucesso sabem que incitar o heroísmo não é algo tão simples quanto inventar uma MECA bastante ambiciosa. Preferem dedicar seu tempo à criação de ambientes nos quais os indivíduos irão *escolher* o heroísmo como uma maneira de trabalhar e de viver.

A liderança heroica dificultada: desconsiderando os direitos humanos

À medida que a Companhia navegava por águas culturais e ideológicas mais profundas e ainda não mapeadas, percorria uma rota difícil, solitária e, às vezes, contraditória.

Podemos conceder aos mercadores de escravos no Brasil o seguinte: eles eram consistentes. Quer fosse africano, indígena brasileiro ou residente de uma redução dos jesuítas no Paraguai, um escravo era um escravo. Para os jesuítas, não era tão simples. Antônio Vieira, jesuíta português criado no Brasil, voltou ao país em 1652. Trocara as mordomias de uma nomeação real em Lisboa por uma comissão controversa que investigava o abuso dos povos indígenas. Não demorou a se desentender com todos os elementos da sociedade colonial portuguesa. Como escreveu para o rei João IV em Portugal: "Temos [aqui] contra nós o povo, as [outras ordens] religiosas, os proprietários das capitanias e todos aqueles que no reino e neste Estado estão interessados no sangue e no suor dos índios cuja condição somente nós defendemos."[13]

Vieira não se contentou em limitar sua denúncia às degradações sofridas pelos povos indígenas. Bradou também contra o tratamento brutal dos escravos africanos ao chegarem aos portos brasileiros: "Os mestres enfeitados com os trajes da corte, os escravos rotos e nus; os mestres banqueteando, os escravos morrendo de fome; os mestres nadando em ouro e prata, os escravos acorrentados a ferros."[14] Como defensor dos direitos indígenas, conseguiu alinhar toda a sociedade colonial contra si. Mas o floreio retórico contido em seu próximo sermão isolou-o completamente de todos os europeus do século XVII: "Esses homens não são filhos do mesmo Adão e da mesma Eva? Essas almas não foram resgatadas com o sangue do mesmo Cristo? Esses corpos não nascem e morrem, como os nossos? Não respiram o mesmo ar? Não os cobre o mesmo céu? Não os aquenta o mesmo Sol?"[15] Menos de uma década depois de sua chegada ao Brasil, os colonos tinham ouvido o bastante: Vieira e um punhado de colegas jesuítas foram deportados.

Os jesuítas trilharam um caminho que a sociedade europeia rejeitava, mas nem mesmo eles foram corajosos o bastante para seguir por essa trilha até o seu ponto final. Sim, foi principalmente graças às incitações dos jesuítas que a liberdade para os povos indígenas tornou-se lei no Brasil e, em parte, os protegeram. Mas nem Vieira teve a ousadia de clamar pelo fim da escravidão africana, apesar de declarar suas vítimas igualmente "filhos do mesmo Adão e da mesma Eva (...) aquentados pelo mesmo Sol". O máximo exigido por ele e outros ativistas jesuítas foi um tratamento mais humano para os escravos africanos. Nas Américas do século XVII isso era algo bastante radical, mas longe das batalhas intransigentes dos jesuítas pelos direitos dos indígenas que ocorreriam no Paraguai. Presumivelmente, Vieira era astuto o suficiente para perceber que os escravos africanos formavam a massa alternativa de mão de obra que mantinha à tona a economia brasileira depois que os jesuítas ajudaram a estancar o fluxo de mão de obra escrava com os índios. Pode ter raciocinado que liberdade para os povos indígenas era o máximo que uma população de colonos ressentidos suportaria. Advogar a erradicação da escravidão africana poderia provocar uma reação, incitando os habitantes da colônia a renegarem sua já relutante aceitação à liberdade dos indígenas.

Contudo, por mais impecável que seja essa lógica tática, não combinava bem com o espírito daqueles jesuítas no Paraguai que libertaram os indígenas das *encomiendas* sem considerar *qualquer* concessão para aplacar os colonos. O envolvimento dos jesuítas com a questão da escravidão africana talvez fosse maior; afinal, nas colônias do Novo Mundo, a extensa rede de escolas e estabelecimentos jesuítas era financiada pelos grandes proprietários rurais e assim, por conseguinte, pelos donos dos maiores contingentes de escravos africanos da América Latina.

Nem a corajosa defesa dos direitos dos povos indígenas da América do Sul foi levada pelos jesuítas às suas últimas consequências. É verdade que os esforços dos jesuítas ajudaram os guaranis a alcançarem níveis culturais e a estabelecerem padrões de vida que, embora ainda deficientes, eram muito superiores aos das outras populações indígenas expostas ao colonialismo europeu. Contudo, os guaranis se fizeram músicos, artistas, construtores e escritores bem-sucedidos, mas ao menos uma carreira não lhes era facultada: ser sacerdote jesuíta. Os jesuítas, como praticamente todas as grandes ordens religiosas, faziam distinções de raça por todo o Novo Mundo. Os jesuítas argumentavam que os guaranis estavam há pouco na fé e era cedo para que fossem ordenados como padre. Tinha sua lógica: os primeiros habitantes das reduções não só faziam parte da primeira geração de guaranis a terem contato com o cristianismo, como também da primeira a chegar a ser alfabetizada. Como candidatos, seria improvável que sobrevivessem à formação intelectual rigorosa pela qual passavam os postulantes a jesuítas. Mas, com o passar das gerações, a lógica ia definhando.

O ponto principal aqui é que não só os primeiros jesuítas não alcançaram a perfeição como também a liderança heroica enfrenta desafios intermináveis. Ela deve estar disposta a prosseguir questionando e testando a postura, as táticas, os valores e a cultura de cada um. A postura heroica muitas vezes afastou os jesuítas da cultura europeia convencional. Tiveram desavenças com as coroas espanholas e portuguesas provincianas e nacionalistas, que relutavam em permitir equipes multinacionais de jesuítas em suas colônias de além-mar. Tiveram desavenças com autoridades papais descontentes com seu afastamento radical da tradição monástica. Os colonos da América Latina ressentiram-se com a defesa que os jesuítas faziam dos direitos dos povos indígenas. E, por toda a Ásia, as estratégias missionárias progressistas incomodavam os missionários não jesuítas.

Liderar muitas vezes quer dizer nadar contra a corrente. E por mais difícil que seja nadar rio acima, torna-se ainda mais difícil diante de uma oportunidade sedutora de dar meia-volta e se soltar na correnteza. A liderança heroica, assumindo a frente das coisas, tornava-se uma escolha menos atraente à medida que a Companhia de Jesus tinha mais e mais a perder. Nada diferente do que é hoje: correr riscos é mais fácil para principiantes inovadores, com nada a perder, do que para o participante bem-estabelecido, com tudo a perder.

O fenômeno é tão antigo quanto os jesuítas do século XVIII e tão novo quanto a Xerox, a AT&T e a IBM do fim do século XX. Os aficionados por tecnologia se lembrarão de quando o computador pessoal (PC) era

A liderança heroica, assumindo a frente das coisas, tornava-se uma escolha menos atraente à medida que a Companhia de Jesus tinha mais e mais a perder.

uma novidade exótica, e não representava uma ameaça a uma indústria de informática estruturada em torno de gigantescos *mainframes*. Os técnicos da Xerox, da AT&T e da IBM tinham criado inovações essenciais para o desenvolvimento do PC. E todas as três empresas tinham os recursos financeiros para explorar suas inovações e dominar essa indústria nascente, porém nenhuma delas o fez (ou pelo menos nenhuma o fez tão cedo ou tão bem quanto poderia). Por quê?

As razões são complexas, mas pode-se dizer que a administração de cada uma das três empresas decidiu continuar com o que estava dando certo em vez de se reinventar agressivamente com produtos não testados e de alto risco, embora as três tivessem, no início, se destacado justamente por inovar e assumir riscos. Como a Companhia dos jesuítas – crescida demais, complacente e avessa aos riscos –, as três se afastaram de um valor central essencial para seu sucesso contínuo. Enquanto os gigantes do *mainframe* marchavam lentamente, surgiam empresas iniciantes como Apple e Microsoft, de parcos recursos, cavando seu nicho num ramo em evolução.

Em algumas ocasiões de sua história, os jesuítas se desviaram do seu curso heroico e contracultural. Quando assim fizeram, uma voz profética da geração fundadora às vezes esteve presente para admoestá-los. O próprio Loyola contestou a relutância em aceitar recrutas asiáticos como candidatos a jesuítas plenos, incentivando os diretores na Índia a assumirem mais riscos: "Dos rapazes que estão sendo educados na faculdade (...) aqueles que são mais talentosos, mais fortes na fé, mais bem-comportados e mais apresentáveis podem ser admitidos [como jesuítas]."[16] Seus colegas nunca tiveram a coragem de fazer isso, e Loyola tinha falecido há muito quando essa relutância acabou sendo estratificada.

Gerações sucessivas, cedendo a pressões políticas, recuaram em outros compromissos assumidos pelos fundadores. Loyola e seus colegas entraram em diversas batalhas políticas para que cristãos-novos fossem admitidos na ordem, mas meio século após a morte de Loyola, a Companhia impôs restrições severas sobre os candidatos cristãos-novos. Afinal, todas as demais organizações religiosas importantes tinham mantido as mesmas restrições por gerações; por ser a única divergente, a empresa estava perdendo apoio político em toda a Europa. Com a maior parte da geração fundadora falecida, restou a Pedro Ribadeneira, com quase 70 anos, o papel de fustigar os colegas por renegarem a antiga visão jesuíta.

O desafio de manter o heroísmo

A rede de ensino dos jesuítas ilustra melhor a luta difícil que as empresas em formação enfrentam para tentar manter os impulsos heroicos que levam à sua grandeza. As primeiras escolas vicejaram por tirar o máximo de proveito do *modo de proceder* jesuíta: mobilidade, abertura para novas ideias, desconsideração pelas fronteiras nacionais, apoio mútuo e uma disposição incansável para estar constantemente se aprimorando. Com uma educação soberba nas disciplinas centrais, porém movidos pela indiferença a se lançarem em novas correntes intelectuais, os jesuítas juntaram em suas escolas disciplinas escolásticas tradicionais às melhores ideias do humanismo progressista. Pela insistência de Clávio, mesmo uma disciplina recém-surgida e marginal como a matemática acabou entrando no currículo central dos jesuítas. Na época, isso foi uma inovação única na educação clássica (e que obviamente acabou pegando). Como as melhores organizações de ensino, as sedes centrais institucionalizaram o intercâmbio de ideias através de seus *Ratio studiorum* (plano de estudos). Sugestões de práticas melhores chegavam a Roma vindas de educadores jesuítas em todo o mundo e circulavam de volta ao campo através de planos de estudos revistos.

Para uma empresa dedicada a viver com um pé na estrada, sinais de alerta deveriam ter piscado assim que os jesuítas da sede central começaram a falar em *completar* e *finalizar* os *Ratio studiorum*. O documento fechado instruía os teólogos jesuítas a seguirem definitivamente os ensinamentos do grande São Tomás de Aquino. Nenhum jesuíta do final do século XVI teria indicado uma autoridade diferente, mas a *finitude* disso contradizia a visão aberta e globalmente abrangente dos fundadores. Pelo menos assim parecia para o último cofundador sobrevivente, o septuagenário Alfonso Salmeron. A maioria das empresas recebe discordâncias rabugentas da geração mais antiga, mas não uma bronca porque os jovens estão ficando muito conservadores. Salmeron argumentou que, em vez de endossar definitivamente uma autoridade teológica específica, a Companhia deveria manter uma postura aberta e otimista, pela qual um de seus próprios membros poderia um dia elaborar posicionamentos melhores do que os de Aquino, "algo que o Abençoado Inácio, de feliz memória, esperaria".[17]

Mesmo com o currículo tornando-se mais rígido, a rede escolar experimentava um sucesso alucinante, o que por sua vez ameaçava outros itens da liderança jesuíta. No início, essa rede era apenas uma de muitas operações da Companhia, mas logo absorveu quase três quartos de todo o corpo disponível de funcionários. A cultura do sistema de ensino começou a entrar em conflito com a cultura mais ampla dos jesuítas. As escolas não eram muito compatíveis, por exemplo, com a mobilidade, a flexibilidade e a adaptabilidade tão queridas por Loyola. As escolas de alta qualidade floresciam em parte devido à continuidade de sua equipe de um ano para outro. Loyola, porém, tinha a visão de uma equipe "pronta a deixar inacabada qualquer letra" para responder a novas oportunidades urgentes, e simplesmente não era viável sair correndo no meio de uma aula ou interromper um semestre acadêmico para viajar à Índia, como Xavier fizera.

Faculdades demandavam edifícios escolares. Os jesuítas tornaram-se cada vez mais presos a títulos de propriedade e às preocupações mundanas que advêm delas. Sua missão lhes condicionava responder de maneira inovadora às oportunidades que surgiam, mas os administradores jesuítas eram forçados a reservar pelo menos alguma energia criativa para manter os aquecedores funcionando e reparar o telhado para que não caísse. Sua mentalidade e seu apetite por correr riscos devem ter sido afetados pelo ramerrame da vida escolar: a manutenção das instalações, a manutenção de uma equipe estável e a manutenção de uma força intensiva de trabalho. Os primeiros jesuítas se assemelhavam à cavalaria ligeira. Vivendo de acordo com o conselho de Loyola para que não se comprometessem com empregos que inibissem sua mobilidade, facilmente juntavam suas coisas e remanejavam seu acampamento em função de novas oportunidades. Mas o desprendimento é um desafio maior para uma equipe administrando uma escola. Havia compromissos implícitos para com a comunidade escolar, sem falar para com o próprio local físico.

Loyola, o modelo da indiferença jesuíta, alegava que não teria problemas para se reconciliar com o fato dos jesuítas serem dissolvidos, caso isso viesse a acontecer: "Se eu me recolhesse em oração por um quarto de hora, ficaria feliz, e mais feliz do que antes."[18] Era fácil para os líderes jesuítas manterem essa mentalidade vital quando se viam presidindo centenas de escolas fabulosamente bem-sucedidas? É muito mais tranquilo arriscar tudo em novos projetos ambiciosos quando não se tem nada a perder do que quando se tem muito. O mesmo conflito manifestava-se num nível pessoa a pessoa: poderiam os jesuítas, trabalhando em instituições bem-estabelecidas, manter a mesma presteza para as mudanças e o mesmo apetite por correr riscos do que os dos colegas sem afiliações institucionais?

Coisas ruins acontecem – e o heroísmo desaparece – quando liderar confunde-se com sobreviver, se dar bem ou cuidar de si. O perfil de um astro ascendente no mundo das finanças publicado pelo *New York Times* soará tristemente familiar para muitos funcionários de grandes corporações. O *Times* retratou um "organizador brilhante e eficiente" que "nunca passa por cima do chefe". Galgou os degraus corporativos de maneira implacável por "trabalhar incansavelmente" e foi assumindo uma sucessão de cargos de responsabilidades cada vez maiores, "construindo alianças e não deixando marcas". Um entrevistado, porém, reclamou que "ele certamente é esperto e competente em se proteger, mas não temos nenhuma ideia de sua posição quanto à maioria das questões cruciais."[19]

Não é justo denegrirmos o sujeito com esse perfil. Afinal, apenas seguia o caminho convencional e bem-estabelecido que leva ao topo de quase toda organização hierárquica. Seria contraprodutivo alguém que ambiciona ser um líder administrar sua ascensão de maneira diferente. A questão é: nenhuma organização quer líderes na base do "se dar bem com os outros para se dar bem na vida", mas fica difícil eliminar tal cultura depois de ela ter se enraizado. Quando corporações conseguem quebrar esse ciclo, geralmente é graças ao heroísmo inspirado daqueles que enfatizam os valores autênticos de liderança em vez de suas aparências ou das vantagens para suas carreiras. São os heróis que salvam as empresas de si mesmas.

Quem era o retratado no perfil do *Times*? Uma figura ascendente dentro do Partido Comunista chinês. É desanimador perceber que o perfil de um burocrata de um partido comunista poderia facilmente descrever uma figura em ascensão na América corporativa.

Durante anos os jesuítas conseguiram uma façanha heroica que nenhum outro governo ou instituição privada tivera coragem o bastante para levar em consideração. O fornecimento de ensino secundário para os pobres era algo além da imaginação para a maioria dos europeus do século XVI (ou do século XVII ou para a maioria dos séculos XVIII e XIX). No início desse empreendimento, Jean Polanco preparou um tratado com quinze pontos definindo o raciocínio jesuíta que os levou a entrar no ramo da educação. Reduziu uma aspiração formidável, ambiciosa, sem precedentes, a termos totalmente banais: "Os despossuídos, que não têm como pagar professores, quanto mais tutores particulares, mais farão [progressos no aprendizado]." Que MECA!

Desde o começo, entretanto, essa visão de prover ensino de qualidade para os pobres enfrentou pressões severas. Tudo bem, os jesuítas estavam oferecendo um ensino secundário gratuito, mas o ensino primário ainda não era gratuito. O custo de um tutor para ensinar criancinhas a ler e a escrever estava acima das posses da maioria das famílias de baixa renda e, consequentemente, muitas crianças pobres e analfabetas batiam às portas das escolas secundárias dos jesuítas. Os jesuítas montaram turmas de alfabetização suplementares para colocar em dia essas crianças, mas dois problemas surgiram. Por mais eficiente que fosse o treinamento suplementar, a maioria desses alunos nunca alcançou o nível dos alunos mais privilegiados, beneficiários de um ensino primário. E *ninguém* se beneficiava quando os novos "formandos" do ensino suplementar, alfabetizados, juntavam-se às turmas de alunos mais avançados. E havia também o desafio do pessoal para dar os cursos suplementares, mais uma demanda sobre uma companhia já sobrecarregada.

Ainda sob a administração de Loyola, ficou claro que as demandas da política "sejam todos bem-vindos" estavam minando os recursos da empresa. Os jesuítas instituíram uma solução lógica, porém fatal: a matrícula seria restrita aos alunos alfabetizados. O currículo dos jesuítas era o mais exigente da Europa. Os jovens não teriam a pretensão de dominar esse currículo partindo do analfabetismo. Como somente os mais abastados tinham os meios para assegurar um ensino primário para suas crianças, geralmente só as crianças abastadas venciam o obstáculo da alfabetização e se matriculavam. As escolas jesuítas cada vez mais se tornaram (mesmo que sem essa intenção) instituições que atendiam prioritariamente aos bem de vida. Essa tendência ganhou vida própria. O currículo rigoroso e o corpo docente qualificado firmaram a reputação dos jesuítas como os educadores preferenciais dos ricos e da nobreza. Claro, influenciar os influenciadores era uma estratégia central da Companhia, e o tratado de Polanco também argumentara que "aqueles que agora são apenas estudantes tornar-se-ão (...) funcionários públicos (...) e assumirão outros cargos importantes, para a vantagem de todos."[20] No início do século XVII, a admissão à faculdade jesuíta em Parma, por exemplo, era restrita aos meninos de linhagem nobre comprovada. Moldada de acordo com o posto e o destino social desses rapazes, o currículo de Parma complementava estudos acadêmicos tradicionais com cursos em cavalaria e na edificação de fortalezas defensivas.[21]

Nada tinha dado *errado*. Fora o melhor sistema escolar do mundo e continuava a sê-lo. Servia a clientes essenciais para a postura estratégica da empresa de influir de cima para baixo.

A liderança heroica movida pelo *magis*, porém, busca conseguir o que para os demais seria impossível. Os jesuítas construíram um sistema escolar que *seria* impossível para qualquer outro europeu da época conceber. Mas não chegaram a um sistema escolar *ainda mais* impossível. Com mais *magis*, talvez tivessem conseguido.

A liderança heroica movida pelo *magis* envolve uma imaginação ousada e a vontade de assumir riscos ousados. Os jesuítas se libertaram da mentalidade europeia para enxergar o mundo através de lentes bem diferentes. E assim, heróis na Índia e no Paraguai, subiram para o topo das árvores sem se preocupar se os galhos os sustentariam. Como não aproveitariam as chances? Eram parte do "maior empreendimento no mundo de hoje". E os galhos se mantiveram firmes enquanto os jesuítas paraguaios lançaram uma agenda progressista pelos direitos indígenas que poucos de seus contemporâneos ousariam imaginar, quanto mais aprovar ou tentar pôr em prática. Os galhos ficaram firmes enquanto De Nobili na Índia, Ricci na China e outros como eles criavam novos modos de expressar a mensagem cristã.

Mas com o tempo chega um momento em que a ponta de um galho torna-se um poleiro precário. Os jesuítas assumiram posições conciliatórias quanto à escravidão africana e aos critérios para admissão na ordem. Estranhamente, os jesuítas prosperaram mais quando se valiam de todo o heroísmo e toda a inventividade possíveis para prosseguirem caminhando na corda bamba. Foi somente quando olharam para baixo e recuaram para galhos mais seguros que seu balanço corporativo tornou-se mais frágil.

CAPÍTULO 10

"Uma ousadia excepcional foi essencial"

Como deixar de assumir riscos deixou os jesuítas numa situação precária

Poucas empresas mantêm o perfil de liderança necessário para se ter sucesso por várias gerações, quanto mais através dos séculos. Considerem que das cem maiores empresas americanas no ano 1900, somente dezesseis ainda existiam ao final do século. Por que apenas um punhado de empresas de sucesso sobrevive? O sucesso gera complacência. Ou então os líderes do mercado tornam-se defensivos, conservadores, olhando para trás ao invés de para a frente, para as novas oportunidades ou para as ameaças no horizonte. A liderança movida pelo *magis*, com um enfoque contínuo sobre o que está à frente e quais as metas mais ambiciosas que podem ser atingidas, permanece como a única maneira confiável de assegurar que partes importantes da visão e da missão permaneçam vitais e não sejam relegadas ou totalmente descartadas.

Os jesuítas reduziram a marcha, mas não engataram uma ré nem abandonaram seus princípios de liderança. Enquanto as restrições sobre postulantes cristãos-novos estavam sendo refinadas em Roma, De Nobilis passava pasta de sândalo na testa com o apoio do Superior Acquaviva. Quando instrutores jesuítas montavam fortificações de brinquedo com estudantes da nobreza de Parma, os jesuítas construíam fortificações e cidades reais às margens do rio Paraguai. Os princípios de liderança que os ajudaram a fazer sucesso, com um crescimento excepcional, ainda estavam bastante em evidência quando a Companhia completou seu bicentenário.

Mas talvez esses princípios não galvanizassem tanto essa empresa agora que ela tinha muito a perder. O século XVIII viu os jesuítas serem varridos por "ondas que se sacudiam violentamente", como escreveu o historiador oficial da Ordem na época. Fiel ao nome que o batizou e à tradição heroica dos jesuítas, esse mesmo comentarista, Júlio César Cordara, argumentou que sua empresa poderia ter evitado o naufrágio que lhes sucedeu: "Acredito que para lidar com infortúnios de natureza descomunal deve-se empregar meios descomunais (...), convenci-me de que uma ousadia excepcional era essencial e que nem um centímetro de terreno deveria ser cedido."[1] Infelizmente, a ousadia excepcional que caracterizou Loyola, Xavier, Goes, Ricci, De Nobili e dezenas de outros estava em falta na sede de Roma quando os jesuítas mais precisaram dela.

O SUBPRODUTO DO SUCESSO SEM PRECEDENTES: UMA LONGA LISTA DE INIMIGOS

Nenhuma lista de nomes organizada linearmente faria justiça às correntes e contracorrentes complexas que sacudiam os jesuítas em meados do século XVIII. Seus inimigos estavam por toda parte da Europa: conservadores e progressistas, padres e políticos, fiéis católicos e inimigos jurados da religião organizada. Formavam uma coalização improvável atraída por uma única plataforma: livrar-se dos jesuítas. É fácil explicar os motivos desses detratores, mas é difícil compreender como sua antipatia gradualmente tornou-se maior que a Companhia de Jesus. Mesmo agora é complicado encontrar o "ponto de virada" em que essa companhia, no seu auge, de repente ficou vulnerável.

Numa ponta do espectro ideológico, os pensadores iluministas miravam os jesuítas. Os avanços nas ciências ajudaram a criar um movimento mais amplo dedicado à busca do "homem racional" por leis universais regendo a natureza e a sociedade. Os filósofos iluministas, determinados a honrar apenas verdades demonstradas através da razão ou da experiência, atribuíam pouco valor às revelações da religião. Pronunciamentos baseados numa autoridade papal que eles consideravam arbitrária tinham uma baixa cotação no seu conceito. Se a vitória final para eles era liberar a Europa do domínio da Igreja Católica e de seus rituais supersticiosos, Voltaire colocava a derrota dos jesuítas como o primeiro passo em direção a esse triunfo. "Tão logo tivermos destruído os jesuítas, fácil será a luta contra a infâmia detestável [isto é, a Igreja Católica na França]."[2] Ele tinha conhecimento em primeira mão do assunto: fora educado por jesuítas. Derrubá-los não seria apenas um golpe simbólico contra a Igreja, com muita visibilidade, mas também traria a conveniência de afastar aqueles mais capazes de refutar os argumentos do Iluminismo. O primeiro volume da *Enciclopédia* de Denis Diderot tinha sido saudado, inclusive pelo seu editor-chefe nada modesto, como um triunfo da nova postura iluminista em relação aos empreendimentos intelectuais. Os comentaristas jesuítas tinham posto água nesses brindes autocongratulatórios ao observar que muitos dos artigos desse volume tinham sido inteiramente copiados de outros autores, alguns deles inclusive jesuítas. Não é de se admirar que Diderot, e outros como ele, considerasse que seu movimento estaria bem melhor sem os palpites dos jesuítas.

Saraivadas antijesuítas partiram também do flanco oposto. Os teólogos jesuítas tinham se oposto vigorosamente a um movimento reformista católico conhecido como jansenismo. Como defensores ferozes da doutrina do livre-arbítrio humano, os jesuítas detectaram que a ênfase que os jansenistas punham sobre a graça divina no fundo era uma defesa da predestinação. Como resposta, articularam várias condenações papais ao jansenismo. Mas não contavam com o seu poder de insistência, perdurando qual um Rasputin, nem com seus simpatizantes poderosos politicamente na Igreja e no governo francês. Em meados do século XVII os jesuítas levaram a melhor sobre os jansenistas no campo do debate teológico, mas um século depois estes ainda publicavam panfletos com ataques indiscriminados e sem base contra os jesuítas, e que tinham o efeito de mísseis pesados:

> Sempre dando rédeas às suas ambições sem limites de aumentar seu poder e seu domínio, eles [os jesuítas] amealharam fundos e imen-

> sas riquezas por quaisquer meios disponíveis, seja por doações que imploraram de reis inocentes, por bens que extorquiram de cidades e vilarejos ou invadindo as classes de mercadores de todas as nações com um tipo sórdido de comércio que para os padres e religiosos é desnaturado, ou por depenarem famílias de suas heranças, por meios violentos ou pela sedução.[3]

Tanto os jansenistas quanto os pensadores iluministas consideravam os jesuítas seus adversários ideológicos mais poderosos, mas por razões diferentes. Os iluministas eram campeões da razão e da livre vontade e atacavam os jesuítas como os defensores mais visíveis e de maior destaque da Igreja Católica. Do lado oposto, os jansenistas atacavam os jesuítas por aderirem ardentemente à doutrina do livre-arbítrio. Em meados do século XVIII, os jesuítas estavam ocupados demais se defendendo para conseguirem apreciar a ironia de sua situação.

Mas havia outro problema. Os jesuítas gostavam dessas batalhas polêmicas. Dois séculos antes, Loyola fora presciente ao recomendar a uma de suas equipes que maneirasse na retórica: "Nós [já] temos uma reputação entre certas pessoas que não se dão ao trabalho de descobrirem a verdade, especialmente aqui em Roma, de que gostaríamos de governar o mundo."[4] Essa tendência de meter-se em brigas pode ter sido um calcanhar de Aquiles corporativo.

Essencialmente, conjectura-se: uma arrogância intelectual crescente não teria turvado aquela visão globalmente abrangente, disposta a mudanças, que foi instrumental a seu sucesso inicial? As primeiras equipes jesuítas, "excepcionalmente ousadas", teriam confrontado de maneira mais construtiva os pensadores iluministas? Clávio com Galileu, De Nobili com seus brâmanes convertidos ou os sucessores de Ricci com o imperador chinês, jesuítas imaginativos, sempre con-

Clávio com Galileu, De Nobili com seus brâmanes convertidos ou os sucessores de Ricci com o imperador chinês, jesuítas imaginativos, sempre conseguiram encontrar um terreno comum com os que mantinham pontos de vista radicalmente diferentes dos seus.

seguiram encontrar um terreno comum com os que mantinham pontos de vista radicalmente diferentes dos seus. É estranho que essa disposição para a abertura os tenha desertado justo diante dos pensadores iluministas, muitos dos quais educados em escolas jesuítas, e que defendiam pelo menos um tema querido pelos próprios jesuítas: a crença na dignidade, no potencial e na natureza exaltada da pessoa humana.

O MAIOR RISCO É NÃO ASSUMIR NENHUM RISCO

Os intelectuais jansenistas e iluministas não eram os únicos atirando pedras. A defesa dos direitos dos povos indígenas pode ter agradado às comunidades indígenas, mas não aumentou a popularidade dos jesuítas entre os colonos. Colonos que tinham outras queixas em relação a eles. Os jesuítas na América Latina, na Ásia e na África dirigiam plantações como uma forma de apoio às suas igrejas e faculdades nas missões. Assim, eram colegas e competidores dos colonos no ramo de exportação, mas estes não achavam que a partida era disputada em campo neutro. As ordens religiosas no Novo Mundo espanhol tinham isenção dos impostos sobre as vendas resultantes da produção em suas plantações, vantagem que permitia aos jesuítas comercializarem açúcar, vinho, gado e outros produtos a preços menores que os dos concorrentes. E tem mais: os colonos tinham fazendas pequenas, fragmentadas e isoladas, enquanto os jesuítas operavam numa escala bem maior e sua rede de casas e comunidades – no interior, nos portos da América Latina e nas principais cidades europeias – ajudava-os a enfrentar os problemas inevitáveis que afligem o ramo da exportação. A animosidade que os mercadores sentiam em relação aos jesuítas por suas lutas sociais era amplificada pelo que consideravam vantagens comerciais desleais.

Os colonos irritados logo acrescentaram aos seus próprios boatos fantasiosos alguns que estavam sendo propagados pelos jansenistas e outros grupos: que os jesuítas operavam vastas minas de ouro; que monopolizavam a exportação do cacau, do vinho de Madeira e outros bens; que estavam tramando um império global para dominar o comércio.

Os boatos, as insinuações e as desfeitas verdadeiras e imaginárias chegaram ao auge num momento infeliz para os jesuítas. As nações europeias buscavam maneiras de assegurar seu poder contra um Vaticano cada vez mais vulnerável. Os jesuítas eram alvo fácil. O Parlamento de Paris denunciou o espetáculo antipatriótico dos jesuítas franceses prestando juramento ao seu Superior estrangeiro em Roma, e propôs que os jesuítas franceses formassem seu próprio governo. Os jesuítas franceses, constrangidos, rejeitaram a ideia, é claro, e seus adversários fizeram a festa, vilipendiando a lealdade dos jesuítas ultramontanos para com uma autoridade estrangeira.

Em Lisboa, Sebastião de Carvalho – o marquês de Pombal –, ministro do exterior e iluminista de carteirinha, ansiava por trazer a Portugal a mesma relação subsidiária da Igreja em relação ao Estado que admirara ao servir como embaixador na Inglaterra. Os jesuítas vieram a calhar na luta de Carvalho para assegurar o poder do Estado, e a Guerra Guarani foi a oportunidade perfeita para difamá-los como inimigos obstrucionistas de Portugal. Um panfleto militante patrocinado pelo chanceler português resumiu o estado das coisas na Europa: "Os jesuítas estão prestes a serem varridos deste reino. Outros poderes poderiam bem seguir o exemplo de Portugal. Esses cavalheiros levaram sua ambição e seu espirito desagregador longe demais. Buscavam dominar todas as consciências e invadir o Império do Universo."[5]

Contudo, onde Júlio César Cordara teria aconselhado seus colegas jesuítas a usarem "meios descomunais" e "ousadia excepcional" para não cederem "nem um centímetro de terreno", os líderes jesuítas recuaram do confronto e ficaram apenas torcendo para que as coisas melhorassem. Nem parecia uma estratégia de uma empresa habituada a membros bem-posicionados sempre arquitetando golpes de alto nível. Quando vimos no capítulo anterior a imagem dos jesuítas paraguaios impassíveis enquanto a república dos guaranis era desmontada, alguma coisa parecia fora do lugar, mas o quadro fica claro ao incluirmos o contexto maior europeu.

Os jesuítas no Paraguai esperavam que seus colegas e o Superior em Madri e Lisboa intercedessem a seu favor. Em vez disso, receberam ordens para se afastarem: "Imponho sobre cada membro da Província um preceito em virtude de sagrada obediência e sob dor de pecado mortal que [nenhum jesuíta] impeça ou resista direta ou indiretamente à transferência das sete reduções (...) e que [use sua] influência e esforços para que índios obedeçam sem resistência, contradição ou desculpa."[6] O apaziguamento raramente comprova ser uma estratégia eficaz; os líderes jesuítas, avessos a riscos, apenas encorajaram seus inimigos a procurarem por novos pontos vulneráveis.

O desmantelamento dos jesuítas ocorreu em câmera lenta. Primeiro foram expulsos de Portugal em 1759. Depois foram erradicados da França e da Espanha. O que aconteceu na terra natal de Loyola ilustra o que acabou ocorrendo em toda a Europa. Os jesuítas da Espanha foram convocados por tropas militares para comparecerem às instalações de suas reuniões comunitárias até a meia-noite de 3 de abril de 1767. Ao fim daquele dia, levando apenas as roupas que vestiam e os objetos pessoais que conseguiam carregar, jesuítas foram retirados de dezenas de casas sob escolta armada e levados para locais designados para deportação. Como exilados em toda parte do mundo em todas as épocas, seiscentos jesuítas foram obrigados a embarcar numa esquadra de treze navios para rodar o mundo em busca de um país disposto a recebê-los. O quintal do Papa seria um destino razoável para a tropa de choque do próprio, mas a esquadra foi rechaçada pelos estados papais com o tipo de lógica que somente um lógico aplicaria: se permitissem que os jesuítas desembarcassem, a sede papal estaria reconhecendo implicitamente a autoridade do governo espanhol para expulsá-los. Havia outro motivo, mais prático, para recusar a entrada dos jesuítas espanhóis. Roma já estava sobrecarregada com centenas de jesuítas que tinham sido expulsos de Portugal oito anos antes, e esse problema pesava sobre os recursos dos jesuítas e do Vaticano. Os rejeitados lançaram âncora no litoral da Córsega, e alguns ficaram engaiolados por meses em navios fétidos antes de obterem a permissão do governo para se estabelecerem ali. Mas não ficaram por muito tempo. Tiveram que se pôr em marcha novamente quando o governo francês oficializou sua aquisição da Córsega e os jesuítas ali ficaram sujeitos ao mesmo édito de expulsão em vigor na França. A população de refugiados jesuítas mais do que dobrou quando centenas de expulsos das missões guaranis e de toda a América Latina juntaram-se aos seus colegas espanhóis. Alguns se esgueiraram até Gênova, Ferrara e outras cidades italianas. Centenas desistiram, arrastando-se de volta à Espanha para trabalharem como professores ou em outras profissões. Outras centenas morreram.

UMA EMPRESA É DISSOLVIDA E NOVOS CAMPOS SÃO ABERTOS

O Papa Clemente XIV não julgou que fosse do seu interesse, ou do interesse da Igreja, haver oposição ao propósito dos Estados português, espanhol e francês de erradicar globalmente os jesuítas. Seu documento de 1773 tem um jeito de "eles me obrigaram" mais adequado a adolescentes arrependidos do que a um pontífice:

> Mas esses mesmos reis [isto é, da França, Espanha, Portugal e Sicília], nossos mais queridos filhos em Jesus Cristo, acreditavam que esse remédio [isto é, expulsar os jesuítas de seus próprios países] não teria efeito duradouro, ou que seria suficiente para estabelecer a tranquilidade do mundo cristão, a não ser que a própria Companhia fosse totalmente abolida e suprimida. (...) Após ampla reflexão (...) suprimimos e abolimos a Companhia de Jesus; liquidamos e revogamos cada uma de suas sedes.[7]

Os aprendizes jesuítas foram dispensados da vida religiosa e mandados para casa. Os padres jesuítas tiveram permissão para se juntarem a outras ordens. Num toque cinematográfico e desnecessário, o Superior jesuíta foi encarcerado em Roma até a sua morte. As propriedades dos jesuítas foram retalhadas em todos os países. Contradizendo os boatos, não havia minas de ouro, fortunas ou império mercantil global. Mesmo assim, os saqueadores fizeram a festa com as riquezas que encontraram, e restos das bibliotecas jesuítas foram parar no Museu Britânico, na Biblioteca Nacional da França, nos leilões de Sotheby's e em incontáveis coleções particulares.

> As propriedades dos jesuítas foram retalhadas em todos os países. Contradizendo os boatos, não havia minas de ouro, fortunas ou império mercantil global.

No século XXI a Enron era há muito tempo o esplendor do seu ramo industrial, assim como os jesuítas no século XVIII. Ambas as organizações atraíam indivíduos buscando a excelência, em ambientes criativos e visionários. Em algum ponto do caminho as diretorias de ambas perderam de vista os princípios que haviam estimulado a sua grandeza. Os diretores jesuítas perderam a atração pelo heroísmo que assumia riscos, que tanto revigorara Loyola e seus cofundadores. Os diretores da Enron perderam de vista os princípios mais fundamentais da honestidade e do comércio justo. Em ambos os casos os "funcionários", indivíduos talentosos ainda comprometidos com os princípios centrais de sua empresa, ficaram de calças na mão. Os jesuítas nas reduções paraguaias pensavam no motivo de seus chefes em Roma tê-los abandonado enquanto diplomatas teciam acordos acima de suas cabeças. Os trabalhadores da Enron de repente ficaram empobrecidos e sem emprego enquanto a empresa entrava em colapso. Assim é o fardo mais pesado do líder-gerente: guardião não só dos princípios vitais da empresa como também da confiança dos membros da equipe, tentando viver por esses princípios.

Qualquer que seja o próximo capítulo na odisseia da Enron, não deverá repetir a estranha virada na sorte dos jesuítas logo depois do desmantelamento da empresa. Um ano antes de sua supressão da Companhia, duzentos jesuítas foram dormir na Polônia e acordaram na Rússia. Não tinham saído do lugar, mas o chão da política havia mudado sob seus pés. A Prússia, a Áustria e a Rússia, cada uma, serviu-se de uma fatia do que havia sido a Polônia (desnecessário dizer que os diplomatas poloneses também não foram convidados para as negociações que retalharam o seu país). Duzentos jesuítas e suas quatro faculdades vieram com a fatia que Catarina, a

Grande pegou para a Rússia, mesmo que ela não soubesse disso e nem se interessasse.

Mas Catarina, da Igreja ortodoxa russa, interessou-se, pouco mais de um ano depois, quando o pronunciamento do Papa da Igreja Apostólica Romana suprimindo os jesuítas chegou a São Petersburgo. Não que ela se preocupasse com as supostas práticas desleais dos jesuítas, os direitos dos povos indígenas da América Latina, as alegações sobre as fortunas dos jesuítas, os conflitos entre jesuítas e jansenistas quanto à graça divina e o livre-arbítrio, os rituais de batismo fora do padrão administrados por jesuítas na Índia e na China ou a devida autoridade da Igreja Católica nas nações europeias mais modernas. Os interesses de Catarina eram mais simples e mais provincianos: os jesuítas estavam administrando quatro grandes faculdades em seu império. Havia poucas como essas na Rússia. Ela queria que eles prosseguissem com isso. Não permitiu que o édito papal suprimindo os jesuítas fosse promulgado dentro de seu império.

Os jesuítas nas reduções paraguaias pensavam no motivo de seus chefes em Roma tê-los abandonado enquanto diplomatas teciam acordos acima de suas cabeças. Os trabalhadores da Enron de repente ficaram empobrecidos e sem emprego enquanto a empresa entrava em colapso.

Catarina era uma defensora improvável num local improvável. Esses duzentos jesuítas foram os primeiros em décadas a atuarem na Rússia, mas não foram os primeiros *de todos os tempos*. Houvera jesuítas atuando no país intermitentemente, através dos anos, e em duas ocasiões distintas foram postos para fora. Pedro, o Grande expulsara uma pequena equipe jesuíta em 1689, incitado por conselheiros que acusaram os jesuítas de subverterem a ortodoxia russa a fim de implantarem o catolicismo romano. Alguns meses depois, Pedro expulsou-os novamente, irado com o papel deles como tradutores, apoiando negociadores chineses numa disputa de fronteiras entre China e Rússia. Quando seus embaixadores levaram a pior na mesa de negociações, Pedro culpou os jesuítas.

Agora, quase um século depois, duzentos jesuítas, a maioria deles de etnia polonesa, despidos de sua identidade nacional pela Primeira Partição da Polônia, por uma estranha combinação de eventos acabaram abrigados e seguros dentro de uma Rússia conhecida por expulsar jesuítas muito antes de isso virar moda no restante do mundo. Se os monarcas da Rússia, da Áustria e da Prússia não tivessem retalhado a Polônia, o extermínio da Companhia de Jesus teria sido completo. Embora esses duzentos não pudessem mais se chamar formalmente de poloneses, somente eles podiam se chamar formalmente de jesuítas. Com o tempo, elegeram um Superior. Com a benção de Catarina, construíram um noviciado e puderam suprir suas fileiras com novos recrutas. Os embaixadores europeus, indignados, protestaram com o Vaticano. Catarina achou graça: *ela* tinha boas escolas.

Uma década depois da supressão dos jesuítas pelo Papa, John Caroll, um ex-jesuíta morando no estado norte-americano de Maryland, escreveu para seu amigo britânico, o ex-jesuíta Charles Plowden: "Um imenso campo abriu-se para o zelo de homens apostólicos. Há uma tolerância universal por toda esta imensa terra, e inúmeros católicos romanos têm vindo e estão prontos para partirem para as novas regiões às margens do vale do Mississippi, talvez as melhores terras do mundo, e estão fragorosamente impacientes por clérigos que os atendam."[8]

Pena que a Companhia dos jesuítas, aquela movida pelo *magis*, não existia mais, quando os Estados Unidos recém-independentes oferecia tamanhas oportunidades para a sua liderança. Mas as notícias sobre as centenas de jesuítas escondidos na Rússia da Catarina rodaram o mundo. John Caroll escreveu novamente para Plowden, em 1800, indagando se o inglês tinha informações precisas com relação a um boato fantástico que chegara aos Estados Unidos: "[Tenho] ouvido novas relativas a um renascimento da Companhia. Imploro que me mande, assim que possível, todas as informações autênticas sobre esse assunto."[9] Acontece que Caroll era então bispo de Baltimore, um dos 46 ex-jesuítas nomeados bispos católicos no mundo depois do édito da supressão. Curiosamente, as mesmas autoridades do Vaticano que decretaram que a Companhia de Jesus não prestava e não deveria existir não tiveram pejo em logo captar ex-jesuítas talentosos para seus próprios objetivos.

As comunicações entre São Petersburgo, na Rússia, e Baltimore, em Maryland, deixavam a desejar. Leonard Neale, outro ex-jesuíta, agora bispo, contatou suas próprias fontes em busca de informações, acrescentando que ele e seus ex-colegas jesuítas tinham fundado uma faculdade pequena nos arredores da cidade de Washington, e necessitavam desesperadamente de reforços docentes. "Se conseguíssemos membros da Companhia, seriam os objetos de nossos desejos. Qualquer coisa autêntica de nosso antigo corpo seria altamente gratificante (...) uma assistência à nossa faculdade de Georgetown."[10]

O Superior, Gabriel Gruber, postou uma carta de sua sede em São Petersburgo, em março de 1804, informando que a Companhia continuava existindo e confirmando sua autoridade para convocar membros antigos e novos, nos Estados Unidos e em outras partes: "Essa concessão *viva voce* [do Papa] nos dá o poder de afiliarmos membros para a Companhia em qualquer lugar, contanto que seja sem alarde e sem ostentação."[11] Despachou em seguida três missionários de sua equipe na Rússia para assistir os jesuítas americanos recém-afiliados lutando para manter a faculdade de Georgetown em funcionamento.

Sem alarde e sem ostentação eram as palavras-chave. As autoridades papais e até alguns chefes de Estado tinham começado a lamentar a supressão dos jesuítas. Quando foram desligadas as missões jesuítas na Ásia, na África e nas Américas, nem ligaram, mas sentiram a perda quando olharam para seu próprio quintal e viram escolas vazias ou mal-administradas, púlpitos de igreja antes ocupados por pregadores jesuítas talentosos e círculos acadêmicos sem vozes intelectuais poderosas. Alguns governantes decidiram tirar proveito da oportunidade apresentada pelos jesuítas remanescentes na Rússia. O duque de Parma foi um que procurou a ajuda deles na Rússia. O Papa Pio VI aprovou, distanciando-se do édito de supressão de seu antecessor: "Jamais dissemos ou pensamos que tenha sido boa coisa desmembrar uma congregação de homens que serviram bem à Igreja, e cuja ausência hoje tem levado a consequências desastrosas que podemos ver claramente."[12] Entretanto, Pio VI não estava disposto a ouvir reclamações caso os poderosos da Europa encrencassem com a reaparição de jesuítas: "Mas se algum dos grandes príncipes católicos ressentir-se (...) seremos forçados a desaprovar a determinação de Vossa Alteza [isto é, o duque de Parma], a qual no momento temos a satisfação de ignorar embora estejamos bem a par de sua existência."[13]

Política é política, em qualquer tempo. E assim o Papa permitiu a reconstituição da Companhia de Jesus ao ignorá-la completamente.

RENASCE UMA EMPRESA: OS JESUÍTAS RESSURGEM QUAL UMA FÊNIX

Os jesuítas continuaram saindo de suas tocas por uns bons trinta anos após a dissolução da Companhia, talvez encorajados pelo mesmo espírito de "nada a perder" que energizou os fundadores da empresa. Um pouco desse espírito deve ter passado para o pontífice seguinte, Papa Pio VII. O Papa Clemente XIV havia cedido às pressões agressivas de Portugal, França e Espanha, calculando talvez que o sacrifício dos jesuítas lhe compraria algum espaço para respirar. Mas as humilhações sofridas depois pelo Papa Pio VII evidenciaram que o Vaticano não tinha boas cartas na mão. Convocado de maneira vergonhosa a Paris para coroar Napoleão como imperador, Pio VII logo se viu encarcerado em Fontainebleau após Napoleão ter tomado os Estados Papais. Ao ser libertado e retornar a Roma, levado talvez por aquela atitude de "nada a perder" Pio redigiu *Sollicitudo Omnium Ecclesiarum:*

> Com uma única voz o mundo católico exige o reestabelecimento da Companhia de Jesus. Considerar-nos-íamos culpados perante Deus de grave erro se (...), atingidos e atormentados por tempestades contínuas, nos recusássemos a fazer uso de muros vigorosos e

> testados que se oferecem espontaneamente para conter a força de um mar que nos ameaça a cada momento com naufrágios e morte (...) Decidimos fazer hoje o que gostaríamos de ter feito no início de nosso Pontificado.[14]

Poucas pessoas podem até mesmo lembrar-se do nome de uma empresa que faliu há quarenta anos. Que outra companhia reemergiu depois de quatro décadas de suspensão e, ainda, manter seus princípios de liderança intactos?

Um ano após a restauração havia mil jesuítas. Dentro de uma geração, mais de 5 mil atuavam mundo afora. Com o tempo, a Companhia ultrapassou facilmente a escala que tinha antes de ser suprimida.

Poucas pessoas podem até mesmo *lembrar-se do nome* de uma empresa que faliu há quarenta anos. Que outra companhia reemergiu depois de quatro décadas de suspensão e, ainda, manter seus princípios de liderança intactos?

A LIDERANÇA HEROICA É UMA BUSCA PESSOAL DIÁRIA

Muitas pessoas conjecturam sobre sua capacidade de agir heroicamente caso surja de repente uma oportunidade momentosa. Os Exercícios Espirituais de Loyola obrigavam os recrutas a considerarem, em vez disso, a sua capacidade de serem heróis diariamente. O heroísmo dos jesuítas não é apenas uma reação a uma crise, mas uma *postura de vida* cuidadosamente escolhida. É julgado não pela escala da oportunidade, mas pela qualidade da resposta à oportunidade em mãos. Para o professor jesuíta, cada dia apresenta uma escolha, resumida por Ribadeneira: ou mais um dia desperdiçado com moleques "tão frívolos, tão inquietos, tão faladores e tão indispostos ao trabalho que nem os seus pais os mantêm em casa" ou mais um dia dedicado a um empreendimento tão vital que "todo o bem-estar da cristandade e o bem-estar do mundo todo" dependem dele. Cada busca oferece sua própria versão da mesma escolha. A escolha afeta profundamente a satisfação pessoal e a qualidade de seu desempenho; afinal, como não ficar motivado quando o "bem-estar do mundo todo" depende daquilo que se está fazendo?

Essa mentalidade não era um truque mental para se iludirem. Os jesuítas tinham o compromisso consciente de extrair cada migalha de potencial de cada momento e a presciência de ver o que poderia acontecer quando esse comprometimento fosse multiplicado por várias vezes. E assim, um professor de cada vez, um aluno de cada vez, um ano de cada vez, uma escola de cada vez, criaram a rede de ensino mais abrangente e da mais alta qualidade do mundo. Se toda política é local, como observou Tip O'Neill, um político norte-americano educado em instituições jesuítas, a liderança heroica também o é. Grandes resultados emergem por um indivíduo motivado de cada vez.

A liderança movida pelo *magis* inevitavelmente conduz ao heroísmo. O heroísmo começa com cada pessoa considerando, absorvendo e moldando a sua missão. Quer se esteja trabalhando sozinho ou numa grande organização, uma missão só é motivadora quando se torna pessoal. E só é sustentável quando se faz da procura pelo *magis* um hábito reflexivo diário. Um líder movido pelo *magis* não se contenta em apenas cumprir tabela, ou conformar-se com o *status quo*, mas sua inquietação o leva a buscar algo mais, algo maior. Em vez de desejar que as circunstâncias fossem diferentes, líderes movidos pelo *magis* ou os tornam diferentes ou aproveitam o máximo de como elas são. Em vez de esperar por oportunidades de ouro, encontram o ouro nas oportunidades disponíveis.

Heróis dão a volta por cima e se engrandecem por almejarem algo maior que seus próprios interesses. Nossos modelos heroicos são figuras exemplares devido à sua bravura extraordinária em momentos unicamente críticos. Mas o heroísmo não se limita a essas raras oportunidades privilegiadas. São também heróis os que buscam um sentido pessoal para o *magis*, para se manterem em direção a metas que os engrandeçam como pessoas.

Um líder movido pelo *magis* não se contenta em apenas cumprir tabela, ou conformar-se com o *status quo*, mas sua inquietação o leva a buscar algo mais, algo maior.

CAPÍTULO 11

"A maneira como fazemos as coisas"

Quatro valores centrais, mas uma vida integrada

Os elementos da vida de um líder "se encaixam". A vida de um líder faz sentido; em primeiro lugar, e o mais importante, faz sentido para esse líder, mas também para os outros. Ao descobrir o que ele ou ela representa, o que quer da vida, ou no que ele ou ela são bons, o líder se posiciona para escolher uma carreira e um estilo de vida que se vale dessas forças, desses valores e dessas metas.

Além disso, o líder compreende que seus valores e métodos de trabalho devem formar um todo integrado que reforça a si mesmo ou, como os jesuítas chamaram, um *modo de proceder*. No caso dos jesuítas, o seu trabalho e seus valores de vida, como a autoconsciência, a inventividade, o amor e o heroísmo, reforçam um ao outro num círculo virtuoso: a autoconsciência aprimorada leva a uma inventividade aprimorada, e assim se vai percorrendo o círculo. Ao final, os valores do líder mantêm a sua vida "coesa" dentro de um mundo complexo. O líder é reconhecido por si mesmo e pelos outros como sendo a mesma pessoa, animada pelos mesmos princípios, em casa e no trabalho. A liderança pessoal não é uma cartola recheada com 1.001 truques e táticas. Antes, a liderança é um modo de vida no qual os princípios e as estratégias básicos de vida reforçam uns aos outros.

Isso é fácil de dizer, mas difícil de praticar. Para a maioria das pessoas, cada dia traz crises novas clamando por soluções novas e diferentes. Como pode uma pessoa sentir-se "coesa" quando o estresse e as demandas do trabalho o puxam todo dia em tantas direções diferentes?

Nada ilustra melhor o poder dos princípios que se reforçam como uma realidade de transformações constantes e intensas. Os jesuítas movidos pela inventividade abraçavam as transformações. Mas sem uma autoconsciência que lhes servisse de âncora vagariam sem rumo. A conexão entre autoconsciência e inventividade, estabilidade e mudanças, é a epítome dos princípios que se reforçam em ação. Duas pesquisas acadêmicas recentes destacaram não só essa conexão como os benefícios para as organizações que conseguem implementá-la.

PRINCÍPIOS QUE SE REFORÇAM

John Kotter e James Heskett, professores da Harvard Business School, dirigiram um projeto de pesquisa durante quatro anos para dissecar a afirmativa comumente aceita, embora sem muita base, de que as culturas corporativas "fortes" são as que geram desempenhos bem-sucedidos. Definindo-se a cultura corporativa como um conjunto identificável de valores e práticas em comum, as empresas com uma cultura forte têm resultados melhores que as outras? Bem, sim e não. Os pesquisadores observaram em *A cultura corporativa e o desempenho empresarial* que as culturas fortes às vezes *causam danos* às empresas por fazer com que os funcionários rejeitem ideias e posturas novas: "Uma cultura pode levar as pessoas a fecharem os olhos a fatos que não se encaixam em suas afirmativas (...) e (...) uma cultura entrincheirada dificulta bastante a implantação de estratégias novas e diferentes."[1]

Mas uma cultura corporativa forte pode também estimular resultados formidáveis quando três características-chave estiverem presentes:

- Uma cultura forte não só no papel, mas de maneira *tangível*, que dita o comportamento dos funcionários no dia a dia. Quando um varejista incute em sua empresa uma cultura de serviços aos clientes, os funcionários, instintivamente, se esforçam para atender as solicitações desses clientes.

- Uma cultura *apropriada estrategicamente*. Uma cultura voltada para os detalhes, com ênfase sobre os controles operacionais, funciona melhor numa indústria de precisão, onde os funcionários seguem normas rígidas, do que numa agência de publicidade.
- Mais essencialmente: uma cultura que promove a *adaptabilidade*. A cultura não bloqueia as mudanças; ela promove as mudanças.

Kotter e Heskett descreveram as organizações que conseguiram isso: "Seus líderes conseguiram que os diretores adotassem uma filosofia, um conjunto de valores que destacava o atendimento das necessidades de seus liderados ou outro motivador de transformação. Valores que os cínicos associam a uma forma de "proteção maternal", mas que quando seguidos podem ser muito poderosos."[2]

Essas empresas aderiram a uma "filosofia ou conjunto de valores" que incorporava um "motivador de transformações." Algo, por exemplo, como "*viajar pelas diversas regiões do mundo* sob ordens [do Papa] ou do Superior da própria Companhia, para pregar, ouvir confissões e usar *todos os meios possíveis (...) para ajudar as almas*" (destaque do autor).[3] Culturas bem-sucedidas se nutrem do poder motivador produzido por crenças arraigadas: no caso dos jesuítas, o compromisso pessoal de ajudar as almas. Mas também promovem mudanças e inovações, uma disposição de fazer o que deve ser feito e ir aonde se deve ir. Kotter e Heskett constataram que as culturas fortes só são bem-sucedidas quando ambos os valores se encontram. E que empresas que incutiam ambas as atitudes em sua cultura corporativa tiveram uma margem muito maior de desempenho do que as demais: "Durante um período de onze anos, os primeiros (...) viram um aumento de 901% no preço de suas ações, enquanto as ações dos segundos subiram 74%. A renda líquida dos primeiros aumentou 756%, a dos segundos, 1%."[4]

Dois acadêmicos de Stanford aplicaram metodologias bem diferentes, mas chegaram a conclusões consistentes. James Collins e Jerry Porras fizeram uma amostragem entre o que chamavam de empresas visionárias, que se destacaram pelos seus históricos, e identificadas pelos seus concorrentes diretos como líderes no seu ramo de indústria. As perguntas da pesquisa eram simples: o que tornou essas empresas visionárias? Havia algum fator de sucesso comum a grandes empresas em setores diversos? Diferente dos pesquisadores de Harvard, Collins e Porras não procuravam pelos efeitos da cultura corporativa. Mas foi o que encontraram. A marca que distinguia os visionários não estava nas ideias geniais de produtos, nos controles financeiros ou mesmo numa administração superior; antes, consistia do mesmo pacote de traços culturais identificado por Kotter e Heskett. Collins e Porras concluíram que, acima de tudo, as empresas visionárias combinavam uma ideologia identificável com uma vontade implacável de progredir: "Ao se construir e administrar uma empresa, o fator único mais importante a observar (...) é a importância crítica de se criar mecanismos tangíveis voltados a *preservar o essencial e estimular o progresso*" (destaque do autor).[5]

O paradoxo é que o poder energizante reside precisamente na combinação de crenças centrais irredutíveis *e* a disposição para abraçar mudanças. Parecem ser impulsos opostos que levariam apenas a um comportamento confuso e contraditório. Valores e crenças profundas, arraigadas, podem sugerir um instinto conservador avesso a mudanças. Uma atitude aberta a mudanças pode indicar uma disposição para abandonar quaisquer crenças na corrida implacável para se manter além da curva. A junção dos dois elementos, seja numa organização ou numa pessoa, pareceria ser um convite ao desastre.

O paradoxo é que o poder energizante reside precisamente na combinação de crenças centrais irredutíveis e a disposição para abraçar mudanças.

Mas os pesquisadores de Harvard e os de Stanford descobriram exatamente o contrário: um desempenho formidável só acontece quando as duas características são combinadas. Nenhum impulso sozinho gera a energia positiva que resulta da conjunção das duas. Há uma complementaridade, uma tensão criativa gerada pela coesão de tendências opostas. Collins e Porras colocam "preservação do núcleo" e "estímulo ao progresso" como as duas metades do antigo símbolo de yin e yang. No caso dos jesuítas, ambos os valores estão entrelaçados com a missão central: ajudar as almas por permanecer flexível, móvel e inovador, assim como manter-se consistentemente dedicado à missão. Os valores não conflitam; reforçam um ao outro.

Como é que pode? Não há mistério nisso. No livro *Líderes*, Warren Bennis explica como uma visão e crenças fundamentais despertam a inovação e a criatividade. Contra a noção de que organizações com culturas fortes acabam se parecendo com um culto povoado por zumbis incapazes de terem pensamentos originais, Bennis argumenta que uma visão clara é a bússola que permite a autonomia, a criatividade e correr riscos com confiança:

> Uma visão compartilhada do futuro (...) ajuda os indivíduos a distinguirem entre o que é bom e o que é ruim para a organização, e o que vale a pena alcançar. E, o mais importante, faz com que seja possível distribuir amplamente poderes de decisão. As pessoas podem tomar decisões difíceis sem terem que apelar cada vez para instâncias superiores porque sabem quais os resultados finais desejados.[6]

O mesmo pode-se dizer quanto à *autoliderança*. Metas e valores bem-definidos e estabelecidos capacitam uma inovação e uma adaptabilidade ambiciosas, até mesmo drásticas. De Nobili buscou uma estratégia de aculturação mais intensiva do que qualquer contemporâneo seu teria ousado, mas não porque estivesse menos ciente das crenças cristãs fundamentais. Foi exatamente o oposto. Ao demarcar claramente as fronteiras que não ultrapassaria, De Nobili tinha uma clara noção do campo dentro do qual poderia experimentar confiantemente.

COMO TUDO SE UNI

Cada um dos quatro capítulos anteriores explorou um veio da cultura jesuíta unificada, o seu *modo de proceder*. Este capítulo os entrelaçará em um único tecido cultural. Warren Bennis e os acadêmicos de Harvard e de Stanford ajudaram fornecendo-nos o aspecto fundamental e um suporte concreto para algo que poderia passar como liquefeito e misterioso.

A chave para alcançar a autoconsciência é identificar crenças e valores fundamentais que sejam motivadoras. Mas a inventividade incentiva a adoção de novas posturas, estratégias, ideias e culturas. Embora possam parecer contraditórios, os dois pilares para a liderança, a autoconsciência e a inventividade, estão intimamente conectados. Quando se fundem, cria-se uma energia. Não são dois tira-gostos saborosos escolhidos entre um cardápio de táticas para a liderança, mas duas dimensões de um único modo de viver integrado, reforçando-se continuamente.

Pode parecer mais uma balela New Age. Parece mesmo balela quando os maiores especialistas no mundo dos negócios começam a falar em *filosofia atemporal ou conjunto de valores que incorpora um meio para mudanças* ou em conselhos yin-yanguescos, meio zen, para conservar o que é fundamental e estimular o progresso. Mas perde qualquer aspecto de balela quando nos concentramos no resultado: ações subindo "901% comparado com 74%".

Não sabemos o que seria o equivalente a uma valorização de ações em 901% para uma ordem religiosa do século XVI, mas, o que quer que fosse, as primeiras equipes jesuítas certamente alcançaram, justamente porque seus valores de liderança se coadunaram num *modo de proceder* se reforçando continuamente.

A autoconsciência facilita a inventividade

Aqueles que sabem para onde vão e quais são seus pontos irredutíveis ficam liberados para promover experimentações confiantes, até mesmo radicais. Considere a inovação dramática, porém focada, de De Nobilis. Em contraste, aqueles que não conhecem suas metas e valores irredutíveis viram fogo de palha. Podem ter poder de fogo, mas não têm um alvo onde acertar. Ou, paralisados pela indecisão em cada encruzilhada, evitam o risco, andam somente pelos caminhos batidos e nunca atingem o seu potencial.

A inventividade aprimora a autoconsciência

Assim como a autoconsciência capacitou a inventividade dos jesuítas, essa inventividade e uma vida de mudanças aprofundaram o autoconhecimento. Enraizada profundamente no ritmo da vida dos jesuítas havia a crença de que o crescimento e o desenvolvimento pessoal eram possíveis, que os que tentaram "correr a toda velocidade em direção à perfeição" não ficaram presos a uma esteira, mas seguiram sempre em frente. Além da autoconsciência, predispor um jesuíta à inventividade, novas ideias, culturas e desafios pessoais apresentava oportunidades infindáveis para refinar o autoconhecimento. Pode-se assegurar, com certeza, que Xavier e os milhares que trocaram a homogeneidade cultural da Europa por ambientes desconhecidos a meio mundo de distância aprenderam tanto a respeito de si mesmos quanto sobre as culturas estrangeiras.

Durante as meditações dos Exercícios Espirituais, os recrutas jesuítas começam por inventariar fraquezas pessoais e "apegos descomedidos" que bloqueiam transformações. Mas o autoaprendizado prossegue com suas experiências na vida real. Executar uma tarefa perigosa, falhar numa missão importante, aturar colegas irritantes, atinar para uma solução de desafios de trabalho aparentemente insolúveis; tudo isso são oportunidades de ouro para se conhecer seus próprios temores, apegos e recursos pessoais. Não é surpreendente que Loyola tenha perdido as estribeiras quando soube que os jesuítas espanhóis estavam prolongando suas meditações diárias. Não só estavam desprezando a missão da Companhia de salvar almas como também se privando do rico autoconhecimento que advém de ser contemplativo em meio à ação: aprender fazendo, refletindo diariamente sobre a vida e absorvendo as transformações.

O heroísmo inspira a inventividade

Quando Loyola informou aos jesuítas portugueses que "nenhuma conquista comum irá satisfazer as grandes obrigações que tendes de serem excelentes", criou expectativas heroicas que só poderiam ser cumpridas através de inovações e mudanças em grande escala. À guisa de ilustração, considere qualquer escritório de uma corporação moderna. O diretor que estabelece uma meta de redução de custos de 10% faz com que sua equipe comece a orçar onde comprar lápis mais baratos: 10% estão dentro de um raciocínio seguro, tradicional. Uma meta de redução de custos de 40%, porém, não é "um feito comum", mas uma meta *heroicamente* ambiciosa, que demanda pensar de maneiras alternativas. Com uma meta dessas, ninguém ainda está pensando em lápis mais baratos; está na hora de conceber maneiras radicalmente novas de se fazer as coisas. O heroísmo que se apossou dos jesuítas levou aos mesmos padrões radicais de pensamento. Lutar por um tratamento melhor do povo indígena dentro do sistema de *encomiendas* não foi suficiente para as equipes jesuítas no Paraguai; elas rejeitaram o sistema inteiro para estabelecer o modelo radicalmente novo das reduções. Essa tradição de pensar de maneira alternativa começou quando o próprio Loyola descartou um modelo que existia há séculos para a vida religiosa a fim de inventar uma espécie completamente diferente de companhia religiosa.

A autoconsciência enseja o amor e o heroísmo

Graças aos Exercícios Espirituais, Xavier e as equipes paraguaias, além de milhares de professores, conheciam a si mesmos e sabiam que eram pessoas talentosas, únicas e dignas. Tinham amor próprio. Conhecer *a si mesmo* como uma pessoa amada transformou a maneira pela qual viam os *outros*. Não eram mais movidos pelo dogma estéril de que todos são criados pelo mesmo Deus; tornou-se uma questão pessoal. Por estarem ancorados na apreciação de sua própria dignidade, desenvolveram uma apreciação das aspirações, do potencial e da dignidade dos outros. E, assim, a autoconsciência deu ensejo ao amor que impulsionou os esforços heroicos das equipes paraguaias. E o apoio dos colegas os ajudou a sustentar esse heroísmo.

Quando exploramos apenas algumas das permutações de como os quatro pilares reforçam uns aos outros, fica claro o poder que eles têm. Torna-se cada vez mais difícil perceber onde um princípio dá vez a outro; onde, por exemplo, a autoconsciência termina e a inventividade começa. É fácil detectar o espectro das cores com um prisma, mas sem o prisma resta apenas a luz. Assim também é com o *modo de proceder* jesuíta. Pode-se congelar momentaneamente essa maneira de fazer as coisas a fim de analisar suas peças-chave – autoconsciência, inventividade, amor e heroísmo –, mas, na velocidade da vida, os quatro princípios distintos dissolvem-se numa única postura integrada.

COMO A LIDERANÇA MOLDOU UMA VIDA APESAR DE CIRCUNSTÂNCIAS DRAMÁTICAS

Este modelo pode parecer algo muito bem embalado, certinho demais. Eis aqui quatro princípios que se reforçam. Adira a eles e pronto! Uma vida integrada, realizada, livre de preocupações.

Loyola e cada jesuíta certamente sabiam que não era assim que as coisas funcionavam na realidade. O exemplar mais adequado dessa postura dos quatro pilares em relação à vida é, ironicamente, o herói jesuíta que às vezes parece perder a noção desses princípios. Os primeiros jesuítas foram navegando pelas águas rápidas, sinuosas e imprevisíveis da vida, e nem princípios sólidos de navegação poderiam ajudá-los a resolver todos os problemas. Problemas insolúveis vinham à superfície, assim como dilemas sem soluções atraentes. Johann Adam Schall von Bell vivia no mundo real onde as escolhas complexas da vida são complicadas pelas fraquezas humanas. No seu auge, levou os jesuítas na China a vitórias que nem mesmo o imaginativo Ricci teria concebido. Contudo, Schall também cometeu enganos. Assim, é o assunto ideal para a lição final sobre liderança que aprendemos com os jesuítas: ninguém honrará bem os princípios da vida durante todos os momentos em que busque, vigorosamente, esses princípios. O desafio está em honrar esses princípios, mesmo que não em todos os seus momentos, apoiando-se em mecanismos que nos conduzam de volta aos princípios fundamentais depois das inevitáveis derrapadas humanas.

Os astrônomos jesuítas na China

"As notícias relativas ao Sr. Terêncio me causaram desprazer pela perda da nossa sociedade, tanto quanto, por outro lado, me causaram prazer pela resolução sagrada e pelo ganho para a outra sociedade, à qual devo tanto."[7] Galileu podia se dar ao luxo de um sentimento tão generoso. Era o ano de 1611 e ele estava no auge, graças em grande parte àquela sociedade à qual devia tanto – isto é, os jesuítas.

A sociedade que sofria a "perda" do Sr. Terêncio era a Academia dos Liceus, uma associação seletiva para os cientistas de topo. Por mais que Loyola se orgulhasse por ter tornado os padrões da admissão na Companhia ainda mais seletivos, mesmo esses não se igualavam à filtragem de candidatos na Academia dos Liceus. Galileu fora admitido como *sexto* membro da academia em oito anos. Uma semana depois a instituição acolheu o matemático suíço Johann Terrenz Schreck, também conhecido pelo nome latinizado de Terêncio. O controverso Galileu tinha sido duplamente valorizado: além de sua própria admissão, o recém-admitido Terêncio era um de seus melhores pupilos.

A sociedade que "ganhou" Terêncio era a Companhia de Jesus. Seis meses depois de sua entrada na academia, ele iniciou um noviciado jesuíta, como um dos poucos a poder alardear que a Companhia de Jesus *não* era o clube mais seletivo do qual havia participado.

Raros poderiam prever quão dramaticamente as vidas dos colegas Galileu e Terêncio divergiriam. O último abriu portas para seus colegas jesuítas na China com seu domínio da astronomia; o primeiro, com seu gênio científico, sem querer *fechou* portas, finalmente vedando toda esperança de reaproximação com os burocratas da Igreja. À medida que a hostilidade crescente da Igreja Católica para com Galileu azedou os sentimentos dele em relação a seus antes amados jesuítas, aquele que fora seu pupilo procurou um célebre astrônomo protestante para formar uma das parcerias mais estranhas da Europa. E quando Galileu, com quase 70 anos, escapou da inquisição romana por abjurar sua crença de que a Terra girava em torno do Sol, Terêncio, bem mais novo, falecera há três anos.

O fato de matemático e astrônomo talentoso como Terêncio ter ido parar na China teve muito a ver com a visão estratégica de Matteo Ricci. Antes de Terêncio chegar a pôr os pés num noviciado jesuíta, Ricci já clamara por talentos como ele para a missão chinesa:

> Nada seria mais vantajoso do que enviar a Pequim um padre ou irmão que seja bom astrônomo. Digo astrônomo porque, quanto à geometria, horologia e astrolábios, conheço-os bem e tenho todos os livros de que preciso sobre esses assuntos. Mas [os chineses] não se interessam tanto por essas coisas quanto pelos fenômenos planetários, o cálculo de eclipses e especialmente alguém que possa elaborar um calendário. O imperador mantém, calculo, mais de duzentas pessoas a enorme custo para prepararem o calendário a cada ano. (...) Isso iria enriquecer nossa reputação, nos proporcionar maior entrada na China e nos assegurar maior segurança e liberdade.[8]

Apesar da reputação alardeada dos jesuítas pela mobilidade e as reações rápidas diante das oportunidades, o apelo de Ricci por um astrônomo passou batido. Ele aguardou. Ninguém veio. Faleceu sem nunca ver seu objetivo realizado. E seu sucessor como superior dos poucos jesuítas atuando então na China provavelmente morreria também esperando se não tivesse recorrido a métodos mais agressivos.

Nicolas Trigault, um jesuíta francês da equipe na China, foi dispensado de suas atribuições locais e despachado para Roma para defender pessoalmente o pedido da missão chinesa. Foi uma viagem longa, quase tão longa quanto sua lista de pedidos. Durante anos os reforços jesuítas para a China vinham pingando num passo reminiscente das admissões na Academia dos Liceus: na média, menos de dois por ano. Em Roma, Trigault teve a cara de pau de pressionar o Superior de uma ordem desprovida de recursos com um pedido de duas dúzias de recrutas, ou mais. Em vez de negar o pedido de cara, o Superior permitiu que Trigault fizesse campanha pela Europa jesuíta tentando levantar algum interesse pela solicitação.

O pedido de Ricci por um bom astrônomo havia sido ignorado em Roma por mais de uma década: de repente, foi atendido com sobras. Terêncio, o protegido de Galileu, se voluntariou. Como também o matemático alemão Johann Adam Schall von Bell, um homem destinado a dar um novo sentido à palavra *polímata*. Trigault fazia a ronda entre os jesuítas expondo seu pedido, e logo ficou claro que a Europa se esvaziaria de talentos matemáticos e científicos caso todos os voluntários, movidos pelo *magis*, prontos para mudanças, se alistassem. Enquanto Terêncio, Schall e outros foram incluídos na missão, Christopher Scheiner, um dos mais eminentes da geração pós-Clávio, recebeu a seguinte carta do Superior dos jesuítas: "Vossa Reverência em vossa carta explicastes vossa inclinação em favor da missão na China. (...) Finalmente, decidi que pela maior glória de Deus e pelo bem da Companhia é preferível que Vossa Reverência permaneça na Europa e promova energicamente o estudo das matemáticas. Assim, poderás fazer na China através de vossos discípulos o que não podeis fazer por si mesmo."[9]

Mesmo sem Scheiner, o grupo que Trigault levou foi uma grande vitória para os jesuítas na China: recrutou 22 homens, o bastante para aumentar a mão de obra jesuíta no país em 50%. Mas qualquer júbilo congratulatório duraria pouco. Deixou a Europa com 22 recrutas; chegaria à Ásia com bem menos.

Trigault e seus recrutas deixaram a Europa em 1618, cinco anos depois de o primeiro ter saído da China. Retornou à China continental em 1621, com Johann Terrenz Schreck, Adam Schall e dois outros: quatro dos 22 originais, um recruta para cada ano e meio de sua viagem extenuante. A jornada terrível cobrara um pedágio devastador. Piratas holandeses retalharam um quarto do contingente; uma febre contagiosa alastrou-se por outro navio, eliminando alguns jesuítas e dezenas dos outros passageiros e da tripulação. Ainda outros jesuítas ficaram retidos no porto de Goa, doentes demais para prosseguirem viagem ou atendendo a necessidades mais urgentes da Companhia. O triunfo do recrutamento de Trigault virou uma tragédia pessoal dolorosa: entre os jesuítas que faleceram estavam seu irmão e seu primo.

E o que aconteceu com Christopher Scheiner, cujo pedido para juntar-se à missão chinesa fora recusado pelo Superior? A seu favor, informamos que se tornou uma espécie de Clávio, mentor de uma geração de matemáticos e cientistas jesuítas "brilhantes e eminentes". Também se inscreveu no rol de jesuítas inovadores ao ajudar a inventar o pantógrafo, instrumento para duplicar mapas. Mas Scheiner acabou com a amizade que Clávio e Terêncio tinham cultivado com Galileu. Ele e seu colega jesuíta Orazio Grassi – sob o pseudônimo audaz de Lothario Sarsi – bateram de frente com Galileu quanto a interpretações de manchas solares, cometas e outros fenômenos. Não eram páreo para Galileu e foram destroçados por ele numa troca raivosa de artigos acadêmicos. Para Galileu foi uma vitória de Pirro. Já era uma figura controversa e suspeita para os burocratas da Igreja; a última coisa de que precisava era de um bate-boca hostil em público com dois astrônomos de destaque afiliados à Igreja.

Era a última coisa de que os jesuítas precisavam também. Quando Terêncio começou a trabalhar na China ficou evidente por que Ricci clamara com tanta urgência por astrônomos capacitados. Um departamento imperial cheio de funcionários de alto nível labutava a cada ano para produzir um calendário funcional. Hoje isso não é nada demais, mas na dinastia Ming, na China, era um pesadelo de complexidade. O calendário chinês necessitava não do dia extra a cada quatro anos, mas de um *mês* inteiro a mais a cada vinte anos, aproximadamente. Sugerir como solução o calendário gregoriano reformado de Clávio não seria aceitável. O calendário chinês era trambolhento, cheio de furos, mas calculado ininterruptamente desde o ano de 2967 a.C. Simbolizava uma história rica e orgulhosa, e assumia enorme importância numa cultura profundamente enraizada na visão de harmonia integral entre céu e terra. Como *Tian Zi* (Filho do Céu), o imperador encarnava essa harmonia. Um calendário preciso significaria que o mandato dos céus permanecia intacto, mas a cada eclipse ficava mais óbvio que o calendário não tinha precisão.

Terêncio tinha uma oportunidade muito clara para causar um impacto de alto nível e por isso deve ter sido mais doloroso e irritante ainda que as cartas que escreveu para Galileu permanecessem sem resposta. Na China, ele não tinha como saber o quanto as disputas com Scheiner e Grassi tinham alienado Galileu. O silêncio turrão deste acabou empurrando o jesuíta Terêncio a algo impensável: colaborar com um protestante. Por meio de um intermediário jesuíta, Terêncio escreveu para Joannes Kepler, o outro gigante da astronomia no início do século XVII. A grande vantagem de Kepler é que, como protestante, *já* era considerado um herege pelos burocratas da Igreja Católica. Então, enquanto um Galileu acossado se contradizia, Kepler promovia as mesmas teorias heliocêntricas sem se preocupar em ser condenado pela Igreja.

Ao contrário do desgostoso Galileu, Kepler respondeu prontamente ao pedido de ajuda de Terêncio e enviou um longo documento apontando alguns cálculos que ele poderia experimentar. Encerrou a carta expressando seus desejos afetivos para com o esforço jesuíta na China. O fato de Terêncio ter criado uma parceria ecumênica, multinacional, de coração aberto, para que pudesse usar uma disciplina (astronomia) para alavancar um resultado em outra área totalmente distinta (a conversão da China) não era algo usual para a Europa. Mas foi a inventividade jesuíta num de seus melhores momentos: uma postura alternativa que abriu caminho para progressos futuros de um jeito que o "pensamento de sempre" jamais conseguiria.

Ricci solicitara reforços científicos em 1605. Parece exagero dizer que a carta de Kepler, em 1627, chegou bem a tempo. Mas, de certo modo, foi o que aconteceu. Os anos pós-Ricci viram os jesuítas marginalizados na China, quando não tratados com hostilidade escancarada. A dinastia Ming, que durara quase trezentos anos, sofria estertores fúnebres prolongados. O impulso dinâmico que antes a energizara, há muito cedera a disputas de poder internas e improdutivas entre mandarins e eunucos da corte. A sorte dos jesuítas variava de acordo com o aumento ou a queda do poder dos mandarins que os apoiavam. Se Terêncio tivesse chegado à China uma década antes teria sido impedido de ter qualquer participação significativa no debate científico. Mas no fim da década de 1620, os astros dos jesuítas estavam alinhados pela primeira vez em anos. Um mandarim cristão foi nomeado como vice-presidente do Comitê de Ritos, encarregado da manutenção e reforma do calendário. O talentoso Johann Terrenz Schreck fez bem o seu dever de casa, aconselhado a distância pelo protestante Kepler. E, convenientemente, esperava-se um eclipse para o verão de 1629. A previsão acertada daquele eclipse para 21 de junho de 1629, por Terêncio, numa competição com astrônomos chineses, demonstrou em definitivo a superioridade dos métodos astronômicos dos jesuítas e lhes rendeu um mandato para reformar o calendário chinês.

Chegou bem a tempo. Terêncio faleceu menos de um ano depois do eclipse de 1629. Kepler também. Galileu teria se juntado a eles três anos depois – e não por morte natural – se não tivesse se ajoelhado diante dos inquisidores do Vaticano desconjurando a crença no heliocentrismo.

O confidente do imperador

Este retrato de Johann Adam Schall von Bell, astrônomo jesuíta e fabricante de canhões, foi publicado no ano seguinte à sua morte por seu colega jesuíta Athanasius Kircher. As vestimentas de Schall ostentam um grou dourado, símbolo reservado para os que atingiram o status de mandarim de primeiro grau na corte imperial da China. Schall foi o primeiro – e provavelmente o único – ocidental a receber tal honra.

Schall, o reformador do calendário

Da primeira carta de Ricci requisitando um astrônomo jesuíta qualificado até Terêncio chegar à China passaram-se dezessete anos. A turnê de recrutamento de Trigault pela Europa arrebanhara não só o talento necessário para se conseguir um grande avanço jesuíta na China, mas também reforços que preenchessem o vácuo criado pela morte inesperada de Terêncio. Seu colega de viagem, Johann Adam Schall von Bell, imediatamente assumiu a vaga na comissão responsável pela reforma do calendário.

Durante os próximos 35 anos, Schall levou os jesuítas ao ápice de sua proeminência na China. Xavier nunca alcançou a China continental. Ricci nunca passou do pátio externo do palácio do imperador. Schall entretinha regularmente o imperador como convidado à sua casa.

Schall, o fabricante de canhões

Pouco depois de assumir o papel de reformador de calendário, Schall foi desviado para uma função mais urgente, uma oportunidade mais insólita do que ele, Xavier ou mesmo o imaginativo Ricci poderiam ter antecipado: produzir canhões para defender uma dinastia. Os burocratas imperiais já tinham visto essa arma, décadas antes, apresentada pelos holandeses, e a tinham batizado de *Hung-I p'ao* (canhão dos bárbaros de cabelos vermelhos). Mas a arrogância os impedira de adotar essa tecnologia e montar um projeto de armamentos, até que os exércitos manchu que os ameaçavam fizessem com que a demanda por canhões ficasse tão óbvia quanto a necessidade de uma reforma do calendário. Como fabricar canhões era uma arte europeia, seus anfitriões chineses cismaram que o mesmo Schall que criava equipamento astronômico ocidental poderia também construir canhões ocidentais. Os protestos de Schall sobre o que constituía ou não as funções de um sacerdote foram vencidos, ironicamente, pela mesma estratégia que permitira a ascensão dos jesuítas. Para os *jesuítas* podia estar claro que a astronomia cabia dentro de sua definição abrangente de "ajudar as almas", ao passo que fabricar canhões, não, mas os anfitriões de Schall não faziam essa distinção.

Surpreendentemente – e seus empregadores reais chineses nem deviam desconfiar disto – não era a primeira experiência de Schall com canhões. Nem com bárbaros de cabelos vermelhos. Em 1622, seus estudos da língua chinesa em Macau tinham sido interrompidos bruscamente por uma esquadra holandesa derrotando a pequena guarnição portuguesa da ilha e instalando em terra uma comitiva para dela se apoderar. Com uma resistência militar praticamente inexistente por parte dos portugueses, os intelectuais jesuítas suspenderam as aulas e salvaram a ilha. Manejando alguns poucos canhões antigos que haviam sido instalados nas terras agora ocupadas por seu colégio, os "soldados" jesuítas, incluindo Schall, conseguiram não só disparar um canhão como, por pura sorte, acertar em alguma coisa... E ainda por cima um alvo inimigo. Na confusão que se seguiu, os portugueses se reagruparam e expulsaram os holandeses de volta aos seus navios. As implicações dessa vitória tinham proporções maiores do que o tamanho da escaramuça. Tivessem os holandeses – que eram também calvinistas – tomado e mantido Macau, certamente teriam acabado com os esforços dos jesuítas na China. Além do mais, as autoridades chinesas há muito vinham recusando os pedidos dos portugueses para fortificarem um entreposto tão próximo ao seu continente, mas a escaramuça com os holandeses mudou o pensamento dos chineses. Mesmo enquanto os holandeses e britânicos foram varrendo lentamente o poder português para fora do Pacífico, a Macau fortificada descansou segura em mãos portuguesas até seu retorno à China, negociado quase quatrocentos anos depois. E tudo graças aos jesuítas (mais ou menos).

Aparentemente, esse incidente dera a Schall todo o treinamento necessário na tecnologia dos canhões. Não só ele supervisionou a fabricação de quase quinhentos canhões, como num excesso de zelo pouco condizente com um sacerdote, elaborou um plano defensivo para a capital imperial e publicou um tratado em chinês sobre a manufatura e o uso de minas e armas de fogo. Infelizmente, para o imperador, os canhões de Schall e sua estratégia militar nunca chegaram a ser testados. Chegara a hora dos ratos abandonarem um regime Ming que naufragava. Algumas tropas fugiram e outras bandearam para o bandido rebelde traiçoeiro Li Tzu-cheng. O último imperador Ming cometeu suicídio fora do precinto imperial enquanto

Li se proclamava imperador. O reinado do pretendente durou pouco. Exércitos manchu, apoiados por tropas ming descontentes, derrotaram Li no espaço de semanas e retomaram uma cidade imperial reduzida a chamas. Shunzhih, com 6 anos de idade, foi posto no trono em 1644 para inaugurar a dinastia Qing.

E Adam Schall viu-se diante da perspectiva de apresentar-se ao manchu conquistador não como um humilde empregado do Comitê de Calendários, mas como o principal fabricante de artilharia para o regime derrotado.

Schall, o "mestre dos mistérios universais"

Mas os Qing não lançaram sua dinastia com vinganças ou um expurgo impiedoso de seus inimigos reais e imaginários. Enquanto o exército manchu espalhava-se pelas províncias longínquas da China para assegurar sua autoridade, a ordem foi reestabelecida na capital e a burocracia imperial foi revigorada. Sob diversas perspectivas foi uma mudança para melhor, após anos do reinado moribundo dos Ming, mesmo que a etnia chinesa tenha se ressentido do decreto que os obrigou a adotar a moda predileta dos manchu: cabeça raspada e um rabicho de cabelo. Adam Schall adotou o novo estilo, como todos os demais. E, numa reviravolta imprevista, em vez de ser censurado por seu papel militar na dinastia Ming, foi *promovido* a chefe do Comitê de Astronomia. Schall e seus colegas jesuítas há muito eram as cabeças por trás dos esforços desse comitê, mas sua direção oficial, com o status de mandarim, sempre fora reservada para um chinês. Os manchus, talvez por serem eles mesmos forasteiros, não tinham esses preconceitos.

Então, depois de um sumiço momentâneo, porém preocupante, durante a transição entre dinastias, Schall era novamente um astro em ascensão. As honras se acumularam enquanto ascendia pelos nove graus da hierarquia mandarim. Quando chegou a ser aceito no seleto círculo interno dos mandarins de primeiro grau, ostentava títulos indo do esotérico e impressionante "mestre dos mistérios universais" ao simples "conselheiro imperial", de maior porte. Sua influência na corte jamais foi igualada por outro europeu, antes ou depois dele. Imagine o desespero do embaixador holandês protestante ao entrar no recinto do Conselho de Estado chinês e encontrar o primeiro-ministro acompanhado por "um jesuíta com uma longa barba branca, de cabeça raspada e vestido à moda dos tártaros. Ele vem da Colônia, no Reno, seu nome é Adam Schall e está há 46 anos em Pequim, usufruindo de grande estima junto ao imperador da China".[10] Presumivelmente, o embaixador holandês foi poupado das boas lembranças que Schall possuía dos holandeses, tendo-os visto pela última vez pela ponta de um barril de canhão.

Schall, o mentor do imperador

A aposta estratégica de Ricci de usar a astronomia e a tecnologia ocidental como meios de obtenção de status acabou dando frutos, pois Terêncio e Schall enfiaram-se em posições de influência na corte graças ao seu conhecimento e às suas habilidades. Mas nem Ricci nem o próprio Schall poderiam ter previsto que a posição mais influente de Schall não seria diretor do Comitê de Astronomia nem "conselheiro imperial", mas mentor. Schall ascendeu pela hierarquia chinesa por pura engenhosidade e uma prodigiosa força de vontade intelectual, mas, ao final das contas, foi mais valorizado mesmo como um mentor de confiança: um "vovô". O imperador Shunzhih era um menininho quando Schall o conheceu, órfão numa tenra idade e instalado por regentes poderosos, cheios de interesses próprios, num papel que não poderia compreender, num cenário pouco familiar e longe de sua terra natal. Não admira que uma criança assim procurasse por um mentor substituto. Ninguém sabe por que escolheu Schall, embora como jesuíta este estivesse mais bem-preparado para ser o velhinho confidente do que um fabricante de canhões. O relacionamento único entre os dois persistiu mesmo depois que o imperador livrou-se de seus regentes e estabeleceu uma autoridade independente.

Schall, o arquiteto

O sucesso de Schall trazia vantagens para seus colegas. "Quem dera tivéssemos uns cem Adams" – escreveu um deles –, "pois, apesar de manter-se distante, nos presta um auxílio tão real que basta dizermos que somos seus companheiros e irmãos que ninguém ousa proferir uma palavra contra nós."[11] Os jesuítas na China sempre mantiveram um perfil discreto para evitar os surtos xenofóbicos. Seus convertidos reuniam-se em capelas inconspícuas abrigadas dentro das paredes de residências dos jesuítas. Mas o renome de Schall lhes deu ousadia. Decidiram construir uma igreja em estilo barroco, de 30 metros de altura, o primeiro exemplo em Pequim da arquitetura ocidental. Como não havia ninguém mais qualificado disponível, Schall, astrônomo, matemático, fabricante de canhões, reformador de calendários e estrategista militar tornou-se arquiteto e empreiteiro de igreja.

Schall, astrônomo, matemático, fabricante de canhões, reformador de calendários e estrategista militar tornou-se arquiteto e empreiteiro de igreja.

O imperador adorava seu relacionamento com seu *mentor* adotivo, mas muitos dos colegas de Schall viam a sua proeminência de maneira diferente. Por mais sucesso que tivesse, ou por mais sucesso tivessem os colegas vivendo na sua aba, Schall tornou-se um para-raios. Ou por inveja do seu sucesso ou por preocupação genuína com seu estilo de vida comprometido (ou por uma combinação de ambos), os colegas de Schall começaram a torpedear suas táticas. Alguns reclamaram que seu estilo de vida contradizia os votos de pobreza dos jesuítas. Dadas as mordomias do status de mandarim, tinham razão, embora com isso demonstrassem uma visão tacanha. Outros o acusaram de aprovar implicitamente práticas supersticiosas, já que os chineses costumavam usar o calendário de seu comitê para determinarem dias propícios para casamentos, viagens ou outros eventos pessoais significativos. Muitas das acusações eram mesquinhas, mas à medida que Schall envolvia-se cada vez mais com a corte imperial, até quem mais lhe apoiava passou a ter preocupações. Uma coisa era ele assumir a tutelagem do menino-imperador ou andar pela comunidade jesuíta ostentando mantos de brocado enfeitados com o símbolo do grou dourado reservado para os mandarins de primeiro grau. Outra coisa foi quando o celibatário Schall informou aos seus colegas jesuítas que tinha um *neto*.

Bem, poderia ser pior: pelo menos era seu neto *adotivo*. Shunzhih, o imperador que crescera bastante próximo a Schall, concedeu ao jesuíta a honra de aceitar um neto sem as obrigações de criar ou sustentar a criança. Recusar seria uma afronta ao seu patrono poderoso, se bem que a opinião de Schall nem foi pedida. Um decreto imperial confirmou a adoção. Com isso, temos uma noção rara dos sentimentos dos chineses para com os jesuítas. Por mais que Schall e seus colegas tentassem se mesclar com a cultura local, o estilo de vida deles devia parecer triste e estranho para seus anfitriões:

> Em vista do fato de que T'ang Jo-wang [isto é, Schall] assumiu um voto de castidade e de celibato por toda a vida e, consequentemente, como um exilado, deve viver triste, solitário e sem ajuda, o imperador desejou que adotasse um menino como seu neto. (...) T'ang Jo-wang vem de uma terra estrangeira e por muitos anos serviu ao império. Ele não é casado. (...) Portanto, seu neto adotivo deve ser admitido à faculdade. Decretamos assim.[12]

As relações partidas entre Schall e alguns de seus colegas viraram fraturas expostas, e com isso eles deixaram de aproveitar ao máximo a oportunidade mais promissora que tiveram na China. Por mais bitolados que fossem seus detratores, o temperamento de Schall também não facilitava uma reconciliação calorosa. Ele não tinha paciência com os tolos, e do alto da sua sapiência mesmo colegas talentosos pareciam tolos. Um jesuíta investigando as acusações contra Schall relatou que sua personalidade exacerbava discussões comuns: "Por fora um homem um tanto severo, muito irascível e taciturno, como convém aos alemães."[13] Como a discórdia criou certo atrito entre a equipe na China, a questão – se um jesuíta poderia chefiar o Comitê do Calendário chinês – chegou ao Vaticano. Talvez fosse mais fácil para o Papa avaliar o assunto a distância. Afinal, não tinha que cear toda noite com o severo, irascível e taciturno Schall. De qualquer forma, a autoridade papal o justificou completamente: "Tendo em vista as vantagens evidentes para a propagação da fé proporcionadas pelo posto de astrônomo oficial, o Santo Padre concede todas as dispensas necessárias a fim de que membros da Companhia de Jesus possam aceitar o posto."[14]

Schall, o acusado

Qualquer perda de embalo que os jesuítas possam ter sofrido com as futricas internas não foi nada em comparação com as repercussões da morte prematura do imperador Shunzhih, aos 24 anos, em 1661. Foi a deixa para os inimigos de Schall na corte saírem das tocas. Burocratas marginalizados e eunucos da corte, ex-integrantes do Comitê do Calendário, xenófobos e anticristãos, todos se juntaram em torno do mandarim Yang Kuan-Hsien, que se tornara o líder da facção anticristã ao publicar a diatribe "Refutação da doutrina nociva".

Infelizmente para os jesuítas, enquanto a controvérsia esquentava, Schall, com mais de 70 anos, teve um derrame e ficou paralítico. Isso encorajou seus inimigos a atacarem mais ainda. Schall e três colegas foram convocados ao Comitê de Ritos e condenados por uma longa lista de acusações. A principal delas foi disseminar falsas crenças e ensinamentos por toda a China. Como chefe do Comitê do Calendário, Schall foi acusado também de ter contribuído indiretamente para a morte prematura do imperador: aos olhos deles, uma morte tão prematura só poderia ter sido causada por se ter programado os afazeres e os rituais formais do imperador para dias que não eram auspiciosos. A base para isso só poderia ser o calendário de Schall. Por seus delitos menores, os três colegas de Schall levaram uma surra de cana e toda a Companhia de jesuítas foi banida da China. A sentença inicial de Schall, morte por estrangulamento, foi revogada pelos magistrados, que decidiram que a atrocidade de seus crimes contra o Estado merecia a tortura mais requintada do *ling ch'ih*: um desmembramento a prazo, com cada ferimento novo sendo cauterizado com um ferro quente para minimizar a perda de sangue – e prolongar a tortura.

Schall devotara boa parte de sua carreira ao estudo do firmamento, e dali obtivera muito do seu sucesso. Agora, numa reviravolta final, dramática, os céus novamente intervieram a favor de Schall. Um terremoto violento sacudiu

Pequim no dia em que sua sentença de morte foi apresentada ao imperador. Que sinal poderia ser mais claro? Tremendo (literalmente) diante desse portento amedrontador, os juízes e procuradores rapidamente reconsideraram sua sentença de morte. De repente a clemência passou a ser uma boa ideia, e eles permitiram que Schall retornasse à sua residência.

Um terremoto violento sacudiu Pequim no dia em que sua sentença de morte foi apresentada ao imperador. Que sinal poderia ser mais claro?

Destituído de todos os seus títulos e suas funções, alquebrado pessoalmente e padecendo de uma paralisia quase total, Schall morreria em menos de um ano. O autor de *Divergência entre a astronomia europeia e a astronomia chinesa, Tratado sobre o telescópio, História dos astrônomos ocidentais* e alguns outros tratados na língua chinesa, escreveu uma última obra antes de morrer. Seu público era mais limitado. Schall ditou a um jesuíta o texto, que foi lido para os colegas jesuítas de Schall, na sua presença:

> Eu me apresento (...) diante desta comunidade que representa para mim a Companhia de Jesus inteira. Não irei me defender como fiz há poucos meses no tribunal, mas sim acusar-me-ei em toda honestidade e candura. (...) Ao adotar o filho do meu criado fui culpado de imprudência. Causei escândalo e ofendi o amor fraternal por palavras e por tinta, especialmente entre meus colegas nesta cidade.[15]

Citou outras falhas pessoais antes de prosseguir:

> Por fim, imploro que ninguém receba esta confissão como uma reflexão *a posteriori* ou como se extorquida pela adversidade; não foi realmente o fruto de meu próprio pensamento e sim da vontade do Deus misericordioso que toca os corações dos homens com gentileza e poder nas ocasiões e pelas maneiras que Sua providência e graça ordenam.[16]

Morreu logo em seguida.

UMA VIDA INTEIRA VIVIDA POR PRINCÍPIOS

Esta imagem, como imagem final de uma liderança jesuíta, é bem estranha: Adam Schall no seu leito de morte, sem nenhuma fama, sem nenhuma influência.

Ou talvez seja uma imagem bastante adequada.

As reflexões de Schall em seu leito de morte o transportaram de volta aos Exercícios Espirituais, nos quais sua visão de liderança foi forjada pela primeira vez. Loyola, o autor, não teria como prever a vida improvável de Schall nem a sucessão de escolhas impossíveis que o testaram. Mas Loyola compreendera que jesuítas imersos num mundo complexo seriam confrontados com escolhas difíceis. E assim os Exercícios reforçavam o julgamento de cada recruta, estabelecendo métodos "para realizar uma eleição boa e segura" – isto é, tomar uma decisão importante na vida –, inclusive com uma série de jogos mentais:

> Vou imaginar uma pessoa que nunca vi, que jamais conheci. Vou desejar que essa pessoa tivesse toda a perfeição, considerando o que direi a fim de que tal pessoa venha a agir e fazer suas escolhas pela maior glória de Deus (...) e a maior perfeição de sua alma. Em seguida, farei o mesmo para mim: passarei a desempenhar o papel que criei para a outra pessoa. (...)
>
> Irei considerar, como se estivesse à beira da morte, quais os procedimentos e quais as normas que eu gostaria de ter seguido ao realizar esta presente eleição. E então, me guiando por essas normas, tomarei uma decisão a respeito da questão toda.[17]

Essas atuações em papéis imaginários tinham fundamento na crença de que qualquer decisão importante merece um investimento considerável de tempo, imaginação e energia. Loyola queria que os recrutas considerassem uma decisão a partir de vários ângulos, inclusive da perspectiva solene do seu leito de morte: como você decidiria se a morte estivesse batendo à sua porta? Que valores e objetivos pessoais seriam sua baliza naquele momento?

Desde que entrara para o treinamento dos jesuítas, aos 19 anos, até seus momentos finais, sua rotina incluíra o hábito de, duas vezes ao dia, refletir sobre suas ações, reavaliar suas metas, aprender com seus erros e ajustar seu percurso.

Schall retomou essas meditações nos seus dias finais, mas dessa vez ele *estava* à beira da morte. Não era um exercício de imaginação. Desde que entrara para o treinamento dos jesuítas, aos 19 anos, até seus momentos finais, sua rotina incluíra o hábito de, duas vezes ao dia, refletir sobre suas ações, reavaliar suas metas, aprender com seus erros e ajustar seu percurso. E, depois de mais de quarenta mil desses *examens* na sua vida de jesuíta, confessou que percebera que ainda não estava fazendo tudo corretamente.

Nem poderia. Nenhum ser humano pode. É justamente na sua humanidade falha que Schall encarna uma vida integrada de liderança. A sabedoria convencional diria que ele foi um líder por ter feito parte do poder do círculo interno do maior império do mundo. Mas sua vida inteira foi exemplo de liderança, quando bem-sucedida e quando malsucedida. O líder não era só Schall, o mandarim de primeiro grau, mas também Schall, o prisioneiro impotente. Não somente o Schall de quando os colegas queriam ter mais cem como ele, mas também o Schall "um tanto severo, muito irascível e taciturno como convém aos alemães". Não era só o Schall que era o *mentor* e o "mestre dos mistérios universais", mas também Schall, o homem que deu o melhor de si para traçar um caminho heroico, arriscado, através de um mundo repleto de dilemas sem saída ou escolhas tranquilas.

Ironicamente, o melhor exemplo de como Schall serviu a seus princípios de liderança – e de quão bem serviram a ele – não ocorreu no ápice de sua glória e de seu poder de influência, mas no seu leito de morte, onde ainda assumia o risco da liderança, ainda mantinha sua integridade e defendia seus princípios. Aos 76 anos, ainda perseverava, e ainda era um líder.

O primeiro ato do heroísmo é assumir o risco da liderança

Schall, moribundo, catalogou seus deslizes: adotar o filho de seu criado, seguir um estilo de vida que contradizia a pobreza sagrada e assim por diante. Claro, havia pelo menos um jeito de Schall ter evitado esses erros: nunca ter aceitado o risco da liderança. Com o risco pessoal vêm as falhas, mas não assumir riscos é deixar de ser líder e dissipar seu potencial. Não assumir riscos significaria menos deslizes para contemplar ao final da vida, mas também mais casos do que "poderia ter sido" e menos feitos significativos.

Se Schall tivesse sido mais autoconsciente, se tivesse sido mais eficiente nos seus autoexames, duas vezes ao dia, teria tomado decisões das quais não se arrependeria ao fim de sua vida? Talvez. Mas nem a autoconsciência mais profunda o salvaria de todos os erros de avaliação nem seria esse um objetivo realista da autorreflexão. Ao contrário, a busca da autoconsciência está fundamentada na realidade de que os humanos cometem erros, muitos erros. Mas os líderes vão mais além: refletem sobre seus erros, aprendem com eles e seguem em frente.

Mas nem a autoconsciência mais profunda o salvaria de todos os erros de avaliação nem seria esse um objetivo realista da autorreflexão.

O risco final para Schall como líder? Ser o primeiro a piscar. Os jesuítas enxergaram o mundo e as outras pessoas através da lente do amor, mas essas lentes às vezes ficavam nubladas. Nenhuma equipe jesuíta, por mais movida pelo amor que fosse, deixou de ser humana. No seu caso, Schall e seus colegas gastaram muita energia apontando o dedo uns para os outros em vez de aproveitarem ao máximo as oportunidades criadas pelo sucesso de Schall. Quem correu o risco para efetuar a reconciliação que lhes faltava foi o moribundo Schall: "ofendi o amor fraternal".

Uma vida completamente mudada ainda é a mesma vida

O que deu à vida de Schall sua integridade, sua completude? Superficialmente, nada. Sua vida *parecia* fragmentada, com sua aparência de constante mutação. Essas mudanças – trajes de sacerdote europeu, barba e cabelos longos da dinastia Ming na China, cabeça raspada e rabicho de um manchu – são caricaturas de sua profunda transformação pessoal. Uma transformação ocorrendo durante toda uma vida: da juventude à velhice, por mudanças de profissão, mudanças de relacionamentos, mudanças nas circunstâncias de sua vida. Qual é a liga que junta tudo, formando algo reconhecível como sendo uma vida?

O que deu integridade e completude à sua vida em constante transformação foi o compromisso que Schall assumiu com uma série de valores e metas. Era a única coisa que não tinha mudado em sua vida, e assim ele não precisava de mais nada. No caso de Schall esses princípios motivacionais tinham sido formulados ao tornar-se jesuíta, com 19 anos. Já Loyola só chegou a articular os mesmos princípios para si mesmo quando estava quase chegando aos 40 anos, com mais da metade do tempo de vida em média no século XVI. Mais importante do que definir o *momento* em que cada pessoa descobre os princípios da sua vida *é assumir o compromisso de buscá-los*. Não importa se eles são descobertos cedo ou tarde, o crucial é o compromisso de usá-los como medida para as decisões a serem tomadas na vida, a qual é transformada de uma série de episódios aleatórios em algo completo, em uma vida com integridade.

Todos lideram, e lideram o tempo todo

Tomaram seus títulos, dispensaram-no de suas funções, mas Schall mantinha sua capacidade de liderança. Schall, o "mestre dos mistérios universais", não era um líder maior ou menor do que Schall o ancião moribundo despido de poder e de influência. Suas oportunidades de liderança não cessaram quando caiu em desgraça. Mesmo próximo da morte teve chances de liderar: ao prosseguir refletindo sobre sua vida, aprendendo, vivendo segundo os princípios que valorizava... E, ao ficar em paz com seus colegas e consigo mesmo, morrer com dignidade e integridade.

Os líderes perseveram

A teoria da liderança que gira em torno do "momento único definidor" erra ao estabelecer um marco crítico para a liderança. Ao enfocarmos somente o engajamento decisivo do líder no palco do cenário mundial, somos privados dos anos de preparação, dos hábitos de vida, dos valores e do autoconhecimento adquiridos através dos tropeços, e que contribuíram para o momento de decisão.

Os líderes perseveram. Os líderes têm a coragem e a força de vontade para seguirem em frente. Pode parecer estranho o desejo final de Schall, muito depois de sua glória e seu poder de influência terem evaporado, a não ser para os que compartilham a sua visão de que, enquanto houver vida, haverá oportunidades de liderança. "Já que o Deus da compaixão tem em Sua paciência me capacitado a viver mesmo até agora entre a sociedade (...), assim tenho plena confiança de que, por conta de Suas orações e obras abençoadas, Ele me concederá perseverança até o fim."[18] Perseverança para quê? Para seu último projeto como líder, terminando o que começou, morrendo firme nos seus princípios. Isso para ele não era menos essencial do que as oportunidades mais glamorosas que tivera no decorrer de sua vida.

A perseverança é um elemento central na liderança dos jesuítas, não uma característica específica de Schall. O mesmo espírito de perseverança motivou Bento de Goes por uma longa viagem frustrante que terminou com sua morte na longínqua Xuzhou.

E o mesmo ímpeto em perseverar inflamou uma equipe jesuíta que, quarenta anos *após* a morte de Schall – e um século após a morte de Goes –, caminhou sobre a Grande Muralha da China até o seu ponto final, próxima a Xuzhou, de onde se avistam planícies desertas.

Os líderes perseveram não somente por orgulho, integridade e compromisso com seus valores. Perseveram porque são, ao mesmo tempo, confiantes, otimistas, tolos e humildes o suficiente para ter esperanças de que as sementes de seus esforços brotarão, em épocas, de maneiras e em lugares que não conseguem prever e muito menos controlar. É uma atitude que inspirou milhares de professores no mais bem-sucedido sistema de ensino do mundo, e que ainda hoje anima professores e alunos. E que contagiou Schall e seus colegas. Depois de décadas em que foram se recuperando de cada revés na China, a humilhação e a morte de Schall, junto com o banimento de trinta colegas, marcaram definitivamente a derrota total dos jesuítas naquele império... A não ser para o punhado de jesuítas movidos pelo *magis* e tolos o suficiente para acreditarem que conseguiriam, mais uma vez, ressuscitar seus esforços ali.

E nem demorou tanto. Liberto da prisão, mas sob ameaça de ser expulso, Ferdinand Verbiest permaneceu na China, mas na surdina, e aguardou. Seus colegas em toda parte do país foram deportados sumariamente para Cantão, mas na capital nenhum oficial chegou a cumprir o decreto de expulsão. Logo ficou aparente que na corte do Imperador K'ang-hsi, arquiperseguidor de Schall e seu sucessor como chefe do Comitê do Calendário, Yang Kuan-Hsien, não era um mestre dos mistérios universais. Quando Verbiest foi finalmente levado à presença dos burocratas imperiais, não foi para ser deportado, mas para fornecer informações sobre como consertar o arremedo de calendário, crivado de erros, criado por Yang. Verbiest estava bem-preparado para esse momento, pois teve Schall como mentor, assim como Schall teve Terêncio e Ricci teve Clávio. "Os jesuítas aprendem melhor ensinando aos outros", dissera Polanco. Três anos após a morte de Schall e o banimento de seus colegas, os jesuítas voltavam, aos poucos, para a China continental, e Verbiest estava no comando do Comitê do Calendário. Por quase um século este comitê seria chefiado por uma sucessão de jesuítas. O domínio jesuíta sobre o cargo finalmente foi interrompido, não por mais um revés da Companhia na China, mas pelo decreto papal de 1773 desmantelando toda a ordem dos jesuítas.

O mapa-múndi de Matteo Ricci despertara a curiosidade de seus amigos chineses intelectuais e resultou no primeiro sucesso dos jesuítas na China. Um século após sua morte, os mapas mais uma vez tiveram um papel no sucesso dos jesuítas. Alguns jesuítas franceses, novos membros da Academie Royale des Sciences, depois de um aprendizado no observatório de Luís XIV em Paris, chegaram à China num momento fortuito. Com o auxílio de Verbiest, a Companhia estava novamente nas graças do imperador. E K'ang-hsi estava ansioso para aprender mais sobre seu vasto império. Para obter sua confiança, os jesuítas franceses se propuseram a mapear a Grande Muralha. Três deles deixaram Pequim em junho de 1708 e retornaram sete meses depois, tendo traçado a Muralha em direção ao seu terminal oeste, próximo àquela bacia de Tarim por onde Goes cruzou. O imperador, aparentemente, ficou satisfeito com o produto resultante, um mapa de cinco metros com anotações sobre rios, fortes e uns trezentos portões. Comissionou um atlas completo do seu império. Três equipes jesuítas se espalharam e passaram quase uma década realizando levantamentos topográficos para o primeiro atlas abrangente da China, obra que permaneceu como referência-chave em termos de mapas europeus da China até o século XIX. Um salvo-conduto imperial garantiu aos jesuítas uma recepção positiva dos burocratas provincianos, mesmo na vasta expansão e desolação remota do norte da Mongólia, que reduziram a um único mapa: "Apesar de estar bem vazio [o mapa da Mongólia] (...), o imperador ficou bastante satisfeito com ele."[19] A maioria das autoridades que conheceram em suas viagens nunca tinha visto antes um ocidental, embora alguns tivessem ciência da reputação de Li Ma-tou (Ricci) e T'ang Jo-wang (Schall) e das contribuições que os dois prestaram para a China.

De Ricci, inovação e imaginação. De Goes, perseverança e capacidade de assumir riscos. De Clávio, rigor intelectual e compromisso com a excelência. Do fundador dos jesuítas e diversos colegas, vivos ou mortos, um estilo de vida e uma maneira de tornar completa as suas vidas, integrando os princípios da autoconsciência, da inventividade, do amor e do heroísmo.

CAPÍTULO 12

Conclusão

Uma busca no Google pela palavra *liderança* revela quase 30 milhões de links. Se fizermos a busca em inglês, com a palavra *leadership*, ela será citada 171 milhões de vezes. Se procurarmos pelo tema numa grande livraria on-line encontraremos mais de 10 mil títulos. Podemos presumir ao certo, sem analisar esses títulos, que nenhum deles retrata a sociedade como estando repleta de líderes. Pelo contrário. Muitos desses livros só reforçarão o que já sabemos intuitivamente, que precisamos de líderes de princípios, mais eficazes no comando das grandes corporações, de uma liderança pessoal mais confiante no nosso lar e nosso local de trabalho, e de uma liderança mais inspirada e visionária por parte daqueles que nos ensinam, tutelam, treinam e aconselham.

É quase certo que nenhum desses milhares de títulos cita como fonte rica de liderança o grupinho de amigos que há 474 anos se juntaram para fundar uma nova empresa. Pareciam completamente despreparados: não tinham produto, não tinham capital, não tinham experiência nem plano de negócio. A empresa nem tinha nome. Suas chances de sucesso eram bem poucas.

Mas logo uma companhia com mais de mil jesuítas estava atuando em quatro continentes. Em pouco mais que uma geração, os jesuítas haviam se tornado o empreendimento religioso mais bem-sucedida do mundo, indiscutivelmente a companhia mais bem-sucedido de sua época. Foram pioneiros na estratégia de contratar pessoas de origem não europeia, algo que um historiador considerou "uma das alternativas mais sérias ao etnocentrismo brutal da expansão europeia sobre a face da terra".[1] E foram desbravadores: os primeiros exploradores europeus a mapearam a parte superior do rio

Mississippi, trechos imensos do interior da China, a nascente do rio Nilo, a Baixa Califórnia, e áreas ainda mais além, "regiões onde nem a cobiça nem a curiosidade eram tentações suficientes para que seus conterrâneos ali entrassem (...), com línguas das quais nenhum nativo do mundo ocidental compreendia uma palavra".[2]

A marca de suas conquistas? Navios carregados de botim, hegemonias usurpadas, bandeiras plantadas de reinos europeus distantes? Não: *sabedoria*. A Europa logo foi inundada por mapas, livros de história natural, gramáticas, dicionários, literatura sobre o saber e estudos comparativos de teologia, produzidos por jesuítas em toda parte do mundo: a versão em italiano dos *Quatro livros* de Confúcio feita por Ricci; os mapas do rio Mississippi feitos por Marquette; os dicionários de tradução do japonês, do tâmil, do vietnamita e de um punhado de outras línguas feitos por missionários na Ásia; mapas celestiais por astrônomos jesuítas em pontos opostos do mundo (Pequim e o interior da América do Sul). A Europa aprendia com os jesuítas, assim como os outros países que os recebiam. *The Rise of Modern China* [O nascer da China moderna], obra de Immanuel C. Y. Hsü, inventariou a cultura jesuíta e suas contribuições tecnológicas: "Com eles, os chineses aprenderam os métodos ocidentais de fundição de canhões, de elaboração de calendários, cartografia, matemática, astronomia, álgebra, geometria, geografia, artes, arquitetura e música. Ao mesmo tempo, os jesuítas apresentaram à Europa a cultura chinesa. Foi o encontro inicial da China e do Ocidente nos tempos modernos, e com isso a China teve a oportunidade de se modernizar."[3]

Mas sua inovação mais visionária, que causou maior influência, em retrospecto parece muito simples, muito óbvia e quase inevitável. Algumas das grandes ideias da história foram tão assimiladas e tão imitadas que acabamos nos esquecendo de quando eram novas e exóticas: automóveis, telefones, redes de ensino. Certo, escolas e redes escolares primitivas existiam antes dos jesuítas, mas nenhuma organização jamais lançara um sistema de ensino em tamanha escala, com tamanha imaginação. As principais empresas globais *ainda* lutam para incorporar certas práticas comerciais que há quatro séculos já marcavam a rede jesuíta de ensino: a formação de uma equipe multinacional, a administração além de fronteiras, o levantamento incessante e a circulação das melhores práticas, a diferenciação diante da concorrência pelo compromisso com um produto de "qualidade total". Para onde fossem os jesuítas, surgiam instituições de ensino: em Paris, Viena, Lisboa, Paris, Goa, Ingolstadt e mais duas dezenas de cidades só na primeira geração de seus esforços.

QUATRO PRINCÍPIOS QUE FIZERAM TODA A DIFERENÇA

Os jesuítas não tinham um plano, não tinham um produto e não tinham capital financeiro, mas os fundadores da Companhia de Jesus tinham algo infinitamente mais valioso: um compromisso irredutível com uma maneira única de trabalhar e de viver. Um compromisso com uma vida que integrava quatro princípios de liderança: autoconsciência, inventividade, amor e heroísmo.

Nem Loyola nem seus cofundadores compreendiam esses atributos como quatro pilares de liderança, e tampouco os consideravam *habilidades de liderança*, no sentido do termo que usamos atualmente. Para eles, esses quatro princípios, reunidos e reforçados pela prática de toda uma vida, eram uma maneira de se fazer as coisas, uma postura integrada diante da vida. Diante das crises e das oportunidades, não reagiam apelando para as táticas da moda naquele momento, mas preferiam atuar em um dia do mesmo "modo" que tinham atuado no dia anterior e iriam atuar no dia seguinte, em casa e no trabalho, por sucessos e fracassos. O septuagenário Schall, ao morrer, recorria aos mesmos métodos aos quais recorreu como um recruta de 20 anos em Roma. O astrônomo Clávio, em Roma, tirou proveito da mesma disciplina autorreflexiva praticada pelo músico Antônio Sepp na redução de Yapeyú. E o mesmo amor energizou Antônio Vieira, quer fosse enfrentando escravocratas no Brasil ou ensinando colegas jesuítas mais novos em Portugal.

Empresas não têm autoconsciência; as pessoas têm. E as organizações não amam; as pessoas, sim. A liderança é uma escolha pessoal. Por mais erros que os dirigentes jesuítas tenham cometido, nenhum deles esqueceu que líderes são formados um de cada vez. E nenhum se desviou do processo que transformou jesuítas em líderes. Geração após geração, cada recruta empenhou-se nos Exercícios Espirituais, firmados na jornada tortuosa do próprio Loyola em direção a uma liderança pessoal eficaz. Loyola atraiu alguns dos melhores talentos da Europa, mas não por causa de seu intelecto superior ou de suas façanhas arrebatadoras, e certamente não com um plano de negócios convincente, pois nem tinha plano de negócios algum. Seu apelo magnético residia em sua habilidade para ajudar os outros a se tornarem líderes. A postura de Loyola como mentor de seus cofundadores tornou-se o modelo da Companhia: todos têm um potencial para a liderança, e os verdadeiros líderes incitam esse potencial nos outros.

O heroísmo revisitado

O heroísmo movido pelo magis *incentiva as pessoas a mirarem alto e as mantêm direcionadas incessantemente para algo mais, algo maior.* Loyola disse que os aprendizes jesuítas na Itália deveriam "conceber grandes resoluções e evocar igualmente grandes desejos". Para outra equipe, observou que "nenhum feito comum" satisfaria suas ambições de excelência. Nadal, seu lugar-tenente, tomou os jesuítas europeus de assalto exortando os recrutas, dizendo que não importava a ocupação que seguissem, "não deveriam se satisfazer em fazê-la pela metade". Clávio, o astrônomo, do alto do Collegio Romano, anteviu a formação de "homens brilhantes e por demais eminentes, que (...) estão distribuídos por várias nações e reinos como joias cintilantes".[4]

Tudo isso poderia passar por retórica floreada por parte dos chefes, a não ser pelo fato de que os chefes acreditavam nisso, e que eles mesmos viviam isso. E não só viviam frases movidas pelo *magis* ou contavam aos recrutas sobre o *magis*: convidavam a considerá-lo e a se comprometer com ele. Os recrutas aceitaram o convite, e jesuítas por todo o mundo, movidos pelo *magis*, passaram a crer e a agir como se o que fizessem fosse de algum modo "o maior empreendimento do mundo atual". E quando muitos membros de uma equipe sentem-se assim, torna-se uma profecia que se cumpre. Os heróis movidos pelo *magis* trazem energia, imaginação, ambição e motivação para o seu trabalho: os resultados falam por si.

O heroísmo transforma as pessoas igualmente em sonhadores e em pragmáticos infatigáveis. Xavier foi enviado para a Índia, mas criou um esquema totalmente irreal para espalhar por toda a Ásia (totalmente irreal, a não ser pelo fato de que seus sucessores conseguiram fazê-lo). Os professores nos ginásios jesuítas atuavam dentro dos confins mais limitados das salas de aula, mas com o mesmo grau de heroísmo. Um heroísmo que não era medido pela escala de suas oportunidades, mas pela qualidade de suas respostas para as oportunidades à mão. Os líderes heroicos não marcam passo esperando chegar o grande momento: agarram-se às oportunidades ao seu alcance e extraem delas o máximo de riquezas possíveis. O heroísmo reside na nobreza do compromisso com um modo de vida que enfoca metas maiores do que si mesmo.

A inventividade revisitada

A inventividade predispõe as pessoas a não só pensarem de forma alternativa como viverem de forma alternativa. Homens como Ricci e De Nobili confiavam que a maioria dos desafios tinha soluções, e exploravam táticas e estratégias que transcendiam a mentalidade estreita de seus contemporâneos europeus. Não era só porque Ricci e De Nobili fossem espertos ou trabalhadores, mas porque tinham cultivado a atitude vital da indiferença – a ausência de apegos descomedidos – e o espírito inspirador segundo o qual o mundo inteiro se tornaria o seu lar.

A indiferença leva as pessoas a eliminarem seu provincianismo, seu medo do desconhecido, seu apego às suas posses ou ao seu próprio status, seus preconceitos, sua aversão ao risco e uma atitude de "sempre fizemos deste jeito". Quando as pessoas veem o mundo inteiro como seu lar, podem olhar com esperança, interesse e otimismo para novas ideias, culturas, lugares e oportunidades. Ao se libertarem de apegos descomedidos que poderiam inibi-los de correr riscos ou buscarem por inovações, ficam prontos para usufruírem as novas oportunidades de maneira imaginativa. E, ao encararem o futuro com otimismo, aumentam as probabilidades de encontrarem essas oportunidades e soluções. Loyola chamou isso de "viver com um pé na estrada".

O amor revisitado

O *amor dá sentido e paixão à inventividade e ao heroísmo.* A missão dos jesuítas para ajudar as almas permanecia uma abstração estéril até que o amor fizesse dela algo pessoal. O amor transformava a missão e a maneira pela qual os jesuítas desempenhavam-na. Jerônimo Nadal, o colega de Loyola, comentou que "nosso Pai [isto é, Loyola] costumava dizer que não devemos ajudar ao próximo de maneira fria ou com lentidão. E por essa simples máxima expressou a finalidade de nossa Companhia: a saber, correr fervorosamente para a salvação e o aperfeiçoamento de nossos semelhantes."[5] O amor lhes deu a paixão e a coragem para enfrentar os membros mais poderosos da corte espanhola e toda a mentalidade societária que representavam. "Disseram-me que Vossa Excelência encontra-se insatisfeito por admitirmos tantos 'cristãos-novos' em nossa Companhia. A Companhia reserva-se o direito – e deve exercê-lo – de não excluir pessoa alguma. (...) Não pode recusar nenhum talento, nem qualquer homem de qualidade, quer seja 'cristão-novo' ou nobre cavaleiro ou outro qualquer, se seu comportamento religioso for útil e em conformidade com o bem universal."[6]

É fácil compreender como uma visão amorosa poderia beneficiar uma companhia dedicada a ajudar as almas. Mas o amor torna *todas* as empresas mais fortes. Como? O amor permite que uma empresa receba todos os talentosos, independente de crença, raça, posição social ou referências. O amor é a paixão por ver membros da equipe se superarem, "correndo a toda velocidade em direção à perfeição". E o amor é a liga que une os indivíduos para formarem equipes leais, onde as pessoas apoiam uns aos outros.

Os líderes movidos pelo amor veem um mundo de seres humanos, dignos e únicos, não "enganadores, temerosos e ingratos". Vivem de acordo com a premissa de que as pessoas têm seu melhor desempenho quando trabalham para – e trabalham com – pessoas que lhes ofereçam apoio e afeto sinceros.

A autoconsciência revisitada

A *autoconsciência nutre e cria raízes para as outras virtudes da liderança.* A pessoa que descobre o que ela quer e o que ela representa acaba de dar o primeiro passo em direção à liderança heroica. Aqueles que identificaram e começaram a eliminar suas fraquezas e amarras insalubres estão construindo a indiferença que é essencial para a inventividade.

Os primeiros recrutas jesuítas descobriram o poder que advinha de nomearem explicitamente os seus valores. Este é quem eu sou, isto é o que represento, isto é o que eu quero. Esse processo traz duas consequências. Primeiro, a maioria se surpreende com o quanto *já* representava, e pelo simples fato de articular seus valores energizam seu compromisso com eles. Segundo, com esse processo vem, inevitavelmente, um ressentimento: estou feliz com isso? É esta a liderança que quero mostrar para o mundo? É este o legado que quero deixar?

A autoconsciência não é um projeto temporário. Após a avaliação inicial de suas forças, suas fraquezas, seus valores e sua visão do mundo, é essencial manter o hábito diário, contínuo, da autorreflexão: o *examen.* É uma oportunidade de mensurar a vida – um pouquinho de cada vez – em relação às metas e aos princípios. "Na minha última aula, lecionei com um interesse amoroso por meus alunos ou passei o tempo no automático?" "Hoje, no trabalho, desafiei minha imaginação ou fui levando no mínimo esforço?" Essa é uma oportunidade para assegurar seu equilíbrio sobre a corda bamba percorrida por De Nobili e outros: lançando-se em aventuras sem perder o compromisso com as crenças básicas. O *examen* se fundamenta na premissa de que mesmo os líderes cometem erros, que podemos aprender com eles e que cada um de nós tem uma capacidade inesgotável de crescimento e desenvolvimento.

O conceito de autorreflexão pode conjurar imagens de recolhimento, mas aqueles que o assumem corretamente descobrem que estão mais bem-equipados para se engajarem energicamente no mundo. Os três *pit stops* mentais durante o dia – "ao acordar", "após a refeição no meio do dia" e "após a ceia" – nos ajudam a atingir o estilo de vida focado, sereno, que os jesuítas chamavam de *simul in actione contemplativus* (contemplação em meio à ação). Como um colega disse a respeito de Loyola: "É inacreditável a facilidade com que nosso Pai se recolhe em meio a uma onda de questões."[7] Chegar a esse ponto não é o milagre de um santo; é o fruto de um investimento paciente e contínuo na autoconsciência. É o compromisso inicial para com a descoberta de seus próprios recursos, fraquezas e metas, seguido pelo hábito diário da autorreflexão.

COMO OS CHEFES DE HOJE PODEM LIDERAR OS LÍDERES

Somos todos líderes, e lideramos o tempo todo, geralmente de maneiras pequenas ou mesmo sem essa intenção. As centenas de encontros casuais que temos a cada dia com outros seres humanos – passando na padaria, chacoalhando no transporte público, lidando com subordinados – são oportunidades para demonstrarmos (ou não) respeito. Inúmeras transações de quinze segundos com seu assistente, seus colegas, seu cônjuge ou seus filhos viram horas de interação a cada mês. Poucas pessoas param para considerar a mensagem que estão transmitindo nesses encontros passageiros, que compõem a maior parte da nossa vida útil. O líder adepto da teoria do "grande momento único" passa batido por eles, preocupado em encontrar aquela oportunidade definidora dramática que possa qualificar como uma liderança com L maiúsculo. Mas sejamos francos. O comportamento de um executivo no elevador com seus funcionários provavelmente influencia mais atitudes, para o bem e para o mal, do que um pronunciamento eloquente redigido para causar uma impressão profunda e duradoura sobre milhares de vidas nas próximas gerações.

A liderança heroica convida as pessoas a avaliarem seu impacto diário, a mudarem o foco se necessário e a articularem qual a marca de liderança que querem deixar. Convida-as também a substituir uma liderança acidental pela liderança intencional, tanto em relação aos outros quanto a si mesmo. Na visão de Loyola, mesmo os momentos no elevador são oportunidades de liderança para quem tem fome de liderar. É uma postura humilde, porém otimista. Humilde por reconhecer que, em última análise, os líderes não controlam os resultados, apenas suas próprias ações – seus *inputs*, digamos. Porém, otimista por reconhecer que suas ações podem ter grande influência não só sobre o instante atual, mas anos depois, como um exemplo para futuros professores, pais, empregadores e diretores.

No caso dos jesuítas, a concepção da liderança assentada sobre quatro pilares não era algo "passado" para eles por seus superiores; era o que cada jesuíta escolhia para si mesmo. Não é por acaso que seus maiores feitos de liderança foram realizados por líderes inspirados nos campos de ação, não por diretores nos escritórios de suas sedes. Ricci, De Nobili, Schall, os jesuítas das reduções e milhares de professores de ginásio e universitários buscaram as oportunidades. E a liderança pessoal transformou essas oportunidades em feitos heroicos.

Então, se todos lideram, e se a liderança pode vir de baixo, qual o papel dos chefões nas organizações e corporações? Geralmente presumimos que líderes são aqueles que mandam: os generais, os capitães, os gerentes, os chefes de equipe, os executivos. A visão dos jesuítas vira isso de cabeça para baixo. Mas se aqueles considerados seguidores são de fato líderes, o que acontece com aqueles considerados líderes? Como podem as pessoas vistas tradicionalmente como líderes, chefes ou gerentes aplicar a sabedoria dos jesuítas?

Antes de mais nada, precisam parar de se comportar como se estivessem liderando seguidores, e começarem a agir como se liderassem líderes, fazendo aquilo que ajude os outros a liderarem.

Lidere a si mesmo e aos outros pelo exemplo

Se quiser que sua equipe tenha um desempenho heroico, seja você mesmo um herói. Se quiser que seus funcionários apoiem uns aos outros, demonstre-lhes seu apoio com uma direção leal e honesta, que os incentive e os ajude a "correr a toda velocidade em direção à perfeição".

Nenhuma ferramenta de liderança é tão eficaz quanto o exemplo dado pela própria vida do líder: o que ele ou ela faz, quais os valores que ele ou ela reflete em suas ações, e como o que diz combina com o que faz. O exemplo pessoal faz a diferença entre uma influência longa e duradoura e "apenas uma folha de papel", uma não liderança que fomenta o cinismo.

Aprimore o melhor e o mais brilhante talento

Quamplurimi et quam aptissimi. Os jesuítas fundadores construíram sua empresa encontrando e aprimorando "o máximo possível dos melhores". Quando o aprimoramento dos *aptissimi* exigiu que recursos já escassos fossem direcionados para a educação dos recrutas, não hesitaram. Seu entendimento era de que o talento bem-desenvolvido impulsionava o sucesso da Companhia. Realocar prioridades a fim de desenvolver esse talento não significava *alterar* a estratégia da Companhia; *era* a estratégia.

Todo relatório anual ostenta alguma versão do chavão batido "nosso pessoal é nosso ativo mais importante". Mas os administradores dessas empresas estão realmente envolvidos ativamente em encontrar e aprimorar os *aptissimi*? Não basta dizer que seu pessoal é seu ativo mais importante, é preciso comprometer o tempo, a visão e a energia necessários para liberar o potencial total desses ativos mais importantes. As equipes veem que seus chefes – inclusive o presidente da empresa e toda a sua diretoria – estão batalhando para que *eles mesmos* estejam entre os *aptissimi*? Ou só veem uns mandachuvas repousando sobre determinado degrau da escada corporativa, dando por encerrado o compromisso com seu próprio aprimoramento?

Aponte o veio na mina

Seria conveniente – e economizaria tempo – se os administradores pudessem dizer umas palavrinhas mágicas que provocassem desempenhos motivados numa escala maciça. Não é assim. Nunca foi e nunca será. Uma missão corporativa geralmente só empolga aqueles que a criaram, justamente porque o processo de criá-la fez com que ela fosse importante pessoalmente para aqueles envolvidos. Os chefes que são líderes precisam encontrar maneiras de ajudar seus subordinados a assumirem suas tarefas como sendo pessoais. Esta é a chave da automotivação. Como os Exercícios lembravam aos líderes jesuítas: "A experiência nos ensina que todos os homens se comprazem mais, e são levados mais, pelo que descobrem por si mesmos. Portanto basta apontar, como se com o dedo, para o veio na mina, e deixar que cada um cave por si."[8]

Quatro séculos depois, a empresa de consultoria administrativa McKinsey validou, através de uma pesquisa, a postura implantada por Loyola e seus colegas. O objetivo da pesquisa era definir estratégias que permitissem às empresas atrair e conservar pessoas de talento, um produto escasso no mercado. A McKinsey perguntou a altos executivos o que motivava seus melhores talentos. Eis um resumo de seus dados:

Porcentagem entre os fatores absolutamente essenciais [na motivação dos talentosos] listados por duzentos altos executivos:

Valores culturais	58%
Liberdade e autonomia	56%
Desafios excitantes no trabalho	51%
Boa administração	50%
Compensações satisfatórias	23%
Missão inspiradora	16%[9]

O que querem os *aptissimi*? Querem poder assumir iniciativas ("liberdade e autonomia") e contribuir de maneira significativa ("desafios excitantes no trabalho"). Eles se importam com os valores culturais de seu local de trabalho: o que seus colegas representam, como tratam uns aos outros e como abordam ideias e oportunidades. Em suma, eles se importam com o *modo de proceder*. O que não interessa a eles é a folha de papel, a julgar pelos meros 16% que identificaram "missão inspiradora" como elemento motivador. Nas palavras dos jesuítas: o que excita os *aptissimi* é trabalhar num ambiente onde as pessoas entendem que todos são líderes e todos lideram o tempo todo.

Apoie e confie nos líderes que você lidera

"Olivier, espero que no futuro tu faças, sem escrúpulos, aquilo que teu julgamento te recomendar de acordo com as circunstâncias, não obstante as regras e os estatutos."[10] Quando um administrador molda seus líderes, deve apoiá-los. A maioria dos chefes incentiva os subordinados a mostrarem mais iniciativa... Até que mostram. Aí as coisas ficam desconfortáveis. Os subordinados tomam decisões por conta própria, e nem sempre fazem as coisas da mesma maneira que seus chefes. Às vezes – meu Deus! – cometem erros. Aí o papo dos chefes muda completamente. Adotam o que chamam de microgerenciamento.

O chefe que é líder segue o instinto de Loyola: "tu que estás no chão poderás ver melhor o que deve ser feito".[11] O chefe que é líder tem a coragem, a confiança e a paciência de apoiar seus subordinados quando cometem erros, compreendendo que os líderes mais eficientes muitas vezes são forjados no cadinho de suas primeiras falhas, desenvolvendo uma resiliência, a capacidade de aprender com seus erros e a sabedoria para aceitar a si e aos seus colegas como seres imperfeitos.

Quando subordinados criam a coragem de se arriscar pela empresa, o chefe que é líder tem a coragem de apoiá-los nesses riscos. Quando De Nobili e Schall precisaram de um apoio vindo de Roma, o receberam, ao contrário de um chega-pra-lá de comandantes jesuítas avessos a riscos e mais interessados de repente em garantir seus próprios lados. Inversamente, foi negativo para o heroísmo dos jesuítas quando seus integrantes no Paraguai receberam ordens de abandonarem sua causa, em vez de serem assegurados de que seu comandante entraria no campo de batalha diplomático junto com eles.

Só lidere quando estiver pronto para aventuras

A boa notícia é a má notícia. Quando a liderança funciona, perturba. O líder que encontra e aprimora os *aptissimi*, que lhes dá oportunidades de liderar, que os apoia ao correrem riscos, certamente acabará tendo a mesma dor de cabeça de pessoal e prioridades que latejava na sede dos jesuítas. É um problema sério: equipes empolgadas encontrando novas oportunidades, sem parar, todas convencidas de que estão trabalhando no "maior empreendimento no mundo de hoje" – e todas clamando por reforços. Mas quando cessa a dor de cabeça é que se deve preocupar. Quando não há mais liderança vinda de baixo para cima, as diretorias usufruem seus momentos de sossego. Mas quem quer sossego deve entrar para um convento, não mergulhar no mundo, vivendo uma vida baseada nos quatro pilares.

No mundo em que a liderança vem de baixo para cima, o chefe que é líder:

- lidera a si mesmo, inspirando os outros através de seu próprio exemplo e criando ambientes onde há mais amor do que medo;
- encontra e aprimora os *aptissimi*;
- ajuda os subordinados a encontrarem seus interruptores que acionarão desempenhos motivados;
- apoia e confia naqueles que "estão no chão".

Um investimento de trinta horas por funcionário

Loyola é um modelo de chefe que é líder. Ele mesmo guiou muitos jesuítas novatos pelos Exercícios Espirituais, aconselhando esses futuros líderes através de sua autoavaliação de forças, fraquezas, valores e visão do mundo. Era um compromisso expressivo: eles se reuniam por uma hora a cada dia, durante trinta dias. Quantos gerentes atualmente têm esses encontros para discutir o desenvolvimento pessoal com cada um de seus funcionários? Quantos anos levariam para chegar à marca de trinta horas passadas nessas reuniões individuais? Muitos vão chiar, dizendo que as demandas e pressões de seu alto cargo impossibilitam um aconselhamento individual tão extenso com seus subordinados. E o próprio Loyola, que presidia uma multinacional dobrando de tamanho a cada semestre?

Talvez eles tenham razão. Ou talvez tenham uma visão muito limitada. As trinta horas de sessões de aconselhamento poderiam ser consideradas um investimento. O investimento de Loyola rendeu bastante em termos de uma enorme vantagem operacional. Os chefes hoje perdem muito tempo tentando prever quais serão as decisões de seus subordinados. Loyola adotou uma postura mais liberal: "O que vier a julgar ser melhor aos olhos de nosso Senhor, aprovo inteiramente. (...) Nesta questão temos somente uma vontade, mas tu, de onde estás, tens mais contato com essas questões." O típico executivo de hoje confia apenas em si mesmo e num círculo interno para lidar com vendas de alto nível ou contatos diplomáticos. Loyola, confiante, despachou uma longa fileira de jesuítas para se defrontarem com líderes mundiais, do rei de Portugal ao imperador morgol. Um retorno nada mal para um investimento de trinta horas por jesuíta. E esses investimentos tiveram ainda um efeito multiplicador. Loyola veio a conhecer e a confiar nos seus futuros líderes, através de Exercícios que os preparavam também para representar a Companhia como jesuítas focados, confiantes, autoconscientes. E mais: cada um herdou de Loyola a tradição do investimento no aprimoramento da geração seguinte.

Hoje, os chefes que são líderes têm esse compromisso de investir de alguma maneira nos seus subordinados, não por um sentimento de dever ou algum desejo vago de ser bonzinho, mas por algo que pode ser chamado de amor esclarecido: a vontade e o compromisso pessoal de liberar o potencial de cada um, combinados com a compreensão de que o retorno que terá em termos de líderes bem-desenvolvidos será muito maior do que em incontáveis outras oportunidades de investimento.

LÍDERES FORTES QUESTIONAM O *STATUS QUO*

Os jesuítas abraçaram os quatro princípios de liderança que se reforçam entre si. Assim como a tradição de que cada geração formará seus sucessores para viver de acordo com esses mesmos princípios básicos. Uma máquina perfeita de liderança? Bem, nem tanto. Tinha a perfeição de cada jesuíta, ou seja, era imperfeita. *Aptissimi* ou não, ainda eram humanos. Quando sua máquina voadora alçava voo, com sua liderança autorreplicante, reforçando-se a si mesma, os jesuítas não podiam se dar ao luxo de acionar o piloto automático e curtir o passeio. Pelo contrário. Com o acúmulo de sucessos, os jesuítas descobriram que manter o compromisso com seus princípios ficara mais difícil, ao invés de ficar mais fácil. Por quê? A inventividade, o heroísmo movido pelo *magis* e a autorreflexão forçaram-nos a questionar o *status quo*: o trabalho que faziam, as culturas nas quais atuavam e seu próprio comportamento.

Os jesuítas logo enfrentaram um desafio que se apresenta a toda empresa de sucesso: procurar se reinventar ao invés de descansar sobre os louros. Depois de terem "chegado lá", a motivação para continuarem se reinventando ficou menos óbvia. Não admira que não tenham se agoniado com sua rede escolar tão bem-sucedida, apesar de ela estar erodindo a mobilidade e a flexibilidade que prezavam tanto.

Que os jesuítas não tenham mantido plenamente seus princípios de liderança não quer dizer que seu modelo seja falho. Não existe nenhuma fórmula certeira para a liderança, pois não existe fórmula à prova dos seres humanos. Falhar não é uma tragédia; a tragédia está em não aceitar e não compreender suas falhas, não aprender com elas, não se levantar e seguir em frente, como um líder melhor, mais sábio. Os líderes eficazes não abandonam sua postura contracultural, inquisitiva, movida pelo *magis*, sabendo que se deixarem de questionar e de desafiar a si mesmos e aos outros, os problemas surgirão. O líder moderno que mantém um instinto de autorreflexão, como os jesuítas há quase cinco séculos, evita a pior tragédia de todas para um líder: acordar um dia atormentado por uma pergunta angustiante: "o que tenho feito da minha vida durante o último ano, durante os últimos cinco ou mesmo trinta anos?"

LÍDERES, MAS NEM SEMPRE SANTOS

Os princípios de liderança dos jesuítas não garantem sucesso mundial nem santidade para aqueles que os praticam. Quase duzentos jesuítas – incluindo Inácio de Loyola e Francisco Xavier – foram canonizados ou beatificados pela Igreja Católica.[13] Nenhuma igreja jesuíta deixa de retratar de maneira suntuosa e triunfante estas duas torres da santidade heroica da Companhia de Jesus. Mas pouquíssimos dos líderes jesuítas descritos aqui atingiram a mesma distinção de santidade. Nem Ricci, Goes, Schall, De Nobili, Clávio ou Laínez. Isso pode até nos reassegurar que o método jesuíta de liderança não é um cavalo de troia portando um conjunto de crenças religiosas.

Contudo, naquela época, como agora, *foi* realmente um chamado religioso que inspirou os jesuítas – tanto os santos quanto os trôpegos – a abraçarem esses princípios religiosos. De fato, *todo* jesuíta insistirá que seguir Jesus é o principal – e, no fim, o único – item não negociável desse "método". O heroísmo, o amor e a inventividade tomaram sentido para eles como um caminho para viver aquela fé religiosa.

Mas não foram suas crenças religiosas que fizeram deles líderes. Nem foi a liderança que lhes tornou cristãos melhores, mais santos, mais cheios de graça, inclusive por haver tão pouca relação entre ser um líder jesuíta fora de série e eventualmente tornar-se um santo. Os quatro princípios não foram criados "em função" de alguma crença, e "funcionam" independentes de quaisquer crenças. É evidente que para os jesuítas – assim como para qualquer pessoa – ter um sentido claro a respeito de seu propósito de vida trouxe, sem dúvida, mais energia, mais compromisso e mais vontade de ser um líder.

O método de liderança jesuíta pode não ser um cavalo de Troia a favor do cristianismo, mas, mesmo assim, uma visão poderosa que é compartilhada por muitas das grandes tradições religiosas do mundo flui logo abaixo da superfície desses princípios. Os líderes verdadeiros – os heróis verdadeiros – encontram um significado, uma realização e até o sucesso ao enxergarem além do seu interesse próprio, servindo aos outros. E se engrandecem – se intensificam como pessoas – ao manterem o olhar fixo sobre algo maior do que seu interesse próprio.

Essa noção pode ter um toque antiquado e idealista, parecendo estar fora do lugar neste mundo moderno pesado e turbulento. Mas é fácil aceitar a premissa de Polanco: "Os jesuítas aprendem mais ensinando aos outros." Muitos concordam que o ato de ensinar é um processo de aprendizagem também para o professor, tanto em relação ao assunto ensinado quanto sobre si mesmo. Contudo, isso que se pode chamar de "paradoxo de Polanco" – servir aos outros beneficia a si mesmo – não é um fenômeno limitado à profissão de professor. Ocorre também em arenas improváveis. John Kotter e James Heskett, autores de *A cultura corporativa e o desempenho corporativo*, pesquisando campos de batalhas corporativas, radicalmente darwinianos, concluíram que os líderes nas empresas de destaque se distinguem pela capacidade de transcender um estreito interesse próprio para contemplar os acionistas, os clientes e os funcionários. A cultura dominante nas empresas medíocres contrasta muito com isso: "Se os diretores das empresas de menor desempenho não valorizam seus clientes, seus acionistas, nem seus funcionários, com o que se importam? Quando perguntados, nossos entrevistados geralmente respondiam: 'Comigo mesmo'."[14]

Num capítulo anterior, citamos a conclusão desanimadora de John Kotter, professor da Harvard Business School: "Estou completamente convencido de que a maioria das organizações de hoje não possui a liderança de que precisa. E o saldo devedor é imenso. Não estou falando de um déficit de 10%, mas de 200%, 400% ou mais, em posições em toda a escala hierárquica."[15] Kotter tinha razão, e o déficit de liderança que mencionou é muito mais abrangente do que uma mera questão corporativa. Essa lacuna não será preenchida por uns poucos bambambãs no topo de grandes organizações agarrados às suas teorias da liderança a partir de "um grande homem" ou "um grande momento".

Essa lacuna é preenchida por uma pessoa de cada vez, um dia a cada vez, nas famílias, nas salas de aula, nos escritórios, nos quartéis, nos asilos, nas bibliotecas e nos campos esportivos. É preenchida por todos aqueles que se recusam a flanar pela vida no automático, preferindo exercer uma liderança intencional. O sistema de ensino mais bem-sucedido do mundo "simplesmente aconteceu", um professor de cada vez, um dia de cada vez, uma escola de cada vez. Assim, também, a lacuna de liderança na nossa sociedade – mesmo atingindo 400% – vai se estreitando à medida que pais, professores, diretores e outros, um a um, encaram a oportunidade de deixar uma marca de liderança com suas vidas.

COMO VOCÊ GANHA SEU PRÓPRIO PAPEL DE LIDERANÇA?

Como você se torna um líder que tem o mesmo impacto sobre o mundo que teve Inácio de Loyola?

- Apreciando sua própria dignidade e seu rico potencial.
- Reconhecendo fraquezas e apegos que bloqueiam esse potencial.
- Articulando os valores que você representa.
- Estabelecendo metas pessoais.
- Formando um ponto de vista acerca do mundo: qual a sua posição, o que você quer e como se relaciona com os outros.
- Percebendo a sabedoria e o valor do *examen* e assumindo um compromisso com ele: o hábito diário, autorreflexivo, de ajustar seu foco sobre as prioridades e de extrair lições dos seus sucessos e de seus fracassos.

A autoconsciência é um prelúdio a um engajamento pleno, comprometido com o mundo e com uma liderança mais sublime, mais heroica. Os líderes escolhem o impacto que querem causar quando moldam um *modo de proceder* pessoal. Qualquer que seja a missão escolhida, "ajudar as almas", educar a próxima geração, compor uma sinfonia ou vender apólices de seguro, aqueles que vivem pelo método de liderança jesuíta advogam quatro valores:

- compreendem suas forças, suas fraquezas, seus valores e sua visão do mundo;
- inovam e se adaptam com confiança, abraçando um mundo em transformação;
- engajam os outros com uma atitude positiva e amorosa;
- energizam os outros e a si mesmos através de ambições heroicas.

Esse caminho, como toda liderança autêntica, concentra-se no possível, no futuro. Os líderes movidos pelo amor procuram descobrir e honrar o potencial dos outros e o seu próprio. Os líderes heroicos buscam moldar o futuro em vez de aturar passivamente o que o futuro lhes reserva. Os líderes movidos pela inventividade descobrem maneiras de transformar o potencial humano em realizações concretas e uma visão do futuro em realidade.

Para os primeiros jesuítas, seguir pelo caminho de Loyola representava apostar num líder que não fora testado e numa visão que não fora comprovada. Quem segue esse caminho hoje tem mais no que se basear. A fórmula tem sido testada através de gerações, cruzando continentes e atravessando culturas. Tem servido a exploradores, cartógrafos, linguistas, astrônomos, teólogos, *sannyasis*, músicos, ativistas sociais, autores de livros infantis, lobistas, pregadores... Até mesmo a professores escolares e fabricantes de canhões. É a integração de quatro pilares essenciais:

- Autoconsciência
- Inventividade
- Amor
- Heroísmo

Notas

Os Exercícios Espirituais, a *Autobiografia* de Inácio de Loyola e as *Constituições* da Companhia de Jesus são citados pela numeração padrão de seus parágrafos. As citações dessas fontes foram retiradas dos livros:

The Spiritual Exercises of Saint Ignatius: A Translation and Commentary, trad. George E. Ganss (St. Louis: Institute of Jesuit Sources, 1992). Mencionado aqui na forma abreviada *Spiritual Exercises.*

A Pilgrim's Testament: The Memoirs of Ignatius of Loyola, As Faithfully Transcribed by Luís Gonçalves da Câmara, trad. Parmananda R. Divarkar (Staint Louis: Institute of Jesuit Sources, 1995). Mencionado aqui na forma abreviada *Autobiografia.*

The Constitutions of the Society of Jesus, trad. George E. Ganss (St. Louis: Institute of Jesuit Sources, 1970). Mencionado aqui na forma abreviada *Constituições.*

Capítulo 1: Sobre Jesuítas e J.P. Morgan

1. Esta máxima é uma paráfrase eloquente de uma versão mais tosca registrada por um colega de Loyola: "Em todas as coisas pertinentes ao serviço de nosso Senhor que [Loyola] empreendeu, ele fez uso de todos os recursos humanos para neles obter sucesso, como tantos cuidados e tanta energia como se o sucesso dependesse desses recursos; e confiou em Deus e persistiu dependente de Sua Providência Divina como se todos esses outros recursos humanos que empregou não tivessem efeito nenhum." Edward C. Phillips, S.J., "St. Ignatius' Doctrine on the Interdependence of Work and Prayer", *Woodstock Letters: A Historical Journal of Jesuit Educational and Missionary Activities* 71, nº 1 (fevereiro de 1942): 71.

   A interpretação dessa máxima famosa tem sido tema de muitas discussões letradas entre intelectuais jesuítas, e existe uma versão alternativa que passa exatamente o significado oposto: "Reze como se tudo dependesse de *você*; trabalhe como se tudo dependesse de *Deus.*" William A. Barry, S.J., uma autoridade na espiritualidade jesuíta, defende essa interpretação em sua monografia "Jesuit Spirituality for the Whole of Life," *Studies in the Spirituality of Jesuits* 35, nº 1 (janeiro de 2003): 11. Eu, porém, continuo convencido da versão de Frei Philips, baseando-me no material que consultou para pesquisar sobre esta máxima: os relatos sobre Loyola escritos em primeira mão por Pedro Ribadeneira, registrados no *Monumenta Historica Societatis Iesu.*

2. Joseph H. Fichter, S.J., *James Laynez: Jesuit* (St. Louis: B. Herder Book Co., 1944), 77–78.
3. Estritamente, há mais seguidores da tradição franciscana do que jesuítas, mas os franciscanos dividem-se em ramos diversos, governados por lideranças distintas.
4. Matthew Bunson, ed., *2003 Our Sunday Visitor's Catholic Almanac* (Huntington, Ind.: Our Sunday Visitor, 2002), 464.
5. Thomas Hughes, S. J., *History of the Society of Jesus in North America: Colonial and Federal* (Londres: Longmans, Green, 1917), Texto 2:604.

Capítulo 2: O que fazem os líderes

1. Adaptado de John P. Kotter, *Leading Change* (Boston: Harvard Business School Press, 1996), 26.
2. John P. Kotter, *John P. Kotter on What Leaders Really Do* (Boston: Harvard Business School Press, 1999), 1.
3. Nicolau Maquiavel, *The Prince*, ed. e trad. Robert M. Adams, 2ª ed. (Nova York: Norton, 1992), 23, nº 7.
4. Idem, 46, nº 17.
5. Idem, 47, nº 18.
6. Idem, 48, nº 18.
7. Estritamente, o termo *Vaticano* – como sinônimo da burocracia papal – não é apropriado para o período que antecede o ano de 1870. É usado neste livro – e reconhecemos seu anacronismo – como uma referência informal para a burocracia papal.
8. John J. O'Malley, S. J., "To Travel to Any Part of the World: Jerónimo Nadal and the Jesuit Vocation", *Studies in the Spirituality of Jesuits* 16, nº 2 (março de 1984): 7.
9. *Constituições*, nº 667.
10. Georg Schurhammer, S. J., *Francis Xavier: His Life, His Times*, trad. M. Joseph Costelloe, S. J. (Roma: Jesuit Historical Institute, 1973–82), 4:438.
11. William J. Young, S. J., editor e trad., *Letters of St. Ignatius of Loyola* (Chicago: Loyola Press, 1959), 245.

Capítulo 3: Os jesuítas

1. Joseph H. Fichter, S.J., *James Laynez: Jesuit* (St. Louis: B. Herder Book Co., 1944), 271.
2. Joseph de Guibert, S.J., *The Jesuits: Their Spiritual Doctrine and Practice, a Historical Study*, ed. George E. Ganss, S.J., trad. William J. Young, S.J. (Chicago: Institute of Jesuit Sources, 1964), 70.
3. Abraham Zaleznik, *The Managerial Mystique: Restoring Leadership in Business* (Nova York: Harper and Row, 1989), 5.
4. De Guibert, *Jesuits*, 23.

5. W.W. Meissner, S. J., *Ignatius of Loyola: The Psychology of a Saint* (New Haven, Conn.: Yale University Press, 1992), 31.
6. *Autobiografia*, nº 8. Obs.: No decorrer de sua *Autobiografia*, Loyola refere a si mesmo na terceira pessoa.
7. Idem, nº 12.
8. Idem, nº 19.
9. Idem, nº 41.
10. Idem, nº 50.
11. Idem, nº 30.
12. Dominic Maruca, S.J., trad., "Deliberation of Our First Fathers", *Woodstock Letters: A Historical Journal of Jesuit Educational and Missionary Activities* 95 (1966): 328.
13. Idem, 331.
14. Jules J. Toner, S.J., "The Deliberation That Started the Jesuits", *Studies in the Spirituality of Jesuits* 6, nº 4 (junho de 1974): 204.
15. Dauril Alden, *The Making of an Enterprise: The Society of Jesus in Portugal, Its Empire, and Beyond, 1540–1750* (Stanford, Calif: Stanford University Press, 1996), 26.
16. Matthew Bunson, ed., *2003 Our Sunday Visitor's Catholic Almanac* (Huntington, Ind.: Our Sunday Visitor, 2002), 340.
17. Vide introdução, nota de rodapé 3, p. 18.
18. Thomas M. Lucas, S. J., *Landmarking: City, Church and Jesuit Urban Strategy* (Chicago: Loyola Press, 1997), 149.

Capítulo 4: Modelos exemplares de liderança

1. Jonathan D. Spence, *The Memory Palace of Matteo Ricci* (Nova York: Penguin Books, 1985), 126.
2. M. Joseph Costelloe, S.J., trad., *The Letters and Instructions of Francis Xavier* (St. Louis: Institute of Jesuit Sources, 1992), 180.
3. Spence, *Memory Palace of Matteo Ricci*, 66.
4. Cornelius J. Wessels, S.J., *Early Jesuit Travellers in Central Asia, 1603–1721* (The Hague: Martinus Nijhoff, 1924), 17.
5. Idem, 21.
6. Idem, 37.
7. Manfred Barthel, *The Jesuits: History and Legend of the Society of Jesus*, trad. e adaptação Mark Howson (Nova York: William Morrow, 1984), 141.
8. Jean Lacouture, *Jesuits: A Multibiography*, trad. Jeremy Leggatt (Washington, D.C.: Counterpoint, 1995), 186.

9. George H. Dunne, S.J., *Generation of Giants: The Story of the Jesuits in China in the Last Decades of the Ming Dynasty* (Notre Dame, Ind.: University of Notre Dame Press, 1962), 44.
10. Spence, *Memory Palace of Matteo Ricci*, 115.
11. Lacouture, *Jesuits*, 192.
12. Spence, *Memory Palace of Matteo Ricci*, 97.
13. Dunne, *Generation of Giants*, 79.
14. Michael John Gorman, "Consuming Jesuit Science, 1600–1665", em *The Jesuits: Cultures, Sciences, and the Arts, 1540–1773*, ed. John W. O'Malley, S. J., Gauvin Alexander Bailey, Steven J. Harris e T. Frank Kennedy, S.J. (Toronto: University of Toronto Press, 1999), 172.
15. James M. Lattis, *Between Copernicus and Galileo: Christoph Clavius and the Collapse of Ptolemaic Cosmology* (Chicago: University of Chicago Press, 1994), 198.
16. Idem, 181.

Capítulo 5: "Para ordenar sua própria vida"

1. Joseph L. Badaracco Jr., "The Discipline of Building Character", *Harvard Business Review* (março/abril de 1998): 116.
2. W.W. Meissner, "Psychological Notes on the Spiritual Exercises," *Woodstock Letters: A Historical Journal of Jesuit Educational and Missionary Activities* 92, nº 4 (novembro de 1963): 355.
3. William V. Bangert, S.J., *A History of the Society of Jesus*, 2ª ed. (St. Louis: Institute of Jesuit Sources, 1986), 22.
4. William J. Young, S.J., *Letters of St. Ignatius of Loyola* (Chicago: Loyola Press, 1959), 320.
5. James Brodrick, *Saint Peter Canisius, S.J., 1521–1597* (Londres: Sheed and Ward, 1935), 451-52.
6. Antonio M. de Aldama, S.J., *An Introductory Commentary on the Constitutions*, trad. Aloysius J. Owen, S.J. (St. Louis: Institute of Jesuit Sources, 1989), 81.
7. Idem, 82.
8. Peter F. Drucker, "Managing Oneself", *Harvard Business Review* (março abril de 1999): 70.
9. Idem, 66.
10. Daniel Goleman, "What Makes a Leader?" *Harvard Business Review* (novembro/dezembro 1998): 94.
11. Adaptado de idem, 95.

Capítulo 6: Os Exercícios Espirituais

1. *Spiritual Exercises*, nº 1.
2. Idem, nº 15.

3. W.W. Meissner, "Psychological Notes on the Spiritual Exercises,"*Woodstock Letters: A Historical Journal of Jesuit Educational and Missionary Activities* 92, nº 4 (novembro de 1963): 355.
4. *Spiritual Exercises,* nº 21.
5. Idem, nº 63.
6. Idem, nº 66-68.
7. Idem, nº 23.
8. E. Edward Kinerk, S.J., "Eliciting Great Desires: Their Place in the Spirituality of the Society of Jesus," *Studies in the Spirituality of Jesuits* 16, nº 5 (novembro de 1984): 9.
9. *Spiritual Exercises,* nº 155.
10. Joseph de Guibert, S.J., *The Jesuits: Their Spiritual Doctrine and Practice, a Historical Study*, ed. George E. Ganss, S.J., trad. William J. Young, S.J. (Chicago: Institute of Jesuit Sources, 1964), 100.
11. *Spiritual Exercises,* nº 93.
12. Idem, nº 96.
13. Idem, nº 97.
14. Idem, nº 233.
15. John A. Hardon, S.J., *All My Liberty: Theology of the Spiritual Exercises* (Westminster, Md.: Newman Press, 1959), 71.
16. *Spiritual Exercises,* nº 230-231, 235, 236.
17. Idem, nº 43.
18. Idem, nº 25.

Capítulo 7: "O mundo inteiro é nosso lar"

1. Georg Schurhammer, S.J., *Francis Xavier: His Life, His Times,* trad. M. Joseph Costelloe, S.J. (Roma: Jesuit Historical Institute, 1973-82), 1:554.
2. Idem, 1:543.
3. Idem, 1:549.
4. Idem, 2:17.
5. John W. Padberg, S.J., "The Three Forgotten Founders of the Society of Jesus: Paschase Broët (1500-1562), Jean Codure (1508-1541), Claude Jay (1504-1552)", *Studies in the Spirituality of Jesuits* 29, nº 2 (março de 1997): 34.
6. Idem, 35.
7. Jean Lacouture, *Jesuits: A Multibiography,* trad. Jeremy Leggatt (Washington, D.C.: Counterpoint, 1995), 133.
8. William J. Young, S.J., *Letters of St. Ignatius of Loyola* (Chicago: Loyola Press, 1959), 299.
9. David Mitchell, *The Jesuits: A History* (Nova York: Franklin Watts, 1981), 81.

10. St. Benedict, *Rule for Monasteries,* trad. Leonard J. Doyle (Collegeville, Minn.: St. John's Abbey Press, 1948), 29, nº 8.
11. Idem, 7, nº 1.
12. *Constituições,* nº 308.
13. Idem, nº 588.
14. Idem, nº 603.
15. John J. O'Malley, S.J., "To Travel to Any Part of the World: Jerónimo Nadal and the Jesuit Vocation", *Studies in the Spirituality of Jesuits* 16, nº 2 (março de 1984): 8.
16. Idem, 6.
17. Robert McNally, S.J., "St. Ignatius, Prayer and the Early Society of Jesus", *Woodstock Letters: A Historical Journal of Jesuit Educational and Missionary Activities,* 94, nº 2 (primavera de 1965): 121.
18. Idem
19. Joseph de Guibert, S.J., *The Jesuits: Their Spiritual Doctrine and Practice, a Historical Study,* ed. George E. Ganss, S.J., trad. William J. Young, S.J. (Chicago: Institute of Jesuit Sources, 1964), 45.
20. Friedrich Wulf, S.J., et al., *Ignatius of Loyola, His Personality and Spiritual Heritage, 1556–1956: Studies on the 400th Anniversary of His Death* (St. Louis: Institute of Jesuit Sources, 1977), 151.
21. *Constituições,* nº 577.
22. John W. Padberg, S.J., Martin D. O'Keefe, S.J., e John L. McCarthy, S.J., *For Matters of Greater Moment: The First Thirty Jesuit General Congregations, a Brief History and a Translation of the Decrees* (St. Louis: Institute of Jesuit Sources, 1994), 9.
23. Roberto de Nobili, "The Report on Certain Customs of the Indian Nation", in *Preaching Wisdom to the Wise: Three Treatises,* trad. Anand Amaladass, S.J., e Francis X. Clooney, S.J. (St. Louis: Institute of Jesuit Sources, 2000), 63.
24. Idem, 220.
25. Idem, 179.
26. Idem, 226.
27. Francis X. Clooney, S.J., um célebre estudioso da fé hindu, discorreu com eloquência a respeito dessa tensão entre "diálogo entre as religiões" e "a proclamação do evangelho", em sua monografia "A Charism for Dialog: Advice from the Early Jesuit Missionaries in Our World of Religious Pluralism", *Studies in the Spirituality of Jesuits* 34, nº 2 (março de 2002). Os leitores de seu ensaio poderão acompanhar as discussões atuais sobre essa questão, e também perceberão novamente o quanto jesuítas como Xavier, De Nobili e outros ainda têm a ensinar para seus sucessores modernos.

    Muitas das histórias neste livro ocorreram numa época em que a mentalidade dominante entre os missionários cristãos era "obter conversões", pura e simplesmente. Nenhum jesuíta hoje – e certamente não este autor – endossaria o que agora entendemos como ser uma postura simplista (e às vezes desrespeitosa) quanto a dialogar com integrantes das fés judaica, hindu e muçulmana ou de qualquer outra denominação religiosa. Ao contrário, inerente a qualquer missão cristã de "proclamar o evangelho" há um respeito profundo e sincero por outros seres humanos, seu livre-arbítrio, suas crenças e o que temos a aprender com essas crenças enquanto compartilhamos as nossas.

28. George H. Dunne, S.J., *Generation of Giants: The Story of the Jesuits in China in the Last Decades of the Ming Dynasty* (Notre Dame, Ind.: University of Notre Dame Press, 1962), 272.
29. Idem, 273.
30. Vincent Cronin, *A Pearl to India: The Life of Roberto de Nobili* (Londres: Rupert Hart-Davis, 1959), 226.
31. Idem, 229.
32. *Constituições*, nº 547.
33. Idem
34. De Guibert, *Jesuits*, 100.
35. Young, *Letters of St. Ignatius of Loyola*, 401.
36. Idem, 59.
37. De Guibert, *Jesuits*, 102.
38. Idem

Capítulo 8: "Não recusem nenhum talento, nem qualquer homem de qualidade"

1. Joseph H. Fichter, S.J., *James Laynez: Jesuit* (St. Louis: B. Herder Book Co., 1944), 282.
2. James J. Reites, S.J., "St. Ignatius of Loyola and the Jews," *Studies of the Spirituality of Jesuits* 13, nº 4 (setembro de 1981): 17.
3. Charles W. Reinhardt, S.J., "An Apostle of Europe," *Woodstock Letters: A Historical Journal of Jesuit Educational and Missionary Activities* 71, nº 2 (junho de 1942): 151.
4. William J. Young, S.J., *Letters of St. Ignatius of Loyola* (Chicago: Loyola Press, 1959), 270–71.
5. Idem, 272–73.
6. Jean Lacouture, *Jesuits: A Multibiography*, trad. Jeremy Leggatt (Washington, D.C.: Counterpoint, 1995), 168.
7. Reites, "St. Ignatius of Loyola and the Jews", 23.
8. Lacouture, *Jesuits*, 166.
9. *Spiritual Exercises*, nº 230.
10. Joseph de Guibert, S.J., *The Jesuits: Their Spiritual Doctrine and Practice, a Historical Study*, ed. George E. Ganss, S.J., trad. William J. Young, S. J. (Chicago: Institute of Jesuit Sources, 1964), 93.
11. Idem
12. Young, *Letters of St. Ignatius of Loyola*, 242.

13. *Constituições*, nº 667.
14. Nicolau Macquiavel, *The Prince*, ed. e trad. Robert M. Adams, 2ª ed. (Nova York: Norton, 1992), 46, nº 17.
15. Edgar H. Schein, *Organizational Culture and Leadership*, 2ª ed. (São Francisco: Jossey-Bass, 1992), 125.
16. Idem.
17. Louis Uchitelle, "These Days, Layoffs Compete with Loyalty", *The New York Times*, 19 de agosto de 2001, seção 3, pg. 4.
18. Frederick J. Reiter, *They Built Utopia: The Jesuit Missions in Paraguay, 1610–1768* (Potomac, Md.: Scripta Humanistica, 1995), 24.
19. Idem.
20. Idem, 29.
21. C. J. McNaspy, S. J., *Conquistador without Sword: The Life of Roque González, S .J.* (Chicago: Loyola Press, 1984), 137.
22. Idem, 138.
23. Reiter, *They Built Utopia*, 87.
24. Idem, 37.
25. Philip Caraman, *The Lost Paradise: The Jesuit Republic in South America* (Nova York: Seabury Press, 1976), 141.
26. Idem, 153.
27. Antonio Ruiz de Montoya, S.J., *The Spiritual Conquest: Accomplished by the Religious of the Society of Jesus in the Provinces of Paraguay, Paraná, Uruguay, and Tape*, trad. C.J. McNaspy, S.J., John P. Leonard, S.J., Martin E. Palmer, S.J. (St. Louis: Institute of Jesuit Sources, 1993), 17.
28. Joel S. Panzer, *The Popes and Slavery* (Nova York: Alba House, 1996), 34.
29. Caraman, *Lost Paradise*, 237.
30. Idem, 250.
31. Idem, 137.
32. Panzer, *Popes and Slavery*, 20.
33. David Maraniss, *When Pride Still Mattered: A Life of Vince Lombardi* (Nova York: Simon and Schuster, 1999), 405.
34. Idem, 374.
35. M. Joseph Costelloe, S. J., trad., *The Letters and Instructions of Francis Xavier* (St. Louis: Institute of Jesuit Sources, 1992), 312.
36. Georg Schurhammer, S. J., *Francis Xavier: His Life, His Times*, trad. M. Joseph Costelloe, S.J. (Roma: Jesuit Historical Institute, 1973–82), 4:438.
37. *Constituições*, nº 134.
38. C.R. Boxer, *Race Relations in the Portuguese Colonial Empire, 1415–1825* (Oxford: Clarendon Press, 1963), 96.

Capítulo 9: "Uma vida ininterrupta de atos heroicos"

1. Jeffrey L. Seglin, "The Values Statement vs. Corporate Reality," *The New York Times*, 17 de setembro 2000, seção, p. 4.
2. William J. Young, S.J., *Letters of St. Ignatius of Loyola* (Chicago: Loyola Press, 1959), 122.
3. John W. O'Malley, S.J., *The First Jesuits* (Cambridge: Harvard University Press, 1993), 61.
4. Frederick Herzberg, *The Managerial Choice: To Be Efficient and to Be Human* (Homewood, Ill.: Dow Jones-Irwin, 1976), 107.
5. William V. Bangert, S.J., *A History of the Society of Jesus*, 2a ed. (St. Louis: Institute of Jesuit Sources, 1986), 349.
6. John W. Padberg, S.J., "Development of the Ratio Studiorum", em *The Jesuit Ratio Studiorum: 400th Anniversary Perspectives*, ed. Vincent J. Duminuco, S.J. (Nova York: Fordham University Press, 2000), 98.
7. J.F. Moran, *The Japanese and the Jesuits: Alessandro Valignano in Sixteenth Century Japan* (Nova York: Routledge, 1993), 51.
8. C.R. Boxer, *Race Relations in the Portuguese Colonial Empire, 1415–1825* (Oxford: Clarendon Press, 1963), 87.
9. Duas fontes em particular guiaram a história do ensino jesuíta apresentada neste capítulo. John W. O'Malley, S.J., em *The First Jesuits*, aborda a entrada dos jesuítas no ramo do ensino. Paul F. Grendler, em *Schooling in Renaissance Italy: Literacy and Learning, 1300–1600* (Baltimore: Johns Hopkins University Press, 1989), aborda o ambiente do ensino na Europa, onde os jesuítas iniciaram seu empreendimento.
10. Para a estratégia urbana dos jesuítas, vide Thomas M. Lucas, S.J., *Landmarking: City, Church and Jesuit Urban Strategy* (Chicago: Loyola Press, 1997).
11. O'Malley, *First Jesuits*, 55.
12. James C. Collins e Jerry I. Porras, *Built to Last: Successful Habits of Visionary Companies* (Nova York: HarperBusiness, 1994), 91.
13. Dauril Alden, *The Making of an Enterprise: The Society of Jesus in Portugal, Its Empire, eand Beyond, 1540–1750* (Stanford, Calif.: Stanford University Press, 1996), 488–89.
14. Robin Blackburn, *The Making of New World Slavery: From the Baroque to the Modern, 1492–1800* (Londres: Verso, 1997), 209.
15. Idem.
16. Alden, *Making of an Enterprise*, 262.
17. Padberg, "Development of the Ratio Studiorum", 87.
18. E. Edward Kinerk, S.J., "Eliciting Great Desires: Their Place in the Spirituality of the Society of Jesus," *Studies in the Spirituality of Jesuits* 16, nº 5 (novembro de 1984): 9.
19. Erik Eckholm, "China's Man to Watch Steps into the U.S. Spotlight", *The New York Times*, 27 de abril 2002, seção A, pg. 3.
20. O'Malley, *First Jesuits*, 213. 21. Paul F. Grendler, *Schooling in Renaissance Italy*, 375–76.

Capítulo 10: "Uma ousadia exepcional foi essencial"

1. William V. Bangert, S.J., *A History of the Society of Jesus,* 2ª ed. (St. Louis: Institute of Jesuit Sources, 1986), 365.
2. Idem, 298.
3. Thomas H. Clancy, S.J., *An Introduction to Jesuit Life: The Constitutions and History through 435 Years* (St. Louis: Institute of Jesuit Sources, 1976), 174.
4. Thomas M. Lucas, S.J. *Landmarking: City, Church and Jesuit Urban Strategy* (Chicago: Loyola Press, 1997), 149.
5. Jean Lacouture, *Jesuits: A Multibiography,* trad. Jeremy Leggatt (Washington, D.C.: Counterpoint, 1995), 267.
6. Philip Caraman, *The Lost Paradise: The Jesuit Republic in South America* (Nova York: Seabury Press, 1976), 242.
7. Lacouture, *Jesuits,* 294.
8. Edward I. Devitt, S.J., "The Suppression and Restoration of the Society in Maryland," *Woodstock Letters: A Historical Journal of Jesuit Educational and Missionary Activities* 34, nº 2 (1905): 204.
9. Idem, 208.
10. Idem, 209.
11. Idem, 216.
12. Paul Dudon, S.J., "The Resurrection of the Society of Jesus", trad. Gerald McCool, S.J., *Woodstock Letters: A Historical Journal of Jesuit Educational and Missionary Activities* 81, nº 4 (novembro de 1952): 330.
13. Idem 14. Lacouture, *Jesuits,* 328.

Capítulo 11: "A maneira como fazemos as coisas"

1. John P. Kotter e James L. Heskett, *Corporate Culture and Performance* (Nova York: Free Press, 1992), 41.
2. Idem, 55.
3. *Constituições,* nº 308.
4. Kotter e Heskett, *Corporate Culture and Performance,* 11.
5. James C. Collins e Jerry I. Porras, *Built to Last: Successful Habits of Visionary Companies* (Nova York: HarperBusiness, 1994), 89.
6. Warren Bennis e Burt Nanus, *Leaders: The Strategies for Taking Charge* (Nova York: Harper and Row, 1985), 92.
7. Pasquale M. D'Elia, S.J., *Galileo in China: Relations through the Roman College between Galileo and the Jesuit Scientist-Missionaries (1610–1640),* trad. Rufus Suter e Matthew Sciascia (Cambridge: Harvard University Press, 1960), 15.

8. George H. Dunne, S.J., *Generation of Giants: The Story of the Jesuits in China in the Last Decades of the Ming Dynasty* (Notre Dame, Ind.: University of Notre Dame Press, 1962), 210.
9. D'Elia, *Galileo in China*, 24–25.
10. Dunne, *Generation of Giants*, 347.
11. Idem, 325.
12. Idem, 330.
13. Idem, 333.
14. Rachel Attwater, *Adam Schall: A Jesuit at the Court of China, 1592–1666* (Milwaukee: Bruce, 1963), 142.
15. Idem, 154.
16. Idem.
17. *Spiritual Exercises*, nº 185–86.
18. Attwater, *Adam Schall*, 154.
19. Theodore N. Foss, "A Western Intepretation of China", em *East Meets West: The Jesuits in China, 1582–1773*, ed. Charles E. Ronan, S.J., e Bonnie B.C. Oh (Chicago: Loyola Press, 1988), 226.

Capítulo 12: Conclusão

1. Charles E. Ronan, S.J., e Bonnie B.C. Oh, eds., *East Meets West: The Jesuits in China, 1582–1773* (Chicago: Loyola Press, 1988), xxxiii.
2. T. Babington Macaulay, "Ranke's History of the Popes", em *Critical and Miscellaneous Essays*, vol. 1 da coleção Modern British Essayists (Filadélfia: Carey and Hart, 1846), 407.
3. Immanuel Chung-Yueh Hsü, *The Rise of Modern China*, 4ª ed. (Nova York: Oxford University Press, 1990), 103.
4. Michael John Gorman, "Consuming Jesuit Science, 1600–1665", em *The Jesuits: Cultures, Sciences, and the Arts, 1540–1773*, ed. John W. O'Malley, S.J., Gauvin Alexander Bailey, Steven J. Harris, e T. Frank Kennedy, S.J. (Toronto: University of Toronto Press, 1999), 172.
5. Thomas H. Clancy, S.J., *An Introduction to Jesuit Life: The Constitutions and History through 435 Years* (St. Louis: Institute of Jesuit Sources, 1976), 111.
6. Jean Lacouture, *Jesuits: A Multibiography*, trad. Jeremy Leggatt (Washington, D.C.: Counterpoint, 1995), 166.
7. Joseph de Guibert, S .J., *The Jesuits: Their Spiritual Doctrine and Practice, a Historical Study*, ed. George E. Ganss, S. J., trad. William J. Young, S. J. (Chicago: Institute of Jesuit Sources, 1964), 45.
8. W.W. Meissner, "Psychological Notes on the Spiritual Exercises", *Woodstock Letters: A Historical Journal of Jesuit Educational and Missionary Activities* 92, nº 4 (novembro de 1963): 355.

9. Adaptado de Elizabeth G. Chambers, et al., "The War for Talent", *McKinsey Quarterly*, nº 3 (1998): 50.
10. De Guibert, *Jesuits,* 102.
11. Idem, 100.
12. William J. Young, S.J., *Letters of St. Ignatius of Loyola* (Chicago: Loyola Press, 1959), 401.
13. Joseph N. Tylenda, S.J., *Jesuit Saints and Martyrs* (Chicago: Loyola Press, 1998), xvi.
14. John P. Kotter e James L. Heskett, *Corporate Culture and Performance* (Nova York: Free Press, 1992), 50.
15. John P. Kotter, *John P. Kotter on What Leaders Really Do* (Boston: Harvard Business School Press, 1999), 1.

Agradecimentos

Agradeço as pessoas que leram trechos do manuscrito ou que prestaram valiosa ajuda de alguma forma: Christina Best, Klecius Borges, Laurel Brien, Thomas Cahill, Vin DeCola, Laura Dillon, Cristina Garcia, Barbara Hack, Pat Hammond, Jim Higgins, Rev. Paul Keenan, Paul Kiernan, Charlie McGovern, Monica Neal, Pedro Prieto, Bernadette Prigorac, Ray Schroth, Justo Tarrio e Georgina Turnbull.

A inventividade e os comentários perspicazes de Lou Jerome me ajudaram a estruturar um setor-chave deste trabalho. Jim Loughran foi um leitor arguto que também me incentivou no decorrer do projeto. Os comentários de Mary Anne Myers foram um grande tutorial de redação. A visão do jesuíta John O'Malley sobre a história antiga da Companhia de Jesus influenciou meus pensamentos muito mais do que se pode notar pelas constantes citações de suas obras nas notas deste livro. Tive a honra de contar com a leitura do manuscrito e me beneficiei enormemente com seus comentários sagazes. Gerry Cameron, Gail Elia, Peter Honchaurk, John Law, Chris Lynch, e George Simon, todos ajudaram muito com suas sugestões.

Agradeço a meu agente, Jim Fitzgerald, por se arriscar com a proposta não solicitada de um autor estreante e encaminhá-la com sucesso para uma editora. Jim Maney levou a obra para a Loyola Press e me incentivou firmemente. Minha editora Vinita Wright transformou o livro em algo melhor com suas sugestões pertinentes que vinham sempre acompanhadas de uma mensagem de apoio (e eram como tapas de luvas de pelica quando necessário). Heidi Hill, Terry Locke, Melissa Crane e Heidi Toboni militaram a favor dos temas do livro, sempre buscando maneiras de tornar sua mensagem mais poderosa. Muitos de seus colegas jesuítas não serão mencionados aqui devido a restrições de espaço, mas sou bastante grato a todos.

Meus amigos e ex-diretores, Walter Gubert e Nancy Harwood, apoiaram minha solicitação por um período de licença na J.P. Morgan, permitindo que eu me dedicasse a este projeto.

Antes de fazer qualquer anotação a respeito de liderança, acompanhei exemplos de líderes à minha volta: primeiro dos meus pais, é claro, e, em minha juventude, daqueles que ocuparam uma igreja, uma escola ou um edifício na *93rd Street*, a rua do Queens com mais líderes por metro quadrado. Minha mãe, minha irmã e meu irmão continuam a manifestar o tipo de amor e lealdade que os heróis jesuítas imaginaram para a sua equipe.

Tive o grande privilégio de conviver na J.P. Morgan com uma quantidade de grandes líderes: meus diretores em Nova York, Tóquio e Singapura, e os que trabalharam para mim ou junto comigo como meus pares.

Sou profundamente agradecido por tudo que os jesuítas me deram: uma educação, um alicerce moral, muitas gargalhadas, grandes amigos, uma fé esclarecida e a visão de liderança formidável que tem guiado essa Companhia desde a sua fundação.

O apoio e os conselhos de todos fizeram deste livro algo bem melhor e me salvaram de diversas gafes. Muitas incongruências certamente permanecem; por todas essas assumo inteira responsabilidade.

Este livro foi editado na Cidade de São Sebastião do Rio de Janeiro e publicado pela Edições de Janeiro no outono de 2015. O texto foi composto com a tipografia Goudy Old Style e impresso em papel Chambril Avena 70g/m² nas oficinas da gráfica Edelbra.